¡OH CUBA HERMOSA!
EL CANCIONERO
POLÍTICO SOCIAL EN CUBA
HASTA 1958

Tomo -II-

Cristóbal Díaz Ayala

¡OH CUBA HERMOSA!

EL CANCIONERO POLÍTICO SOCIAL EN CUBA HASTA 1958

Tomo -II-

¡Oh Cuba hermosa!
El cancionero político social en Cuba hasta 1958. Tomo II

Concepto creativo, cubierta
y diagramación: Mariita Rivadulla Professional Services
San Juan, Puerto Rico.
Ilustración cubierta: Andrés
Revista *Carteles*, La Habana, Cuba. Año 33. Núm 8.

© CRISTÓBAL DÍAZ AYALA, 2012

ÍNDICE

Prólogo 6

Tomo -I-

Capítulo 1. El siglo XV 13
Capítulo 2. Siglos XVI al XVIII 21
Capítulo 3. Siglo XIX: El punto cubano 34
Capítulo 4. Siglo XIX: La canción 65
Capítulo 5. Siglo XIX: Una fuente esencial 78
Capítulo 6. Siglo XIX: La guaracha 98
Capítulo 7. Siglo XIX: Himnos y marchas 140
Capítulo 8. 1900-1958: El punto cubano 151
Capítulo 9. 1900-1958: El teatro bufo 246
Capítulo 10. 1900-1958: La trova 328
Capítulo 11. 1900-1958: Sexteto Habanero 388
Capítulo 12. 1900-1958: Ignacio Piñeiro 408
Capítulo 13. 1900-1958: Miguel Matamoros 435

Tomo -II-

Capítulo 14. 1900-1958: Antonio Machín 6
Capítulo 15. 1900-1958: Arsenio Rodríguez 33
Capítulo 16. 1900-1958: Julio Cueva 62
Capítulo 17. 1900-1958: Otras fuentes 81
Capítulo 18. 1900-1958: Teatro lírico cubano 100
Capítulo 19. 1900-1958: La ola del esclavismo 148
Capítulo 20. 1900-1958: Negritud 181
Capítulo 21. 1900-1958: Religiones afrocubanas 221
Capítulo 22. 1925-1958: Político social 242
Capítulo 23. 1925-1958: Ambiente guajiro 312
Capítulo 24. 1925-1958: Géneros musicales, instrumentos ... 336

Bibliografía 389

CAPÍTULO 14
1900-1958: Antonio Machín

Antonio Lugo Machín, que usaba el apellido de su madre, era hijo de gallego y afrocubana (Sagua La Grande, 2/11/1903-Madrid, 8/4/1977.) Para 1926 estaba en La Habana cantando en varios grupos y trabajando de peón de albañil. Hizo dúo con Miguel Zaballa, y tuvo la suerte que lo escuchara Don Azpiazu y lo contratara para cantar con su orquesta en el exclusivo Casino Nacional, primer cantante negro incorporado a una orquesta blanca en ese lugar. En 1930 viajan a Nueva York y se produce el éxito de "El Manisero" grabado en 1930. Paralelo con su actuación con la orquesta, Machín reorganiza su cuarteto y entre 1930 a noviembre de 1935 que embarca para Europa, graba más de 150 números. Está en París hasta 1939, se traslada a España ese año y continúa su carrera allí hasta su muerte. Para más detalles, y su Discografía completa, ver, Disc. bajo Machín, Antonio.

A diferencia de los integrantes del Habanero, o Piñeiro con el Nacional, o Matamoros con su trío, Machín no era compositor, si acaso compuso uno o dos números, pero se mantenía en contacto con los compositores cubanos, lo mismo durante su estancia en Nueva York, como en Europa, de ahí que grabase varios números interesantes para nuestro estudio, de diversos autores.

Al parecer, la primera grabación de Machín fue un número afrocubano de **Moisés Simons,** y con la orquesta de éste, **Paso ñáñigo,** Victor 46445, hecho en Cuba en diciembre 13 de 1928, que no hemos escuchado, pero cuya letra tenemos gracias al Profesor José Ruiz Elcoro, que nos informa también que este nombre de "paso", hoy en desuso, se utilizó todavía en la música de los espectáculos de carpas de circo en la década de los 60's en Cuba. Es una prueba más del uso frecuente por parte de compositores cubanos, en este caso blanco, de términos de los lenguajes afrocubanos, tengan o no sentido, y con posibles errores de transcripción de su idioma original.

> Aró, aró, macacue
> Efimoro mocongo
> Sususum camina
> Efo moringoro
> Papa abasí
> Obatalá Machirere ocue
> Sabiaca mocongo oh
> Chimiacaco, mañongo habanecue
> Chimiacaco
> Mañongo habanecue.

Antes de viajar a New York, Machín y su sexteto habían grabado varios números para la Brunswick, en 1929, entre ellos **A orillas del Yumurí**, Br-40857, reproducido en TCD-26, de Alejandro Rodríguez, "Mulatón", el tresero de su grupo, que después lo acompañaría en su aventura newyorquina. Lo que comienza como un canto bucólico, termina como una protesta:

> Ven guajira a refrescar
> A orillas del Yumurí, (bis)
> Alegre brilla la aurora
> Al trinar de los sinsontes. (bis)
> Y ya su lumbre colora
> Los lejanos horizontes (bis)
> Ya la plaga se ha extendido
> En casi todo el tabaco,
> El potro se ha puesto flaco,
> El macho se ha entristecido,
> El manantial se ha perdido,
> En el nidal no hay un huevo,
> Y por la cosecha dan
> La mitad de lo que debo.
> Ven guajira, etc.

Siguiendo la costumbre de El Habanero y el Nacional, de usar los nombres de géneros musicales al titular una canción, para incrementar así el interés del público en esos géneros, Machín graba con ese grupo, en 1930, **Me voy con la conga**, Br-1833 de autor que no conocemos.

En junio 3 de 1930, el grupo graba **Fuego en la Maya**, Br-41046, reeditado en TCD-26. Es de Ignacio Piñeiro, quien también grabó con su grupo en Nueva York, en 1927 Co-2825x, otra parecida bajo el título de "Mamá se quema La Maya". La letra lucirá incomprensible, si no damos algunas explicaciones. En 1912 se produce en Cuba lo que eufemísticamente se ha llamado "La Guerrita de 1912", en realidad una masacre de afrocubanos bajo el gobierno de José Miguel Gómez (Véase mi libro "Los contrapuntos de la música cubana" Editorial Callejón, 2006, p. 150, y los libros que en la misma indicamos) Como parte de esos hechos, el 31 de mayo de 1912 hubo una matanza de campesinos mulatos y negros pacíficos, entre ellos mujeres y niños, en la zona de La Maya, con 150 bajas entre muertos y heridos. Al día siguiente, los afrocubanos que protestaban se apoderaron de La Maya, un poblado donde los negros y mulatos eran la mayoría, durante un corto tiempo, quemando algunas casas y edificios. Los rumores se propagaron de que La Maya había sido destruída por completo por los insurgentes, y la represión aumentó. Empezó a escucharse un son que pronto se hizo popular en toda Cuba: "Alto Songo, se quema La Maya"(Véase Aline Hely, "La lucha de los negros y cubanos por la igualdad en Cuba 1886-1912" Ed. Imagen Contemporánea, La Habana, 2000, p. 288).

Pero del asunto se hablaba poco; la canción se cantaba, pero muchas veces sus usuarios no sabían a qué se refería la letra. Piñeiro se atrevió a escribir esta otra canción, pero en forma velada, como anuncian las dos primeras estrofas:

>   Oculta tu gran dolor,
>   Oculta tu padecer,
>   Después que descubras
>   Mi recio padecer,
>   cuenta lo hondo que sufrí.

(De pronto, parece que es otra voz la que le contesta a la anterior):

>   Tú dices que te dijeron
>   Siempre a ti te están diciendo,
>   Ya yo te estoy conociendo
>   Y estás celoso….

O sea, como poniendo en duda lo anterior, y sigue una cuarteta que no hace mucho sentido:

>   Entré una china en una atalaya
>   Le dí candela, pero no ardió
>   Ay Dios, ay sí, hay no
>   Monteagudo, fuego en La Maya, sí,

Y empieza el montuno, que como vemos, pone en alternativa, el discutido fuego:

>Fuego en la Maya sí,
>Fuego en La Maya, no (bis)
>
>Tengo una negra de casta fina,
>Con pluma larga y con malakó
>
>Monteagudo! Así, ay no (bis)
>Fuego etc,   (bis)
>En una choza de Vueltabajo
>Tengo una pardita que es coramí (¿)
>Ay sí, ay no
>Monteagudo, fuego en la playa
>En una noche que yo cantaba
>Dentro de la arena, alabao sea Dios,
>Ay si, etc.
>Fuego, etc.

Ya en Nueva York, en su segunda sesión de grabaciones en el mes de septiembre de 1930, graba **Acuérdate bien chaleco**, V-30144 un "son lucumí" de Rosendo Ruiz padre. Nos informa José Ruiz Elcoro, que en una crónica de Nicolás Guillén sobre Rosendo Ruiz, publicada en el Diario de la Marina de La Habana, el 26 de enero de 1930, decía que era la más reciente composición del autor, con el título de "Te veré" que al parecer Machín cambió. Pero nótese como estaba al tanto de lo que se producía en Cuba. Es un son bastante críptico.

>Acuérdate bien chaleco,
>Que te conocí sin mangas,
>En casa de Lupizamba
>Cuando bailaba el muñeco.
>Tú te va a desgraciá
>Si te pone a jugá
>Con Bembé...   (bis)
>
>Si me tiras serpentinas
>Me las tiras poco a poco
>Yo te ví en casa de madrina (1)
>Con el santo medio loco
>Tu, etc.

> Cuando estés con Ernestina
> No me tires los faroles (2)
> Yo sé que tienes madrina
> Y juegas a los caracoles (3)
> Tú, etc
>
> Si tu sigues bobo,
> c) Yo te veré
> Si tu no trabajas
> c)Yo, etc.
> A casa de madrina
> c) Yo, etc.
> Bailando santo
> c) Yo, etc.

(1) En la santería o religión de los orishas, cada iniciado lo hace a través de un babalao o sacerdote que se convierte en su madrina o padrino.
(2) Debe venir del español farolear, que es ostentar o jactarse (RAE).
(3) Una de las cosas que hace el padrino/a con su ahijado/a, es tirarle los caracoles, un sistema de adivinación que no es un juego, sino una ceremonia.

La rosa oriental V-30143, grabada en Octubre 15 de 1930, New York, reeditado en TCD-41 y HQCD-24, es un son de Ramon Espigul, cantante cómico, una de las figuras mas destacadas del Teatro Alhambra. Al parecer, nunca la grabó, aunque hay una grabación suya que no hemos escuchado y nos hace dudar, "Espigul oriental", V-77316, grabada en junio 2 de 1920 con la soprano Blanca Sánchez, y orquesta. Sí la grabó, sin embargo, una gran figura lírica española, Conchita Supervia, una mezzosoprano que fue famosa en Europa y América, y que grabó este número en 1932, Parlaphone RO-20336.

En la versión de Machín, y es por eso que la incluimos, típica de la táctica de repetir el nombre del género musical hasta el cansancio, para fijarlo en la mente del público, se dice la palabra "son" doce veces:

> Allá en Oriente,
> La región montañosa,
> Donde yo ví una rosa
> Que jamás olvidaré
> Quise arrancarla
> De aquel jardín florido
> Y lanzando un suspiro
> La rosa me dijo así: (bis)

Yo soy la rosa oriental,
Para arrancarme de aquí,
Un *son* sabroso de Oriente
Tienen que cantarme a mí. (bis)

Tomándose un ron caliente,
Se baila el *son* caliente
Adonde tu vas mi gente
A bailar el *son* de Oriente
Comiendo maní caliente,
Se baila el *son* de Oriente
Hasta las viejas sin diente
Bailan el *son* de Oriente
Allá en el rincón caliente
Se baila el *son* de Oriente

Se baila el *son* de Oriente   (bis) 5

En la misma fecha se graba **Son de moda** V-3-143. New York, también de Espigul, que no hemos escuchado, y **Nació en Oriente**, V-30166, de Ignacio Piñeiro.New York.

De **La cleptómana,** V-30266 grabada en octubre 29 de 1930 en New York ya hablamos cuando mencionamos " La cocainómana " de Matamoros, pero señalamos ahora la colaboración en esta canción de la música de Manuel Luna y la inspiración del poeta nacional de Cuba, Agustín Acosta.

Una de las pocas composiciones de Machín es este sencillo son, **A Baracoa me voy** V-30001 de julio 14, 1930, New York, reeditado en TCD-41 y HQCD 24, de la inspiración de Machín, que no deja de tener algo de político por su "aunque no haya carretera" y es en verdad increíble que la que había sido la primera población fundada en Cuba no tuviera acceso por tierra, ni de hecho lo tuviera hasta décadas después de 1930.

Este son tradicional
Es el que me gusta a mí   (bis)
Porque no pierdo el compás
De mi modo de bailar.   (bis)
A Baracoa me voy,
Aunque no haya carretera (bis)
A Baracoa me voy.

Ayer noche me dijista
Que ya tú no me querías   (bis)
Y hasta la perra de casa
Me miraba y se reía   (bis)

A Baracoa, etc.

Yo me he forjado una idea
La que nadie se ha pensado   (bis)
Que el que nace desdichado
Hasta los perros lo….miau…

A Baracoa, etc..

Al parecer, Machín dio un corto viaje a Cuba a principios de año, grabando en marzo 3 de 1931, V-30453, reproducido en TCD26, con la orquesta de Eliseo Grenet un tango congo de éste, titulado **Tata Cuñengue,** con fuerte sabor afrocubano:

De la tribu,
Del *Africa* ardiente
Traigo el tango congo,
Y el ritmo candente
Y la ceremonia
Sagrada y ardiente
Con el ronco *son*
A *tambor* crujiente penas se van.
Y ahora el *guateque*
Va a comenzá
Pá que se fije tó los presentes
Cómo se mata el alacrán.Ah!

Siy Tata Cuñengue
No hay mejor bichero
En chévere y guapo
Yo soy el primero
Por eso, mi madre
Me sonará el cuero
Y si yo bailo y canta
Trabaja y guanta pá ganá el pan

> Yo mimitico te vá demostrá
> A la señora y lo caballero
> Como se mata el alacrán, Ah.
>
> Tata Cuñengue lo va a matá
> Con el machete del mayorá
> Corta pezuña, corta tenaza
> Corta ponzoña del animal. Y ey
> Tata Cuñengue lo va matá.

En ese mismo viaje graba el 24 de febrero para la Brunswick con su sexteto, **El Rey Manolo** Br.41318, reproducido en TCD-26, en que en el estilo del Sexteto Habanero, dice: "Pongan atención señores/que los vamos a deleitar/ El bongosero se va a inspirar/ Manolito el bongosero/ escribirá bien su nombre".
Y sigue el solo del bongosero.

Los intérpretes no olvidaban las minorías que componían ya la sociedad cubana, y como ejemplo, Machín graba en New York en octubre 15 de 1930, **Ámame aunque sea en chino**, V-30166 e **Ilusión china** V-30619 en octubre 29 de 1931, reeditada en TCD-41 y HQCD-24. En esta última, de la inspiración de Alfredo Brito, el chinito canta su admiración por la mujer cubana:

> Yo nunca calamba pensá
> Encontrar en Cuba mi ilusión
> Pues siempre pensá en Shangai
> Y lipué que aprendí a bailá
> Sentí una grande ilusión
> Por Cuba y por su mujer.
>
> Cubana de mi ilusión
> Ven conmigo pá Cantón
> Allí yo quiero gozá
> Con su amol.
> Quiéleme mucho a mí
> Te quielo con devoción
> Serás la leina de amor en Cantón
> Mila que por ti me voy a molil de amol
> Ven conmigo pá Cantón
> Allí yo quielo gozá con tu amol.

En 1931 Eliseo Grenet con letra de Teófilo Radillo, compone **Lamento cubano**. Inmediatamente su vida peligra, el gobierno de Machado no iba a tolerar este ataque frontal. Grenet se marcha a España, donde iniciará una brillante carrera. Alli grabará el número con su voz, V-30830, reproducido en HQCD-37, en junio 16 de 1932. Machín la graba en septiembre 23 de 1932,en New York, pero al parecer se publica antes, porque su número de lanzamiento es V-30751, (reproducido en TCD-15 y HQCD-24) aunque es posible la versión de Grenet se lanzara antes con otro número, en el sello local de la Victor en España. También lo grabó en París Don Barreto, en 6/27/1933, DeF-6480, reeditado en HQCD42. Sin mencionar a Machado, sin un ataque directo, era un alegato muy poderoso, que persistiría más allá de la caída del tirano, hasta convertirse en la canción política de protesta más popular para aplicarle a otros gobiernos posteriores. La grabarían entre otros Olga Guillot y Esther Borja, y a ambas el público se las pediría en sus actuaciones en público, el Dúo Cabrisas Farach, Daniel Santos, Toña la Negra, Guillermo Portabales y otros. Y es por eso que así titulamos este libro, con las primeras palabras de la letra. Es la canción de protesta más importante y conocida escrita por un cubano hasta 1958:

> ¡Oh! Cuba hermosa, primorosa
> ¿Por qué sufres hoy tanto quebranto?
> ¡Oh Patría mía!
> ¡Quíen diría que tu cielo azul
> nublara el llanto!
> ¡Ay! Al contemplar
> Tu ardiente sol
> Tus campos llenos de verdor,
> Pienso en el, tiempo aquel,
> Que se fue... Cuba...
> ¡Ay! En el susurro del palmar
> Se siente el eco resonar
> De una voz, de dolor
> Que al amor llama...
> ¡Oh! Cuba hermosa, primorosa
> ¿Por qué sufres hoy tanto quebranto?
> ¡Oh! Patria mía, quien diría
> Que tu cielo azul nublara el llanto...
> ¡Ah! En el susurro del palmar
> Se siente el eco resonar
> De una voz de dolor,

> Que al amor llama..
> ¡Oh! Cuba hermosa, primorosa,
> ¿porqué sufres hoy tanto quebranto?

Otro importante compositor, el trovador Rosendo Ruiz Suárez, en un tono un poco más comedido, tuvo también el valor de desafiar al tirano en la guajira **Junto a un cañaveral** V-30751 reproducida en TCD-15 y HQCD-24. Grabada por Machín en septiembre 26, 1932. New York.

> Junto a un cañaveral,
> Una guajirita un día (bis)
> Sollozando me decía:
> Ver, quisiera mi Cuba feliz,
> Los cubanos unidos gozar
> Y por siempre la vida vivir,
> Vivir, la vida.
> Que hermosos son los paisajes
> De mi Cuba bendecida,
> El extranjero los admira,
> Que preciosos sus celajes.
> Arrogantes sus palmares
> Y sus ríos caudalosos,
> Todo es amor y reposo,
> Aquí se alivianpesares.
> Ver, quisiera mi Cuba feliz,
> Los cubanos unidos gozar
> Y por siempre la vida vivir,
> Vivir, vivir la vida.

(Siguen inspiraciones de Machín, que no están el original.)

Como la anterior, también ha mantenido vigencia en Cuba, y ha sido grabada, entre otros, por: Guillermo Portabales, Conjunto Casino, Orquesta Sensación, Lalita Salazar, La India de Oriente, Violines de Pego y la orquesta de Senén Suárez.

Sus grabaciones de contenido político no se limitaban a Cuba: Machín grabó en septiembre 16 de 1932, muy cerca de su estreno, el famoso **Lamento Borincano** de Rafael Hernández V-30735, y en febrero 20 de 1933 **Lamento campesino** V-30808 del compositor panameño Ricardo Fábrega, que no hemos escuchado. Y acompañado de la orquesta Victor Antillana, y del mismo Fábrega, **Panamá en crisis** V-30831 en marzo 24, 1933, que tampoco hemos escuchado. Y **Borinquen**, V-30897 de marzo 15, 1933, un son de Ignacio Piñeiro que no sabemos si tenia contenido político. Y hay otro lamento, este **Lamento de un votante,** de V. Gómez, que Machín graba con la orquesta de Julio Roqué, V-30999, 12/5/1933. Grabadas todas en New York.

En mayo 22 de 1933 en New York el Cuarteto graba **Masabí,** V-30880, reproducido en HQCD58, un sabroso son que aparece como de autor desconocido, que viene aquí por sus proyecciones intertextuales, con Machín cantando frases en inglés, y además por las implicaciones que para la canción popular cubana y sus compositores, tuvo este número. Originalmente, fue grabada como de autor desconocido, hasta que su compositor, el santiaguero Roberto Ravelo, asistido del letrado Natalio Chediak, presentaron el primer pleito sobre derechos de autor conocido en Cuba, y lo ganaron; de ahí en adelante, me contaba Carlos Rom, quien fuera por década ejecutivo de Viuda de Humara, los representantes de la Victor en Cuba, no se grababa ningún número si no venía acompañado de la correspondiente prueba de derechos a satisfacer a su autor, o prueba convincente de que era de dominio público; gracias a eso, sabemos de muchos números y sus autores que de otra forma hubieran permanecido olvidados.

> Cómo tu te llamas, Masabí, (bis)
> What is your name, listen to me,
> Como, etc.
> Todo el mundo dice Masabí (bis)
> That's is, etc.
> Todo el mundo dice Masabí
> Pon, pon pa, pa ra po pon,
> Dime quien es tu novia, Masabí,
> Masabí
> Pon etc
> Why don't you come to Cuba, Masabí?
> Masabí.
> Dime quien es tu suegra, Masabí
> Masabí
> Pon, etc.
> Vamos de cumbancha, Masabí,
> Masabí.

Un paraíso es mi Cuba. 4to. Machín, V-30982 11/201933, New York. Un lindo paisaje bucólico, letra del Dr.Ricardo Alemás y música de Rosendo Ruiz padre. Fue tambien grabada por las Hnas. Martí, Orlando Vallejo y otros.

Cuando voy por esos campos
De mi Cuba soberana   (bis)
No sé que cosa admirar
Si es el monte o la sabana.

Un paraíso es mi Cuba
Óiganlo bien mis hermanos (bis)

A mí me encanta, me privan,
Tantos tesoros cubanos (bis)
Si es la palma que se eleva
Con orgullo y arrogancia
Si es el cielo de colores
O pone el cielo la fragancia
Si es el verdor de los campos
O lo plateado del río,
Si es el aire que murmura
O es la paz de mi bohío.
Un paraíso, etc.
A mí me, etc.
(Machín en las inspiraciones le agrega éstas de su cosecha):

Que le gusta al buen Manuel
Oir trinar el sinsonte
Y el lo lejano del monte
Verlo desaparacer
Un, etc.
También le gusta a Manuel
Comer en el guayabal
Oir los perros ladrar
Azorando a los cochinos;
Es el guajiro divino
De mi Cuba tropical
Un, etc...

Otro número interesante que aportara como compositor Felipe Neri Cabrera (miembro del Sexteto Habanero, que por esos años no estaba grabando, razón que explica enviara sus creaciones a Machín) es **Aquí cualquiera se atraca** V-32020 grabada en noviembre 20, 2933.New York. También fue grabada por Don Barreto y su orquesta en París, F-47069 en 1934, reeditado en HQCD42.

Que te parece Miguel
Como cualquiera se atraca (1)
Ya tuviste que apelar
Al compás de las *maracas*
No te gusta el *cencerro*
Ni tampoco los *bongoes*
Pues no se puede bailar
Sin que la nota repose   (bis)
Ñengue, curuyé,
Guardia
Ñengue, etc.
Oye Miguel
Ñengue, etc.
Oye el *cencerro*
Y los *bongoses*,
Ñengue, etc. (2)

(1) La acepción en que más se usaba el verbo atracar, en Cuba en aquella época, era como dice el RAE, Comer gofio, hacer tonterías. No sabemos si Miguel se refiere a Matamoros, y su uso a veces del Sexteto en vez del trío.
(2) No hemos podido encontrar el significado de estas palabras en lenguas africanas.

Si Machín se fue a Baracoa, Rosendo Ruiz padre no quiso ser menos y escribió **A Santa Clara me voy**, V-32183 que Machín graba en julio 6 de 1934. New York. Muy interesantes las observaciones lingüísticas de este son:

Con el fin de divertirme
A Santa Clara me fui   (bis)
Quien supiera que por fin
Me pude enterar del chisme . (bis)

Me contaron,
Que los frijoles colorados
Son labios de señorita,
Y zapatos de dos tonos
Son frijoles de carita.

A Santa Clara me voy
Me voy, me voy.
Para gozar del placer,
Del placer de una mujer
Que no me vaya a tirar

Y que me sepa cuidar
Y que me sepa querer.
A Santa Clara me voy
Me voy, me voy,
Para poderme enterar
De lo que quiero saber

Sorpresa llaman a la carne,
Al arroz, casualidad,
Al picadillo te odio,
Y al ñame barbaridad,

A Santa, etc.

Al gran ajiaco criollo
Le llaman el ramo real
Y si le falta el tasajo,
Es consejo pá lidiar.

A Santa, etc.

Tantas cosas me dijeron
Que no puedo recordar
El nombre de cierta vianda,
Lo tendrán que adivinar…

A Santa, etc…

En la misma fecha y lugar graba **Nostalgia guajira**, una guajira de Rosendo Ruiz padre. Parece que Cuba no era tan paraíso, después de todo…

Guajirita de mi amor
No me vayas a olvidar   (bis)
Te tuve que abandonar
Por una cruel situación.

Mi guajira, yo te adoro y te venero,
Por los pueblos errantes
Tu guajiro va,
A buscar trabajo a la capital
No temas mi guajirita,
Es mucho lo que te quiero

No me olvides,
Que si me olvidas me muero.

De Arroyo a Guayabal
Cuanto trabajo pasé (bis)
Cuando te dejé de ver
Me dieron ganas de llorar
Qué tristeza, qué pesar,
De que no te vuelva a ver,
Mi guajira, etc. (bis) todo.

No me olvides, que si me olvidas,
Me muero   (bis) 4

Se vuelve a llamar el son por su sagrado nombre, en **Son retozón** V-30983, reproducido en TCD-15 y HQCD-56, grabado en Noviembre 20, 1933.New York.

Un número interesante es **Vacilando**, V-32332 en noviembre 20 de 1934,New York. de Isaac Oviedo. Trata sobre la marihuana, aunque no se mencione por su nombre, pero además todavía en 1934 no era delito en Nueva York su uso, observación que me hizo hace años, mi maestro Richard K. Spottswood.

Yo quiero un vacilón
Con una nena sabrosa
Que después del vacilón
Ella se ponga melosa.   (bis)

Nena, ay Nena
Si tú no me quieres
Moriré de amor   (bis)
(hablado)
Pásale la fría (1) a Félix, chico
¡Como toca ese muchacho cuando está grifo! (2)
Dame la mota, (3) Daniel,
Dame la mota, chico
Para ponerme bien
¡Pásame la chicharra (4) por Dios!
Ave María, que vacilón
Daniel, Daniel, dame la chicharrita
Ya estoy.
Nena, ay Nena

Si tú no me quieres
Moriré de amor

(1) Botella de cerveza fría, y Félix es Ganuza, para aquel tiempo trompeta del grupo.
(2) Estar bajo los efectos de la mariguana. (Sánchez Boudy, Diccionario).
(3) Mota es mariguana en varios países latinos, según RAE, y Daniel es Sánchez, 2da. Voz y guitarra del grupo.
(4) Chicharra y chicharrita, cigarrillo de mariguana.

Matrimonio revolucionario, V-32333 de noviembre 23,1934, New York, de Enrique González, no lo hemos escuchado de manera que no sabemos en que consiste la revolución.

Para 1934, la situación en Cuba era caótica, se sucedían gobiernos, había huelgas, represión, y todo esto lo revela Graciano Gómez, que como otros de los anteriores autores mencionados, arriesgaban su vida firmando este son lamento, que además, no se podía grabar en Cuba, sino en Nueva York: **Anhelo cubano,** V-32346, reproducido en HQCD104, grabado en noviembre 23 de 1934. New York.

(Abre con las primeras notas del Himno Nacional)
¿Cuándo volverá a reinar la paz donde nací?
¿La noción de libertad, el relato de Martí?
Cuanto luchar y luchar
Hasta obtener la victoria
Y ahora al fin, para mal,
Se revuelve la noria.
¡Oh! que ferviente deseo
En que reinen por aquí,
Y en el grato suelo mío
Llegue el amor al confín.

Volverán las noches bellas
De arrullarnos las canciones
Y a la luz de las estrellas
Gozarán los corazones.   (bis)

Por eso en mi Dios confío
En que reine paz aquí
Y en el grato suelo mío
Llegue el amor al confín.

Volverán, etc.

Vamos a gozar cubanos,
Mira que la hora llegó
Cuba es libre y soberana
Cual Maceo la soñó.

Volverán, etc
Cuba libre, tierra mía
Por Cuba me muero yo.

Vamos, etc
Quiero siempre estar en Cuba
Donde ardiente brilla el sol.

Aunque no debemos incluir todas y cada una de las muchas canciones dedicadas a la legendaria mulata, esta de Graciano Gómez vale la pena, **Flor criolla**, V-32373 de diciembre 11 de 1934, New York, reproducida en HQCD104:

No es atributo tuyo la blancura
Y tu color *moreno* lo delata,
Mas que importa el color, linda *mulata*
Vas derramando ya por la cintura.

Provocativa su mirada ardiente
Tu nombre de lujuria centellea
Y tu amoroso cuerpo se cimbrea
Con flexibilidad de serpiente.

En la cubana *rumba*
Causa asombro
El ansia de tu pecho, cavilosa.

Y el estremecimiento de tus hombros
Al compás popular de su quimera.
En dondequiera que tu planta se posa
Vas sembrando una mata de palmera.

Rabia tiene la *mulata*
Por su andar señores (bis) 6

Y lo mismo sucede con esta de Manuel Romero, **Reina africana**, V-32604 de octubre 22, 1935, New York, reeditada en HQCD104, que grabara también la mexicana Toña La Negra, convirtiéndola en uno de sus grandes éxitos.

Negra, no importa,
Me gustas, te quiero,
Te pondré como reina,
Vivirás como diosa
Y tendrás una casa preciosa,
Vestidos de seda,
En todo servida
y serás mi querida,
cortesana mimada
Una reina *negra* robada, traída,
De la selva africana.

Oh *blanco*, oh rico,
Aunque tiene dinero
No lo tiene tó:
Yo tengo mi *negro*
Yo tengo mi *negro*,
Píntate de negro,
Rájate la boca,
Ponte las anillas
Habla con la lle(¿)
Dime que tu mata,
Y quizás entonces,
yo te vuelva a mirar,
y tu mata a mi *negro*,
o mi negro te mata.

Creo esto fue agregado por Machín:

Ae ea ae, ea
La reina reyoya,
Que *negra* más buena
Que tengo una *negra*,
Que me trae la sopita
La sopita en botella (1)
Todas las *negras, negra* no más.

(1) Esto de la sopa lo usaría muchos años después (1956) Alfredo o Alberto Zayas en su guaguancó "El vive bien" que de hecho la genta llamaba "La sopita en botella" cantado por Roberto Maza (Ver Disc. Bajo "Afrocubano Lulú, Grupo".

En **La morita** de Angel Camacho, V-32651 de octubre 22, 1935, New York, reeditado en HQCD104, vemos otra vez el uso de las lenguas afrocubanas:

>A la *negrita* le dá su Changó (1)
>A la *negra* le dá su Yemayá
>La *mulatica* es hija de Ochún (2)
>La *blanquita* de Obatalá
>Todas visten el color illá (3)
>Que a nadie les puede extrañar (bis) 2
>Moyubá babá
>Babá osun loro
>Babú osun oroqué
>(Sigue Machín hablando en lenguas)

(1) "le dá" quiere decir que el Orisha, en este caso Changó (equivalente a Santa Bárbara) baja o se apodera del cuerpo de su "caballo" o persona que lo recibe. Lo mismo en el caso de Yemayá (equivalente a la Virgen de Regla).
(2) Ser hija significa que esa persona ha "recibido" o sea, está investida, del orisha que le corresponde, en este caso Ochún, equivalente a la Virgen del Cobre, y Obatalá, La virgen de las Mercedes.
(3) Cada orisha tien su propio color de vestuario, que su "hijo" debe usar en determinadas ceremonias.

Otro tema de Graciano Gómez de contenido político social es **Queja Guajira**, V-32943, New York, una guajira, que Machín graba en octubre 24 de 1935:

>*Guajira*, la que los campos
>De nuestra tierra es un primor;
>*Guajira* que la miseria
>Con tu bohío cruel acabó;
>*Guajira* estos cantares
>Con toda mi alma te brindo yo
>Ya que a tu tierra solo le quedan
>Solo tus ojos negros,
>Tristes como mi cruel dolor. (bis) 2
>Ay *guajira*, por ti yo diera la vida,
>Del sitial todos se alejan,
>Se han perdido las palomas,
>Las avispas y las carcomas
>Suplantaron a las abejas.
>El pesar su rastro deja
>Al ver perdido el ganado,

La cosecha se ha realizado,
por nada, como la cría,
y es mi suerte tan sombría
que he perdido hasta el agrado.

Ay *guajira*, por ti yo diera la vida
Oscuro está el horizonte
Triste y en calma el palmar,
Ya no se escucha el trinar
Del melodioso sinsonte,
Y no se oye por el monte,
Ni el más ligero rumor,
Está marchito el verdor
De la espaciosa sabana
Y en la campiña cubana
Hay un manto de dolor. (bis)

Por la cintura, V-32620 un son de Bienvenido Julián Gutiérrez grabado en la misma fecha, trata el delicado tema de los palmicristazos, frecuentes en aquella época:

Mi negrita el otro día,
Por no tener que almorzar
Compungida me decía:
Tu no quieres trabajar;
en otros tiempos sería
cuando no se podía hablar,
por dondequiera se oía
este canto popular:

Mi *negra* quiere
Que yo me tire a la mar (bis)
Y yo me voá (1) a tirar
Por la cintura me voá tirar,
Me tiro, me tiro, me tiro ya

Chinito que vendes tú
Que yo te quiero comprar:
No te digo lo que yo vendo
Porque me van a purgar.

Y yo, etc.

En Mayami me dijiste
Cuando estábamos hablando
Que el que toma palmacristi
Se pasa el día cantando…
Y yo, etc.

Ayer me botó mi amante
Porque me quiso obligar
A que me tomara un purgante
Que no lo quiero tomar.
Y yo, etc.

(1) Vicio del lenguaje, por "voy a"

En noviembre primero de 1935, graba **Pobre mi Cuba** V-32666, New York una guajira son de Arsenio Rodríguez:

Ay, se oye decir al guajiro
Que malas están las cosechas,
De los campos de mi Cuba
No vale sembrar con maña
No vale nada el cacao,
Está arruinado el tabaco,
No vale nada la caña
Al ver los lindos palmares,
Hermosos cañaverales,
Se oye decir al *guajiro*,
Pobre mi Cuba.
Cuba te daba el tabaco
El cacao en abundancia,
El café con arrogancia,
Está arruinada
Ay, se oye decir al *guajiro*,
Pobre mi Cuba.

No es hasta 1951, que Arsenio Rodríguez la graba con su orquesta, V-23-5593, reeditado como TCD43, y se pregunta uno si en el tiempo transcurrido, la situación era igual…

Los niños van a la escuela. V-32664 11/13/1935, New York. Es un son de Bienvenido Julián Gutiérrez, un poco raro en su letra, como mucha de las composiciones de este autor: quizás es sencillamente, para decir que los niños cubanos tenían hambre...

>Yo no sé, yo no sé, si ellos me oirán (bis)
>No sabiendo el porqué, me lo dirán
>Los niños que van a la escuela
>Saben decir quiero pan   (bis)
>Mamita dice mi abuela
>Que te acuerdes del refrán (bis)
>A, E, I, O, U Los niños van a la escuela   (bis)
>Etc...

El Meteoro, V-32665, grabado en noviembre 27 de 1935, una guajira son de Juan Medina brega con un ciclón, tema harto frecuente en todo el Caribe.

>El padre Viña (1) anunciaba
>Una gran perturbación
>Que amenazaba a mi Cuba
>Con las iras de un ciclón.
>Después dijo el padre Lanza (2)
>Que el ciclón ya recurvó
>Y ninguno dijo nada
>De lo que en Cuba ocurrió.
>Oriente pudo palpar
>Las ráfagas del ciclón,
>viento y lluvias que azotaban
>nuestra indómita región. (bis) 2
>Hay peligro para Cuba   (bis) 3
>A las tres de la mañana
>El ciclón pasó a Cienfuegos (bis)
>Se fue a Isabela de Sagua
>Siguiendo por las Bahamas
>Hay peligro, (bis) 5
>Don Pancracio si sintió
>Lo que en Cienfuegos pasó (bis)
>La obra, En broma y en serio, (3)

El sábado suspendió
Hay etc, (bis) 3

(1) El padre Viñas era el meteorólogo mejor de Cuba, que hacía sus exploraciones desde el observatorio existente en el Colegio de Belén en La Habana.
(2) El padre Lanza era otro destacado científico dedicado a lo mismo, pero el punto de observación de ambos estaba al oeste de la isla, y era difícil seguir la ruta de ciclones por el área este, a más de mil kilómetros de La Habana, de ahí que sus vaticinios no hayan podido ser exactos en este caso.
(3) Efectivamente desde el 29 de marzo de 1933 se había estrenado esta obra musical en el teatro Martí, de manera que muy bien pudo haber sido suspendida una de su representaciones, por el ciclón.(Río Prada, obra cit., p. 268).

Trompeta querida otro número dedicado a este instrumento, éste de Victor Montes de Oca, V-82048 y grabado por el Septeto Machín, V-82048, en noviembre 29, 1935, New York, y reeditada en HQCD122:

Suena *trompeta* querida
Suena suena melodiosa
Con tus notas armoniosas
Suena por toda la vida   (bis)
Escuchando de sus notas cadenciosas
Las dulzuras de armonía sin igual,
Renacen en mí la duda
De días ya pasados
Que había olvidado
A mi pobre corazón
Oyela, sonando está:
Suena, *trompeta* querida
Y alegra mi corazón
Tu sabes que has sido tú
La dueña de mi pasión.
Óyela, etc. (bis)
Esa *trompeta* armoniosa
Que yo cuido con esmero
Y que me ayuda a vivir,
Cuantas venturas y dulzuras
Me proponen, mi sendero, mi *trompeta*…
Suena, etc (bis).

Hay un río en la provincia de Pinar del Río, de Cuba, que tiene un caprichoso recorrido, haciéndose subterráneo en algunos tramos. Se dice que de ahí surgiera el nombre que el pueblo le diera, "Cuya agua teje" que apocopado, quedó en **Cuyaguateje** del que Felipe Neri Cabrera hizo una guajira son, también conocida como"Entrada por la estrechura" V-82048 grabado por el septeto en la misma fecha que la anterior.

>Cuyaguateje, ay Cuyaguateje (bis)
>Hice yo un viaje divino
>Pues deseaba pasear
>Era muy lindo el camino
>Y no quise descansar (bis)
>Cuyaguateje, etc.
>Después me quise bañar
>Venía muy sofocado,
>que placer al encontrar
>lo que siempre había buscado (bis)
>Cuyaguateje, etc. (bis) 3
>El río Cuyaguateje
>Entraba por la estrechura
>Así la sombra protege
>Y sus preciosas llanuras (bis)
>Cuyaguateje, etc.,
>Agabama, Manatí, cuyas aguas tejió, llamaba
>Son las que yo conocí
>Y se las enseñé a mi amada
>Cuyaguateje, etc....

Felipe Neri Cabrera le hizo otra guajira son al río **San Antonio o El Ariguanabo,** que grabó el grupo en la misma fecha, V-32718, pero no le hemos escuchado.

Un son humorístico de la misma fecha es **Sorteo de la Caridad** de Manuel Castillo, V-32671 que bien puede reflejar un hecho histórico: Para los años treinta, los Sorteos de la Lotería Nacional, que creo se celebraban los sábados (para que todo el mundo pudiera escucharlos), se transmitían por radio. Niños de la Beneficencia (Huérfanos criados en esa institución) se hacían cargo de extraer las bolas, cantar el número, y otro sacaba la bola correspondiente con el premio, y cantaba también la suma.

Según esta canción, este sorteo no se celebró en La Habana como era usual, sino en Santiago, y al parecer también, el producido del mismo se iba a dedicar a obras en la provincia de Oriente, muy necesitada de esta ayuda siempre. Es posible por tanto, que refleje un hecho real.

Ahora vamos a empezar
A cantar la lotería
Y obras públicas que serán
Para Oriente la alegría
Estación de onda larga X2
En combinación con la de onda corta PPW
Sorteo de La Caridad
Celebrado en Santiago de Cuba,
En el Parque Céspedes.
Siete mil cuatrocientos setenta y ocho
Con cien pesos
Cinco mil cuatrocientos noventa y dos
Con cien pesos
Veinte mil cuatrocientos noventa y uno
Con cien pesos
Tres mil cuatrocientos cincuenta y uno
Con cien pesos
Catorce mil ochocientos cuarenta y dos
Con Doscientos mil pesos
Termina con una bachatota en Guantánamo!
Mil cuatrocientos setenta y siete
Con cien pesos
Cuatrocientos cuarenta y tres
Con cien pesos
Mil cuatrociento setenta y cinco
Con cien pesos
Cinco mil cuatrociento s cuarenta y dos
Con doscientos pesos
Tres mil novecientos cincuenta y tres
Con Cincuenta mil pesos
Vendido en Baracoa
Quince mil ochocientos cuarenta y cinco
Con Quinientos pesos
Ocho mil novecientos noventa y dos
Con cien pesos
Once mil quinientos cuarenta y uno
Con cien pesos
Once mil novecientos noventa y tres
Con Veinte mil pesos
Fue vendido en Palmas
Mil cuatrociento cuarenta y dos
Con cien pesos

> Once mil novecientos cincuenta y uno
> Con cien pesos
> Mil seteciento ochenta y tres
> Con doscientos pesos
> Cuatro mil novecientos cincuenta y dos
> Dies mil pesos
> Vendido en Banes.
> La última bola, señores:
> Quince mil noveciento noventa y uno
> Con cien pesos
> Cua cua cua Cua,
> La lotería se terminó.

Machín hizo grabaciones en París, entre ellas con el maestro Moisés Simons, grabó el son **Priquitin-pim pom**, V-82462 en abril de 1938 reeditado en TCD53 y HQCD109, donde se dice al principio, fiel a la táctica de anunciar el son:

> Oye el *son*,
> ya se baila hasta en Berlín
> y también, en la China y el Japón
> (más adelante agrega:)
>
> "todos quieren bailar
> Al compás de este bravo *son*"
> (Y por si acaso, le hacen un guiño a la rumba también)
> "No hay placer mayor
> Que sentirse abrazar
> Con el suave ardor
> Que la *rumba* nos da"

Priquitin Pin Pon fue incluido en el CD de Bebo Valdés, "El arte del sabor", premiado con el Grammy.

Machín también grabó en París en octubre de 1936, con la orquesta Criolla de Filiberto Rico, **La conga,** de Armando Valdespí, HMVK7793, reeditada en HQCD31 y TCD53; y con la orquesta de Eduardo Castellanos, también en París en marzo de 1938, **Son retozón**, Odeón 281-255, reeditado en TCD53 y HQCD109, de Electo Rosell.

De 1940 hasta su muerte, continúa su apostolado de llevar la música cubana hasta el último rincón de España, y en su repertorio regrabará muchas de las antes mencionadas, como "Moreno", "A Baracoa me voy", "La morita", etc. Pero es sobre todo una tenue canción protesta la que se va a convertir en su canción emblemática que tendrá que repetir hasta su muerte en todas sus presentaciones:" "**Píntame Angelitos Negros**", con versos del poeta venezolano Andrés Eloy Blanco y música del mexicano Manuel Alvarez "Maciste".

> Pintor nacido en mi tierra
> Con el pincel extranjero,
> Pintor que sigues el rumbo
> De tantos pintores viejos.
> Aunque la virgen sea blanca,
> Píntame angelitos negros,
> Que también se van al cielo
> Todos los negritos buenos.
> Pintor, si pintas con amor,
> ¿Por qué desprecias su color
> Si sabes que en el cielo
> También los quiere Dios?
> Pintor de santos de alcoba,
> Si tienes alma en el cuerpo,
> ¿por qué al pintar en tus cuadros
> Te olvidaste de los negros?
> Siempreque pintas iglesias
> Pintas angelitos bellos,
> Pero nunca te acordaste
> De pintar un angel negro.

En resumen, Machín hizo una extraordinaria labor de difusión de la música cubana, su repertorio casi en su totalidad la recogía, y además servía de soporte económico a un grupo grande de compositores paisanos suyos, que comenzaban, no tan reconocidos, y además dándole cabida a canciones de contenido político fuerte, que hubiera sido imposible grabar en Cuba en aquella época. Además, siguió la tendencia de otros grupos y compositores, de usar la música misma como medio de anunciar y divulgar los géneros e instrumentos de la música cubana.

CAPÍTULO 15
1900-1958: Arsenio Rodríguez

Güira de Macurijes, Matanzas, 31 de agosto de 1913. De familia muy pobre, de origen congo, aprende de niño a tocar maracas, bongó, tres y guitarra. Empieza a perder la vista a consecuencia de una patada de caballo. Cuando tiene treinta años ya estaba situado en La Habana como tresero, tocando en varios sextetos. Empieza a componer y la orquesta Casino de la Playa usa, como primera grabación que hace la orquesta, "Bruca maniguá" en 1937 en la voz de Miguelito Valdés. Después le grabarán otros números, como veremos, y además en "Se va el dulcerito" de su autoría, toca el tres con la orquesta. Pero se da cuenta que con eso no se puede vivir, que las orquestas no quieren músicos negros, que no los hay ni en la Casino de la Playa, ni en otras, y que además, su instrumento no es parte del instrumental de las orquestas, que si acaso tienen una guitarra. Decide crear su propio conjunto, y hace sus primeras grabaciones en 1941, "El pirulero", y "Yo tá enamorá", que ya había grabado La Casino de la Playa.

El conjunto crea la pauta de los muchos que se crearán en los 40's. En 1954 decide radicarse en New York, crea su grupo con músicos cubanos y puertorriqueños y se mantiene activo casi hasta su muerte en Los Angeles en 1971. Para más detalles, ver Disc., bajo Rodríguez, Arsenio.

Vamos a dividir sus composiciones que caen bajo los parámetros de esta obra, en cuatro grupos:

Las que llamamos "Cantos a la esclavitud" que trataremos en capítulo aparte; en segundo lugar los "Cantos de negritud" que atañen a varios aspectos de la cultura afrocubana, en terce lugar, los "Cantos a los Barrios", una especialidad de Arsenio, y por último, "Canciones de contenido político o social"

Cantos de negritud

Funfuñando

V-83343 Abril 12, 1938.
Reeditado em HQCD-39 y TCD-54.

Son-afro de Arsenio grabado por la Casino de la Playa, cantando Miguelito Valdés. Fue grabado también por el Septeto Típico Espirituano. Ninguno de los diccionarios que consultamos trae el significado de la palabra funfuñando, parece ser una forma apocopada de "refunfuñar". Como muchos de los números de Arsenio, remeda el lenguaje de los negros bozales, español con sintaxis primitiva, apócope de palabras, etc.

Rita, cuerda tu que
Yo fui casa de Anacleto,
Cerca allá de Bolondrón
Yo ecucha una discusión,
Mi compare está moleto.
¡Rita! A llorá mamá

Escucha cuento nanagüero
Yo fui casita Anakleto
Cerca de Bolondrón
Yo ecuchá una discusión
Mi compadre está molesto

¿Qué pasa? Yo preguntá
¿Pó que cosa tá peleando? (bis)
Y ne me contesta
Ne se queda funfuñando

(coro) Funfuñando, funfuñando

Ya son la sora (ya es la hora)
La cueva gangá (la casa del espítitu)
Abre verá, yo va a cruzá
c) Fun, etc
Cucha cuento managuero
c) Fun, etc
E cuenda sojo mi cumade (mis ojos ven a la comadre)
c) Fun, etc.
E cueta cara mi cumade. (está clara cuenta con la comadre)

Yo son gangá. V-82514. Grabado en septiembre 15 de 1938, y reeditado en HQCD-51, por la Casino de la Playa y Miguelito Valdes cantando. Son-afro. Entre paréntesis, traducciones a la letra.

> Yo son gangá (1) (bis)
> Kimbisa, mi caravela
> Que yo también quiero bailar
> Ya tá tiempo menguante
> Y mi conuco se acabá. (y mi trabajo se acabó)
> E caravela (dime amigo)
> Kindiambo kangre(¿que pasa con el cangre?)
> Quendinga bobo, (¿Que dices, bobo?)
> Que kuenda?
> Macate palo kisante (bis) (Esa planta viene atrasada)
> c) chechere comadre (Fuerte comadre).
>
> Escucha cuento managuero (Oye cuento maniguero)
> Y kiako kiako son mi lengua (Estoy hablando despacito)
> E yo me cuerda yo me llora (Me acuerdo y lloro)
> Cuando yo estaba en cunangasa (Cuando yo está en mi tierra)
>
> Para cura son cochino (No dan gracias por mi magia)
> E sin bravicho con la mano (Hacen cosa mala con su mano)
> Y matadero mucho guano (Y el matadero hace mucho dinero)
> La birijagua no tá fuera (La bibijagua no está afuera)
> Yo baja pozo sin calera (Bajé al pozo sin escalera)
> ¡Y cara cara oye lemba!(Hablamos cara a cara)
> Managueruto, mi yeyeo, mamá
> A mi Yeyeo son mi palo
> Ya yo me llevo a mi comadre.

(1) Gangá es una etnia africana. Las transcripciones de estas grabaciones de Arsenio casi todas están tomadas de David F. García: "Arsenio Rodríguez and the Transnational Flows of Latin Popular Music" Temple University Press, Philadelphia, 2006, que también trae traducciones aproximadas al español, (Entre paréntesis) aunque a veces no resultan claras.

Yo tá namorá. Grabado en V-83314, septiembre 12, 1940. Afro por Arsenio y su conjunto, reeditado en CUCD-1703 y vuelto a grabar en V-83334 en Octubre 16, 1940, y reeditado en HCDA-39, por Casino de la Playa con Miguelito Valdés.

Que tava enamorá de un dumba (muchacha?))
Que tava encaramá babacoa (barbacoa, entrepiso, construcción
                                    frecuente en Cuba)   (bis)
Hay que dipuesto una de la un bola (hay que disponerse?)
Cuando esta chico tá camblata su pasito
Que yo le visa que yo tiene un conuco (visa, aviso)
Que yo le va a regalá mucho anguno (¿)
Que yo le va a regalar mucho nkombo (chivo, según David García)
Que yo le va a regalar mucho mbwá (perros, según D.García)
Hay que pregunta taka nkbo te sombe (a los caracoles, adivinar?,
                              según D. García)
¡Hay que tan chico congo, tá namorá!
Yo me va a acabar de tanto volu (¿)

c) Bandoki, Ndoki

Gueta costa paran seca (¿)
Que bueno está para seca (¿)
Mira bemba paran seca
Yo len dale mi conuco (Yo le doy mi casa)
Yo len dale mucho simbo (Yo le doy mucho dinero)

Que bebe malafo manputo (Que toma aguardiente)
Mbwa perro mete mano en guerra (
Él mete mano a pelear)
E gúeta cara para sico (Viré la cara para mirarte)
Imbula mi nena con me mato)(¿)

Camina a trabajá, haragán. V-23-0082 11/16/1943. Arsenio con su conjunto. Son montuno de Arsenio.

Coro: Haragán, camina a trabajar (bis)
s- Camina a trabajar (bis)
c- Haragán,etc
s- Que yo la pego, como un animal
cuando de hablar de pegar (trabajar)
te quiere fajar
c- Haragán,etc
s-He! Colorado, camina a trabajar
c-Haragán,etc
s-Te gusta la ....¿

y no te gusta pinchar (trabajar)
tú siempre tiene un cuento
y no vas a trabajar
c-Haragán,etc
s-Te pasa todo el día picando ná más
y cada vez que pasas, te pone a gozar
c-Haragán etc, (bis) 5

Cantos a los barrios

Este tema de los barrios cobró actualidad desde que el venezolano César Miguel Rondón lanzara en 1978 "El libro de la Salsa" el primero y posiblemente todavía el más importante texto escrito sobre este importantísimo fenómeno, por lo menos en el período del mismo que cubre su libro. En él, Rondón plantea como unas de las características básicas y nuevas de la Salsa, su nacimiento y desarrollo en barrios urbanos, ya sea de Nueva York con presencia puertorriqueña, o de Puerto Rico, y su uso además en alusiones en diversas canciones. Este planteamiento ha sido aceptado por los muchos tratadistas del tema salsero que han escrito después.

Pero la novedad es debatible; muchos géneros populares, o casi todos, nacieron en barrios: por citar uno de los principales, el jazz; y otros, el tango y la milonga, no tan solo nacieron en el barrio urbano, sino que en muchas de sus creaciones por lo menos desde la década de los 20's, aparece el barrio aludido y comentado en tangos, inclusive Gardel lo menciona a menudo, muchas veces en sus películas de principios de los 30's que fueron bien conocidas entre la población latina de Nueva York ; y conjuntos musicales puertorriqueños que grabaron en Nueva York desde 1929, como Los Reyes de la Plena, grabaron números tan gráficos como "En la 116", "Son de Lenox" y "Los misterios de Lenox", seguramente escuchados en los hogares de algunos de los primeros salseros.

Y Arsenio, con su guaguancó dedicado a un barrio habanero, y después, grabando los de varios autores dedicados a otros barrios, es un antecedente adicional que pudieron conocer los primeros salseros, sin que esto reste mérito a su valioso trabajo de rescate y mantenimiento de una vieja tradición: el barrio, como una institución urbana de la edad moderna, que complementa la precaria morada, en la mayoría de los casos, de los usuarios de ella, y sustitutiva o complementaria en muchas ocasiones, de la plaza o mercado de la ciudad medieval en Europa, y la colonial en América.

El 13 de diciembre de 1946, Arsenio y su conjunto grabaron **Juventud amaliana** V-23-0655, reeditado en TCD31. Arsenio lo identificó como guaguancó, pero realmente se parece poco al guaguancó tal y cual lo conocemos como una de las tres formas esenciales de la rumba cubana, y que salvo algún intento por Maria Teresa Vera en la década de los 20's, no es en realidad hasta la década de los 50's que con el Grupo Afro-Cubano de Zayas, y con Los muñequitos de Matanzas, que el verdadero guaguancó entró en los estudios de grabación. Pero así lo llamó Arsenio, y el número pegó. Además, era un son distinto, con síncopas diferentes. Amalianos, se les decía a los residentes del barrio de Belén en La Habana, pese a que había un barrio que se llamaba Santa Amalia. Es posible también, a juzgar por el texto, que **Juventud amaliana** fuera un club de los que eran populares en la década de los 40's y que se formaban en los barrios habaneros, para celebrar reuniones, bailes, a costos más módicos que los existentes en salones de lujo, donde además muchas veces había discriminación, no pudiendo entrar afrocubanos. En 1943, se exhibió en La Haban la película "Cabin in the skies", o "Cabaña en las nubes", una comedia religioso-musical en que todos los actores eran negros, y donde cantaban Ethel Waters y Lena Horne.

Esta película tuvo enorme influencia en los jóvenes que comenzaban entonces lo que después sería el movimiento musical del feeling; pero es posible también que Arsenio la escuchara, y que algo de la letra tenga que ver con las nubes del título. Es una mera suposición.

> A los barrios de la Habana
> Dedicamos este *rumbón*
> A Amalia desde la nube
> Que brinda su corazón   (bis)
>
> Yo le diré como llegó
> Amalia a la nube, a la nube, a la nube.
> Se reunió la juventud amaliana
> Para armonizar y para llevar
> Amalia a la nube, a la nube, a la nube
>
> c) Amalia en la nube,
> ya llegó Amalia a la nube
> La juventud amaliana en la nube.
> Para *rumbiar* llegó hasta la nube
> Para gozar, Amalia (bis) 4x

En abril 8 de 1948, graba **El Cerro tiene la llave,** V-23-0088 reeditado en TCD-31, una guaracha de Fernando Noa Domínguez, que le da continuación al tema del barrio, en el repertorio de Arsenio.

> La bola se va extendiendo,
> cañonazo de Pearson, a la la! (1)
> La bola se va extendiendo a la la la la
> Con un grupito en el Cerro
> Ellos saben compartir,
> Sin alabanza ninguna
> Y le cantan un *rumbón*
> Calientico y sabrosito
> El Cerro tiene la llave
> Guarará! ¡La *rumba*!
> ¡Guarará! ¡La llave pa gozá!
>
> c)¡Guarará! ¡La llave! (bis) x4
> Con bom-bombon el Cerro y su llave
> Arsenio Rodríguez
> El Cerro tiene la llave (bis) x3

(1) La frase suena incongruente, pero es que en el barrio del Cerro estaba y está el Stadium de La Habana, donde se celebraba el campeonato del beisbol profesional, y Pearson era un magnífico jugador afronorteamericano, que jugaba del equipo Habana.

En octubre 19 de 1948, vuelve Arsenio con otro guaguancó: **A Belén le toca ahora**, V-23-1072, reeditado en TCD-31.

> De esta forma saludamos los jóvenes de Belén:
> A la, al a la la(1)
> A los barrios de La Habana y a la sociedad también
> Nosotros solo queremos armonizar
> Y olvidar esos recuerdos de tradición (2)
> Y dedicar a La Habana con muchísima razón
> Un saludo colectivo nacido del corazón
> Para que diga la gente
> ¡Belén, Belén, Belén!
> Yo sé que te toca ahora como dijiste ayer
> c)Para bailar La Habana, para gozar Belén (bis) 2 (3)
> Para bailar Los Sitios, para gozar Belén
> Para bailar todos los barrios, para gozar Belén

>   Belén! 4x
>   Para bailar La Habana, para gozar Belén.

(1) Notarían que el número anterior tenía también al principio "A la la la"; es una forma abreviada de incluir la diana o alalá característica del verdadero guaguancó.
(2) Un mensaje de Arsenio: hay que olvidar lo viejo, y disfrutar de esta música nueva…
(3) Salomónicamente, Arsenio adjudica habilidades distintas a La Habana y Belén, y después a Los Sitios, para que todos queden contentos.

En febrero 19 de 1949, se graba **Pueblo Nuevo se pasó**, V-23-1180, reeditado en TCD-43, un guaguancó de Lily Martínez Griñán, el pianista de la orquesta. Observen la inteligencia táctica de Arsenio: No pretende cantarle a los 58 barrios que tenía La Habana, pero sí brindaba su orquesta para que otros compositores, le cantaran a otros barrios.

>   Hace tiempo están diciendo
>   Que Pueblo Nuevo se pasó
>   A la, a la la
>   Y ahora ellos me piden que lo repita en un *rumbón* (1)
>   Evelio y su grupito están pidiendo con razón
>   Que le diga a todo el mundo que Pueblo Nuevo se pasó (2)
>   Con ese *rumbón*, invita a gozar
>   Oyelo bonkó
>   c) La verdad que Pueblo Nuevo se pasó bonkó (bis) 3
>   Lo dice tú, lo dice aquel, lo dice el otro, lo digo yo
>   La verdad que ellos son pavón, bonkó
>   La verdad que Pueblo Nuevo se pasó bonkó
>   Se pasó bonkó
>   La verdad que Pueblo Nuevo se pasó, bonkó

(1) Observen que aunque le llaman guaguancó, en el propio texto se dice dos veces que es un "rumbón"
(2) No sabemos si la frase "Se pasó" en el sentido de ser excelente, extraordinario, estaba de moda, o la inventó Lily en este número, pero lo cierto es que persiste como una expresión popular.

Los sitios asere V-23-1382, reeditado en TCD-43 y grabado en Septiembre 6 de 1949, es otro guaguancó barrriotero, éste de Silvio Pino "Asere" es amigo.

>   Señores, pongan asunto
>   Oigan que bonito es mi *guaguancó* (1)
>   Señores, aquí presentes

Le decimos de todo corazón
Que en este barrio encierra la emoción
La sublime inspiración
Los Sitios llaman
barrio alegre (bis) (2)
Lo sitio asere
barrio alegre
Lo Sitio asere
Seguiremos *guarachando* (bis) (3)
Mientras el tiempo va pasando
Mi amor
A Lo Sitio asere
C)Lo sitio y sus lindas mujeres
Allá en Lo Sitios se goza
Vamo a lo Sitio asere
Lo Sitio asere (bis) 3
Vamo a lo Sitio asere.

(1) Observen que es el primer número en que se usa la palabra "guaguancó" en el texto, en algunos de los anteriores, el número se califica como "rumbón".
(2) Esta y las tres estrofas siguientes me parece tienen una melodía interpolada de una canción mexicana, sería una intertextualidad de las que venimos señalando.
(3) Aunque supuestamente es un guaguancó, como ven se sigue "guarachando", usada no en el sentido del género musical de ese nombre, sino connotando fiesta, ya que guaguancó nunca ha tenido verbo, como guaracha, guarachear; y fiesta, fiestar, que hasta le reconoce la RAE.

Otro barrio, y otro compositor: **Juventud de Colón**, V-23-1504 enero 13, 1950, guaguancó de F. Gayle S.

En Colón hay un grupito
De muchachos jovencitos
Oiganlo bien caballero
Los jóvenes gozadores
Están de nuevo en el grito
Con su lindo *guaguancó*
Tiene mi barrio Colón
Una versión muy armonioso(?)
Sin que se pongan celoso
Para gozar, juventud de Colón
c)Los gozadores están en el grito
Los Colonbianos bailan bonito 3x (1)

Bailan *columbia* y bailan *swing*
Y también bailan el *son* bonito
Aquí hay un grupito, Colón
Son armoniosos y jovencitos
Para gozar, Colón, Colón.
Para gozar, Colón
Los gozadores están en el grito.
Los Colonbianos bailan bonito

(1) Ojo: Que son colonbianos, no colombianos...

El rumbón de Luyanó V-23-1591, reeditado en TCD43, grabado en abril 19, 1950. Por esas cosas de la música cubana, aunque se llama "rumbón" supuestamente es un guaguancó de Lázaro Prieto, el contrabajista de la orquesta. Luyanó era uno de los barrios más populosos de La Habana.

Hay una gran multitud
Que se ha reunido señores
De buenos compositores, a la!
Para brindar sus cantares
A casi todos los barrios
Del término de La Habana.
Y ahora a mi me tocó
Cantarle a mi Luyanó
Este caliente *rumbón* (1)
Con muchísima razón
Para que canten y bailen
Mi bonito *guaguancó*. (1)
Luyanó tiene *rumberos* (1)
Tiene buenos cantadores
También tiene bailadores
Que nunca se enteró
Para que canten y bailen
Mi bonito guaguancó (1)
c)Para que canten y bailen la gente de Luyanó (bis) 3x
para que gocen y bailen ya tienen su *guaguancó* (1)
Yo le canto con el alma a mi bueno Luyanó
La gente de Luyanó (bis) 4x
Para que canten y bailen la gente de Luyanó.

(1) ¿En qué quedamos, rumba o guaguancó?

Juventud de Cayo Hueso, V-23-5219 grabado en septiembre 12, 1950 y reeditado en TCD-31. Este sí es un guaguancó de Arsenio.

> A la la la, etc (1)
> Pongan atención
> Oigan el *rumbón*
> Que dedico yo a Cayo Hueso señores
> Cayo Hueso me parece
> que con todos los que he cantado
> Que todavía no se ha dado
> Todo lo que se merece
> Y por eso le brindo este *guaguancó*.
> c)La gente de Cayo Hueso ya tienen su *guaguancó* 3x
> Sí tú lo ves, que bonitos son
> Pá que baile Cayo Hueso,
> Ya tienen su *guaguancó*
> Que lindo es tu *guaguancó* 4x
> La gente de Cayo Hueso ya tienen su guaguancó.

(1) Como verán, Arsenio no olvida la diana que es lo único de guaguancó que tienen estos temas.

Amores de Verano. Con este título que parece de una novela de Corín Tellado (y a lo mejor lo fue) posiblemente se constituyó un club al que Arsenio le hace su guaguancó V-23-5461, mayo 29 de 1951

> Los setenta socios y las treinta damas
> A grito dicen ¡Amores de Verano!
> Ya estamos sonando en un lindo *guaguancó*
> A la la la
> Y estamos escuchando por un ambiente mejor
> A la la la,
> Los setenta socios y las treinta damas
> A gritos dicen que Amores de Verano soy yo
> Que Amores de Verano soy yo
> Y muy pronto por La Habana ese grito sonará
> A la la la
> Gozando nuestra bandera por el progreso social,
> A la la la,
> Los setenta socios y las treinta damas
> A grito dicen

c) La juventud dice: Amores de Veranos
y muy pronto por La Habana sonará este lindo *guaguancó*
Y nuestra bandera por el progreso del cubano
La juventud dice, amores de verano   (bis) 4

Pogolotti, V-23-5694, marzo 18, 1952. Guaguancó de Eloy Oliva. Es de todos, el único que se fija en algunos atributos no musicales de su barrio, como veremos.

Ya casi todos los barrios tienen su *guaguancó*
Ahora falta Pogolotti
Que también se lo merece
Con sus lindas calles
Y sus arboledas,
Que te parece?
A Pogolotti le toca por la justicia y razón,
Y le canto con agrado este caliente *rumbón*
Por uno de los soneros y padre del *guaguancó*.
Coro; A Pogolotti le toca y lo merece (bis) 3
Con sus lindas calles y sus arboledas
Se lo merece
Pogolotti, Pogolotti A Pogolotti le tocó (bis) 5
A Pogolotti le tocó y lo merece.

En su viaje a New York en 1951, Arsenio graba para el sello Tico el album Lp 135 donde ya refleja sus impresiones de los barrios neoyorquinos en dos números, uno se titula **La gente del Bronx**, es un guaguancó y está reeditado en TCD22. Noten como Arsenio refleja en el número la diferencia que nota en los bailadores neoyorquinos: son unos bailadores promiscuos, que disfrutan de una gran variedad de géneros.

El elemento del Bronx (bis)
Igual bailan *mambo* que *danzón*
Le gusta la *rumba* caliente y el *guaguancó*.
Y como me enteré
Yo les voy a cantar,
Yo les voy a dedicar,
Este bonito *rumbón*, ae, ea!
c) La gente del Bronx

Igual bailan *mambo* que *danzón* (bis) 3
Igual bailan *swing* que *guaguancó*
c) Igual baila *mambo* que *danzón*
Igual bailan *rumba* que *danzón*
Igual bailan *mambo* que *danzón*

El otro número se titula **Como se goza en el barrio**, es un guaguancó y está reeditado en TCD-22.

Oiga boncó, como se goza en el Barrio
A la la la
En Lennox y la 116 (1)
A la,la,la
Igual que en la 110
Oigo decir Adiós
¿Que pasa brother?
¿Que pasa man?
Toma un trago
Oiga boncó, como se goza en El Barrio
Desde la 125, hasta la 98
Al….. le dice: te vendo el ticket
Uno contesta: How much?
El otro dice:
¿En cuánto me lo das?
Se oye una voz que dice:
Ay Dios, ¿que te pasa a ti?
No te metas a bobo
Yo conozco eso
Oiga boncó, como se goza en el barrio
c) En Nueva York todos dicen
como se goza en El Barrio
Si quieres bailar lo bueno
Camina y ven hasta El Barrio
Los que viven en downtown
Vienen a gozar al Barrio
El Barrio para bailar. El Barrio para gozar.

Como mencionamos antes, a ambas calles le habían cantado "Los Reyes de la Plena".

En 1957, Arsenio graba en Nueva York un álbum para el sello Puchito de Cuba, y dedica dos temas a barrios: **Buenavista en Guaguancó**. Así nos enteramos que no fueron los miembros del famoso grupo Buenavista Social Club, los primeros que le cantaron a este club, al que además antes, Cachao y su hermano Orestes López, le habían dedicado un danzón. Cosas que se olvidan, pero es bueno recordarlas.

>Oigan este *guaguancó*
>Que ahora les dedico yo
>Al Club Social Buenavista, Señores. (1)
>Porque Travieso, Julio Dueñas, Periquito,
>Pepito Cariño, Gustavo y Curbelo (2)
>El Club Social de Buenavista
>Porque conocen el secreto
>Como eso se fundó,
>Y han pedido un bonito *guaguancó*,
>Y aquí tienen lo que Pedro me pidió,
>Que bon, bon laye
>Buenavista se botó
>Que Bon, bon laye
>Buenavista en *guaguancó*.

(1) Como en el danzón antes mencionado, este es el nombre correcto de esta entidad: Club Social Buenavista, que es como se redacta en español; en inglés, se hace al revés, y por eso incorrectamente, el álbum y el grupo que se hicieron famosos después de 1958. se titularon Buenavista Social Club.

(2) En la película que se hizo sobre el grupo, ésta comienza con Compay Segundo y otras personas en un carro descapotado, buscando infructuosamente donde estaba dicho Club; si hubieran indagado por estas personas, de seguro hubieran llegado al sitio del Club; pero es que la historia se venga de los que prescinden de ella…

El otro guaguancó se titula **Carraguao alante**:

>Ya Carraguao tiene su ambiente
>Ya dice toda la gente
>Que le gusta *guarachar*
>Carraguao tiene una cosa
>Muy buena para *rumbear*
>Una juventud que sabe compartir,
>Lo mismo baila un *bolero*,
>*Rock and roll y chachachá*
>Tocando un *guaguancó*

No hay quien lo pueda igualar
Tiene muchas cosas más,
Stadium de pelota,
Jóvenes inolvidables
……………… Mayito
De hondo sabor popular
Y este *guaguancó*:
Carraguao, ya se botó (1)
De lo…………… me acuerdo
Carraguao, hoy oye mi voz,
Ya se botó, ya se botó

(1) Botarse, o sea, el verbo botar usado en reflexivo, era muy usado en las décadas de los 40's y 50's, pero creo ha decaído su uso. Sánchez Boudy da varias acepciones de su uso, pero en general significaba hacer algo exagerado, desusado, inesperado. Por supuesto, el DAE lo ignora.

Durante su larga estancia fuera de Cuba, Arsenio vivió algún tiempo en Puerto Rico, y no podía menos que dedicar algún guaguancó a un sector de la ciudad de San Juan, Puerta de Tierra, grabado en 1958 en Nueva York para el sello Roast SLP-2261. Por su larga narrativa de lo que está sucediendo, por su valor documental, es posiblemente su mejor guaguancó. **Guaguancó de Puerta de Tierra.**

Mira que la gente comenta
De Puerto Rico y de Puerta de Tierra,
Y por que no se han acordado
De decirle algo,
Los Bodega
Y a la casa de Chencho;
Mira que la gente gozan,
Tomando el agua yavita,
Mira que suceden cosas
En el callejón de los Méndez,
Como gusta el asopao
Que hace Pedro Yapí
Como juegan a los ca…
Los viejos y la juventud
Cuando se quedan sin plata
En medio del desafío
Se oye una voz que dice:

Coge esta cadena y llévasela a tío.
Dile a Chiquito Santos
Que me mande plata,
Que después lo veo,
Que estoy en un lío.
Ya tiene Puerta de Tierra
El guaguancó que pidieron
c)Puerta de Tierra goza
Pilinche ....tocando
c)Puerta,etc
De allí era Noro Morales
c)Puerta,etc
Miguel y Angel estás gozando
c)Puerta de Tierra (bis) 5
Puerta de Tierra goza...

La tendencia "barrriotera" se extiende a otros grupos: Conjunto Chappotin, que después como trompetista se hiciera cargo de la orquesta de Arsenio, graba en 1952, Panart-1505, **Juventud de San Leopoldo** un guaguancó dedicado a ese barrio; y el Conjunto de Luis Santí en el mismo año y también con la Panart, 1521 graba **San Leopoldo lo tiene ya.**

La canción de contenido político-social en Arsenio

Posiblemente sea el compositor cubano que más temas de este tipo creó y grabó. Ya en sus primeras grabaciones, en 1941, graba un tema que no es suyo, sino una guaracha de Bienvenido Julián Gutiérrez, pero bregando con el tema de la situación de inferioridad en que estaba la mujer, **No hace ná la mujer** V-83562, reeditado en el CDCU-1703, en que en forma irónica, se narra sencillamente todo el trabajo que una mujer de la clase pobre, y hasta de la mediana, tiene que hacer diariamente, interrumpido de vez en cuando por el estribillo, "Y no hace ná la mujer".

Por la mañana temprano
Compra jabón pá lavar,
Hace el almuerzo enseguida
Y se pone a almidonar
No bien acaba la comida

coge la ropa a planchar,
Las medias no están surcidas,
Las tiene que remendar.
Ya está la noche prendida
Y a un vestido que hay que hacer,
Con mucho sueño y rendida,
Pero tiene que coser;
De la máquina para el lecho,
Cerca del amanecer,
Su pobre cuerpo desecho,
c) Y no hace ná la mujer (bis).
Te sirve de cocinera
c) Y, etc.
De criada y lavandera
c) Y, etc.
Te surce toda la ropa
c) Y, etc.
sigue…

En Cuba en tiempos de la colonización española, se jugaba al azar ilícitamente, con el visto bueno de las autoridades, mediante el soborno. Aunque en la república se estableció la lotería nacional, legal, la gente siguió jugando al prohibido, siendo la forma más generalizada el juego conocido como "la charada" :los chinos llegados a Cuba habían introducido ese juego, representado gráficamente por la imagen de un chino a lo de largo de cuyo cuerpo, aparecían escritos 36 números cada uno con una pequeña imagen de un ser humano, animal u objeto; esos eran los 36 bichos de la charada. Se apostaba a cualquiera de ellos, y se recibía 25 veces más de lo apostado, si usted ganaba; Si el jugador había soñado con una mujer, le apostaba a ese número; otros, a su número favorito, pero para incentivar más a los jugadores, cada día se escogía una frase (A la que llamaban el verso de la charada) que los encargados de recibir las apuestas, la iban anunciando por solares, bodegas, casas, etc. donde había jugadores. "El verso" podía ser por ejemplo, "Sale todas las noches" lo cual inclinaba las apuestas hacia el 17, la luna, pero bien pudiera ser que saliera el 29, ratón, que es noctámbulo, u otro número. Un caso famoso fue el día que "El verso" era "Anda por el techo y no rompe una teja", y resultó escandalosamente agraciado el elefante, con la explicación de que "no rompe una teja, sino todas". **Oye como dice** V-23-0078 reeditado en CDCUC-1703. Noviembre 16, 1943. Es una guaracha de Félix Chappottin.

Se ha formado un gran molote
En toda la vecindad,
La vecinita de enfrente
Siempre juega a la chará (1)
Con la rapidez del rayo
Cuando llega al solar
Los vecinos le preguntan
Dime Yayo ¿cómo dice el verso? (2)
Por un kilo veinticinco,
Por dos kilo, medio peso (3)
c) Oye como dice   (bis) 5
s) como dice
Oye como dice:
Una dama que vive penando (4)
Pura y con gana,
la gente de la Habana

c) Oye, etc.
Una dama que vive penando
A la orilla de un río,
En Pinar del Río.

c) Oye, etc.
Una dama que vive penando
Con mucha tardanza,
La gente de Matanza

c) Oye, etc.
Una dama que vive penando
La niña más cara,
Está en Santa Clara (5)

c) Oye, etc.
Una dama que vive penando
Fuerte y de ley,
Está en Camagüey

c) Oye, etc.
Una dama que vive penando

Pura y caliente,
La gente de Oriente

(1) Apócope por charada.
(2) Yayo es la forma familiar de algún nombre, o sea, un apodo.
(3) Kilo es centavo: apostando dos centavos, se podía ganar medio peso.
(4) En realidad lo que hizo aquí el autor es dar un verso general, que puede ser mujer, luna, monja, etc y un verso particular para cada una de las seis provincias que tenía Cuba entonces.
(5) Santa Clara era la provincia que después se llamó Las Villas.

Más interesante todavía es **Canta, montero**, V-23-0452 grabado en noviembre 27, 1945, reeditado en TCD-31. Es una guajira-son. Cuando se habla de "La Guantanamera" y se menciona el uso de los "Versos Sencillos" de José Martí como texto para su música, aporte que hace el maestro Julián Orbón en la década de los 50's, se olvida que Ernesto Lecuona ya había musicalizado en los 30's algunos de esos versos, y que también lo había hecho Arsenio en esta pieza, en que las dos primeras cuartetas, pertenecen a los Versos Sencillos de Martí; en las restantes, Arsenio retoma el paralelo que había hecho el compositor Sabín entre Martí y Maceo en su composición "En opuestas regiones".

(coro) Canta el Himno Bayamés, montero (bis)

Si dicen que del joyero
Tome la joya mejor,
Tomo a un amigo sincero
Y pongo a un lado el amor.

Tiene el leopardo un abrigo
En su monte seco y pardo:
Yo tengo más que el leopardo
Porque tengo un buen amigo.

c)Canta,etc
Hermanas, por ser cubanas,
Hermanas por ideal,
Es la provincia oriental
Y la populosa Habana.
Como un astro refulgente
Martí en La Habana nació,
Y de cara al sol cayó

En la provincia de Oriente.
Vino a renacer allí,
Allí donde el Titán nació,
En cambio Maceo murió
Donde nació Martí.
Por eso Oriente y La Habana
Son a la vez, tumba y cuna,
De la más grande fortuna
de nuestra patria soberana.
c) Canta,etc

En junio 22 de 1948, Arsenio graba **A Puerto Rico** V-23-0095, un bolero que según David García aparece inscrito a nombre de Arsenio desde 1946. Refleja el sentir de gran parte del pueblo cubano, que consideraba incumplida la plataforma del Partido Revolucionario Cubano, creado por José Martí, para lograr la independencia de Cuba y Puerto Rico. También la grabó el mismo año Marcelino Guerra con su orquesta en Nueva York, Verne-299.

Puerto Rico, tierra tropical
En Cuba nació esta inspiración
Que más tarde te hago llegar
Con todas las ansias de mi corazón. (bis)
Quiera Dios que realices tu sueño
Borinquen querido, hermano país,
Yo también llevo dentro esa pena,
Me produce un inmenso sufrir,
Que comentan de ti los poetas
Que por razón ajena, no eres feliz. (bis)

Kila, Quique y Chocolate. V-23-1583, grabado en marzo 29, 1950. reeditado en TCC-31. En este son-montuno Arsenio anuncia un cambio que fue muy importante en la orquestación de los conjuntos: el agregarle bongoses a la sección rítmica, iniciativa que después imitarían casi todos los conjuntos. Para ello nombra a su bongosero estrella, Antolín Suárez, "Papa Kila" y los dos tumbadores o congueros que tuvo en diferentes épocas, Quique, Israel Moisés Rodríguez y Félix "Chocolate" Alfonso.

Nadie recuerda que el nuevo ritmo
Unió la conga y el bongosero   (bis)
Que Quique, Kila y Chocolate

Le dieron vida a los tamboreros
Ya los profesores notan
Que en nuestro ritmo falta el vigor
Cuando por cualquier motivo
Falta la conga, falta el bongó.
La gente pide para bailar, tumba y bongó   (bis) 3
Juega, Papa Kila (solo de bongó)
La gente,etc,   (bis) 7

Cárdenas, V-23-5209 grabado en agosto 8 de 1950, es un bolero que Arsenio dedica a la "Ciudad bandera" llamada así porque en ella se izó por primera vez, la insignia nacional. Posteriormente fue grabada por Monguito, ca. 1972, Lp Teca Lis-671 y por el Sexteto Nacional, Artex, CD-065. La fecha aludida por Arsenio es la de mayo de 1850, en que Narciso López desembarca cerca de Cárdenas con 600 hombres, pero esa expedición fracasa, aunque ya enarbolan la bandera que en 1869, será la bandera oficial de Cuba, hasta lograr la independencia con ella.

Cárdenas,
Cómo es que nadie te ha cantado,
Siendo tú una heroica ciudad,
La que le diste a todos los cubanos
El sueño dorado
Y la esperanza de ver terminada
La esclavitud.   (bis)
Siendo tú símbolo de libertad,
 pero ya que hoy conozco
Tu historia tan grande
Tengo que cantarte para no llorar.
Linda debe haber sido aquella mañana
Viendo flotar en el aire
La bandera cubana,
Y oyendo escapar de los labios
Un grito del alma:
Ya tenemos bandera,
Ya podemos gritar,
Que muy pronto tendremos
Nuestra libertad.   (bis)

El pensamiento político de Arsenio, fue madurando, y comprendió las dimensiones del problema racista, no se limitaban a Cuba, y así las recoge en su tema **Aquí como** allá. Hay que recalcar que en este caso, como en otros que hemos visto de Miguel Matamoros, Ignacio Piñeiro y otros compositores que iremos analizando, ponían en peligro su estabilidad profesional, produciendo grabaciones que podían ser rechazadas por parte de la población, y en el mejor de los casos, no ser tan atractivas para los compradores, que buscaban básicamente música lúdica, para bailar, no para pensar. Pero sus convicciones, su amor a sus semejantes y a su patria, se sobreponían a estas consideraciones.

Con mucha lógica, tituló esta composición, un lamento, **Aquí como allá**. V-23-5299, Noviembre 9, 1950.Reeditado en TCD-31.

¡Ay Dios, Ay Dios! (bis)
En África y en el Brasil
Igual en Cuba como en Haití,
Igual al sur que en Nueva York
El negro canta su dolor
¡Ay Dios, Ay Dios!
El negro canta su canción
Lleno de angustia y de dolor
Mirando que todo está igual,
Y para mí que está peor.

C)Cantan los negros su dolor
Eh, están mirando
Los negros su dolor, ya están llorando
Eh, están mirando
Eh, ya están llorando
Aquí como allá ya están llorando (bis) 2
Alla como aquí ya están mirando
¡Ay Dios!
Aquí como allá ya están mirando
Eh, ya están llorando
Eh, están mirando.

Pobre mi Cuba, V-23-5593, reeditado en TCD-43. Aunque escrito en 1935, según registro de la canción en Peer International (ver David García, obra citada) y en ese año la grabó Machín, según vimos anteriormente, no es hasta octubre 25 de 1951 cuando la graba Arsenio, y ya en ese momento no tenía realmente vigencia, porque la situación económica agraria, había mejorado, aunque hubiese todavía explotación del campesino.

Amor a mi patria V-23-5624, un lamento grabado en diciembre 11 de 1951, tiene como fecha de inscripción en la Peer (derechos de autor), según David García obra citada, 1941. Sin embargo, el incidente mencionado en la penúltima estrofa, de escupir la estatua de Martí, recuerda un incidente ocurrido el 11 de marzo de 1949, en que unos marineros americanos borrachos, se subieron a la estatua de José Martí en el Parque Central, sentándose uno de ellos en la cabeza de Martí. (Ver Enrique de la Osa: "En Cuba: Segundo Tiempo- 1948-1952. Edit de Ciencias Sociales de la Habana, 2005, p.53). Si se refieren a este incidente, parece un poco tardía la protesta, pero puede haber sido otro incidente. Y lo que sí es cierto, los problemas del gangterismo y la corrupción política, ocupaban de lleno la atención nacional.

¡Ay!, pobre mi patria
Que estamos viviendo
Época revuelta
¡Ay!, Cuba querida
Como soy patriota
Me sangra la herida.
¿Para qué tantos comentarios
De la lucha de aquellos mambises?
Si de Cuba ya puede decirse
Que no queda nada.
Si Martí y Maceo vivieran
Y contemplaran las cosas de Cuba
O de ver como nos.........
De pena murieran.

Ya es el colmo lo que pasa aquí
En este pedacito de suelo
Nos escupen los extranjeros
Hasta la estatua de Martí.
¡Ay!, pobre mi patria
Que estamos viviendo
Época revuelta.

(Tan revuelta, que semanas después, el 10 de marzo de 1952, se daba el golpe de estado de Batista, derrocando al gobierno legalmente constituido del presidente Carlos Prío Socarrás).

Esas no Grabada en New York, 1951, grabaciones de 78 rpm después pasadas al Lp Tico 135. Un son montuno bastante machista.

> c) No quiero mujer vanidosa
> Dice el sabio Salomón
> Que el que engaña a una mujer
> No tiene perdón de Dios
> Si no la engaña otra vez (1)
> c) No quiero mujer vanidosa
> Si tu mujer te pelea
> Y tú no sabes que hacer
> Agarra un palo de escoba
> Pá que la veas correr
> c) No quiero, etc.
> No quiero mujer celosa
> c) No quiero, etc
> No quiero mujer callejera
> c) No quiero, etc.

Oye mi cantar Tico 10-123, reeditado en TCD22, grabado en 1952, es una guajira que narra los quebrantos del campesino:

> c) Guajira, oye mi cantar
> Te levantas de mañana
> Para contar los terneros
> Y resuena en la sabana
> La voz de los carreteros
> Cabalgando va Don Felo
> Para la carga comprar
> Y le gritan al pasar
> No se le olvide el dinero.
> c) Guajiro, etc
> A las cuatro canta el gallo
> Y se levanta el primero
> Para ensillar el caballo
> Y esperar al compañero.
> c) Guajira, etc
> Trabaja de enero a enero
> Y resulta que al final
> Pues no dá para pagar

La deuda del bodeguero.
c) Guajira, etc.

Oiga mi guaguancó, grabado para la Tico en 1953, y reeditado en TCD-22. Es un interesante recuento de géneros populares latinoamericanos, con una atrevida tesis: todos tienen "sombra" de su guaguancó…

Muchos discuten de *rumba*
Y ni siquiera saben
Que cosa es *Columbia o guaguancó*
Señores:
Porque es que la *rumba* tiene
Una cosa que provoca
Que todo aquel que la baila
La sangre se le alborota,
Y también quiere decir,
Comentar y discutir
Y sin siquiera saber
 que cosa es la *clave*
de mi *guaguancó*
De donde nace el *huapango*,
Nace la *plena*,
Nace el *merengue*,
Nace la *samba*,
El *tango* y el *son:*
Todos tienen sombra
De mi *guaguancó*.

Óyelo que bonito es, mi guaguancó   (bis) 4
Goza mi *guaguancó*   (bis) 3

Para 1951, Arsenio se batía furiosamente en Nueva York discutiendo su autoría del mambo, pero al mismo tiempo buscando el favor del público neoyorquino, así lanza un nuevo género que denomina son-capetillo, y como es lógico, tenía que haber grabaciones que lo autoanunciaran, como ésta, **Ahora capetillo** grabada ca, 1951 en New York para Tico, y reeditada después en TCD-22:

Oye chiquita, te gusta el mambo
Y que me dices del capetillo   (bis) 4
En Argentina se baila el tango

Y en mi Cuba el capetillo.
Oye, etc.
Oye nenita tu bailas swing
Oye pero prueba mi capetillo
Oye chiquita,etc   (bis) 5

Swing con son. Grabada para Tico aproximadamente en 1953 y reeditada en el TCD-22, es una mezcla que hace Arsenio de swing con son, motivado por los pedidos del público. Para el swing usa pedazos de un número de Glenn Miller que fue muy popular Pensylvannia 6-5000 (que era el número del teléfono del hotel donde tocaba esa famosa banda), unos cuantos años antes de que Arsenio lo use aquí. Y claro, es otro ejemplo de intertextualidad.

Que bonito te verás
Cuando aprendas a bailar
Swing y son, swing y son.
Swing y son, mi corazón
(tocan Pensylvannia)
Cumayé, cumayé   (bis) 12
(vuelve Pensylvannia)
Cumayé

(Y para cerrar las trompetas tocas algunas notas de "Stormy Weather, de moda en aquel momento)

Me estoy comiendo un cable, V-23-6811, una guaracha grabada en New York en junio 21, 1955, no la hemos escuchado, pero esta frase que fue muy popular en Cuba para señalar una muy mala situación económica, con esta metáfora surrealista, que como en otros casos, no sabemos si el autor la inventó y la hizo popular, o viceversa, si la tomó del pueblo.

Lo mismo sucede con **Cuba** V-23-6811 un chachachá grabado el mismo día y ciudad, que no sabemos su contenido.

Adórenla como a Martí un bolero grabado como parte del Lp Puchito 586, hecho en New York en 1957, reeditado en el CD Antilla 586, en una sentida página patriótica, buscando una tregua en la lucha violenta que ya había en Cuba:

Cubanos, vamos a unirnos todos
Y pensar que nuestra patria debe ser feliz,
Hermanos, piensen que es poderosa,
Tiene alma de patriota y sangre de mambí,

Sólo nos falta pedirle a Dios
Un poco de paz, y un poco de amor.

Y recordar los patriotas
Que murieron en los campos
Para darnos con su sangre
Democracia y libertad.
Aménla como Bermúdez,
Cuídenla como Agramonte,
Defiéndanla como Banderas,
Y como Carlos Manuel,
Aménla como Aguilera,
Cuídenla como Moncada
Defiéndanla como Maceo
Adórenla como Martí. (bis)

Las vicisitudes del compositor y director de una orquesta se ven retratadas en **Sabor de pachanga.** Grabado en New York como parte del Lp Ansonia 1337, ca 1959-60:

La vida está acelerada
Hay que fijarse en el mundo
El que no baila *pachanga*
Hay que tocarle *montuno.*
Lo piden uno por uno
Parados enfrente a la banda
Hay que tocarle *pachanga*
Hablarle del *son montuno.*
La vida, etc.
Lo piden perennemente
Por dondequiera que andas
Y son los adolescentes
Que esa es la *tumba* que manda.
La vida, etc.
La juventud bailadora
Cuando sale de parranda
Hay que tocarle *pachanga*
Para que gocen ahora
La juventud dice:
 Para bailar, *pachanga.*

África canta y llora. Este número de Arsenio fue grabado en 1963 por Miguelito Valdés acompañado de la orquesta de Machito en New York, Lp Tico 1098. Demuestra las preocupaciones de Arsenio por lo que consideraba también su patria, pues no olvidaba su origen congo.

> África, oh
> África, que África
> Ya Dios te estaba
> Echando su bendición.
> África.oh África
> Se está terminando tu maldición.
> Decían que no sabían llorar
> Más que al tambor,
> Ahora todos tiene que apreciar
> Tu gran valor,
> Ya Dios te está mandando su protección
> Gracias a Dios,
> Ahora te toca reir,
> Se terminó tu sufrir
> Y yo me siento feliz,
> Yo soy del *congo busuba* así,
> Así que yo soy de allí
> África, etc.

Cuba llora es este lamento grabado en New York, Lp Ansonia SALP-1418. Aunque editado en 1960, fue inscrita desde 1958.

> Esa Cuba bulliciosa
> La de los lindos paisajes
> La que admira el extranjero
> Se está muriendo.
> Hoy envuelta en la penumbra
> Se ve triste la Habana
> Cubierta en llamas
> Cubierta en llamas.
> Sus grandes cañaverales
> Sus inmensos tabacales
> Sus preciosos cafetales
> Bañados en sangre.

Cuba, la del cielo azul
Y la del sol tropical
Ahora por vanos caprichos
No cesamos de llorar
Cuba la del cielo azul
Y la del sol tropical
Hagamos una plegaria
Para que vuelva la paz   (bis)

Qué te parece Juana Es una pachanga grabada en New York en 1963 para el Lp Tico SLP-1092, reeditado como Tico CD TRLSP-1092, donde pasa recuento de las vicisitudes del son, y el cambio del favor del público hacia la pachanga:

¿Qué te parece Juana?
Qué te parece, qué te parece,
Que el *son montuno* es *pachanga*.
Porque le dieron la gana,
Pusieron *violín y flauta*,
Ahora la gente se matan
Bailando con *charanga*.
Que te parece, etc
Nadie se quiere acordar
Que el *son* era prohibido,
Que se escondía el individuo
Pá tocarlo en el solar.
Que te parece, etc
En Cuba había musiquitos
Orgullosos y altaneros
Y al verlos pasar decían:
Ese tipo es un *sonero*.
Qué te parece, etc
La reina de los soneros
.... y regocijo
Porque el *son* se lo han cogido
Los músicos *pachangueros*
c) Qué jaleo mamá, qué jaleo.

CAPÍTULO 16
1900-1958: Julio Cueva

Julio Cueva (Trinidad, 4/12/1897-La Habana, 12/30/1975. Es un caso interesante. Trompetista, compositor y director, comienza en su ciudad natal tocando el cornetín, se traslada a La Habana en 1929, y trabaja con varias orquestas, la última de las cuales es la de Azpiazu, con quien se va de gira y se queda en París a principios de la década de los 30's, tocando con la orquesta de Oscar Calle, y después con la suya, y al estallar la Guerra Civil española se une a los republicanos, dirigiendo la banda de la Cuarta División. Al fin logra regresar a Cuba en 1939; cuando entraba por el puerto de La Habana, se paró en la proa del barco con su trompeta, y tocó "La Internacional". Comienza en Ranchuelo, Las Villas, pero para 1941 ya está en La Habana tocando con la orquesta de Los Hermanos Palau. En 1944 ya tiene su propia orquesta con tres magníficos cantantes, El Jabao, Puntillita, y sobre todo, Cascarita. La orquesta se mantuvo hasta la década de los 50's, pero perdió a los cantantes. Cuando comenzó la emisora Mil Diez del Partido Comunista Cubano en 1943, Cueva integró con su orquesta en la programación, pero tiempo después, recibió ofertas de otras emisoras más atractivas, y se fue de la Mil Diez. Los comunistas nunca se lo perdonaron.

Cuando triunfa la Revolución, ni su nombre ni su orquesta sobreviven. De su época en París, su nombre no aparece como compositor en las muchas grabaciones que hiciera la orquesta de Oscar Calle, y con la suya, solo un número escrito en colaboración con Isa Roy, una rumba dedicada al sitio donde trabajaba, que se llamaba precisamente La Cueva, y que suponemos fuera una especie de jingle de propaganda al lugar. De España, no recordamos composiciones suyas, y donde al parecer comienza su fructífera carrera de compositor, es con la orquesta de los Hermanos Palau: De hecho la primera grabación que hace ese grupo es de su pluma, **Tingo Talango** V-83612

5/14/1941. Un son montuno que fue un éxito instantáneo. Después lo grabaría Machito (Decca 50021), la propia orquesta de Julio, y otros artistas.

El Tingotalango aparece descrito en la obra "Instrumentos de la música folclórico-popular cubana" del Centro de Investigación y Desarrollo de la Música Cubana, (Ed. Ciencias Sociales, La Habana, 1997, Vol 2, p. 438 y siguientes), bajo el nombre de Tumbandera, que es el mas usado para este cordófono.

De hecho en la pág. 41 se recogen algunas estrofas de la letra de esta canción, pero mencionándola como un canto popular, ignorando el nombre del autor.

Hay en mi Cuba un instrumento
Que se usa mucho en el campo
No es de cuerda, no es de viento,
Se llama *tingo talango*.

Tumba Antonio, dale que dale,
Tumba Antonio, *tingo talango*,
Tumba Antonio, *tingo talango*
Tumba Antonio.

Se toca el *tingo talango*
En la campiña cubana
Y se entusiasman bailando
De la noche a la mañana.

Tumba, etc.

Si quieren que les describa
Como es el *tingo talango*
Tráigame un gajo de güira
O si no uno de mango.

Tumba, etc.

Se abre un hueco en el suelo,
Encima una hoja de lata,
En el centro un agujero
Donde un alambre se ata.

Tumba, etc.

> Con estos tres elementos
> Que yo les estoy nombrando
> Ya tienen el instrumento
> Cubano *tingo talango*
>
> Tumba etc., sigue el montuno

Cueva hizo con el tingo talango, lo que Matamoros con las maracas, y ambos son composiciones que caen en lo que llamamos autopropaganda de la música cubana, sus géneros, sus instrumentos y sus intérpretes, que como vemos es una parte muy importante dentro de nuestra gestión en la canción de contenido social.

Con el éxito de este número, pronto Cueva compuso otro relativo a uno de los instrumentos más humildes de la orquesta: el güiro. **Rascando siempre rascando** V-83762, 12/15/1941, una guaracha también cantada por Cascarita, otro éxito que después grabarían entre otros Machito y sus afrocubanos, Las Hermanas Márquez, y décadas despues, Jesús Caunedo y su orquesta.

> Por favor no me hagan ruido
> Que se me despierta el niño
> Que la orquesta toca el güiro (bis)
>
> El güiro es un instrumento
> Que es muy fácil de tocarlo
> No es necesario afinarlo
> Ni tampoco hay que darle viento.
>
> Por favor,etc
> Señora Santana, porque llora el niño
> Es por un güirito que se le ha perdido (1)
> Por favor,etc
>
> Es la vida del güirero
> Rascando siempre rascando
> Y se ganan el dinero
> Rascando siempre rascando.
> Por favor, etc.
> La la la la la la la la (1)
>
> Yo he visto de cuando en cuando

A tocadores de güiro
Que se han quedado dormidos
Rascando siempre rascando.
Por favor, etc.

Al salir de su trabajo
Cogió la guagua un güirero (2)
Y tan dormido ya estaba
Que fue a parar a Diezmero (3)
Por favor, etc.

(1) Una de las intertextualidades frecuentes en la música cubana, aquí con una antiquísima canción de cuna, "Señora Santa Ana" donde se ha sustituido "maruga" por "güiro".
(2) Para latinoamericanos que tienen otra acepción de este verbo, digamos que el güirero "tomó" una guagua, que en Cuba no es un niño como en Chile, sino un autobus.
(3) Diezmero es un suburbio alejado del centro de La Habana.

Pronto Cueva crearía otra guaracha que pegó: **Pobrecitas las mujeres**, V-83962 6/18/1942. Canta Cascarita.

Pobrecitas las mujeres
Si se murieran los hombres (bis)
Pobrecitas las mujeres
Al encontrarse solitas
De tristeza llorarían

Pobrecitas, las mujeres
Güere güere, güere güere (bis) (1)

Sobre todo en invierno
Es cuando mas sentirían (bis)
Sobre todo en invierno.
Pues el calorcito tierno
De los hombres llorarían.
Pobrecitas, etc

Las tenemos solteronas
Que siempre tienen mal genio (bis)
Las tenemos solteronas;
Con un novio que se case
El mal genio se les quita.
Pobrecitas,etc

Son las viudas otra prueba
En cuanto les falta el hombre (bis)
Son las viudas otra prueba
Dos días llorando al muerto
Y al tercero un repuesto.
Pobrecitas,etc

¡Ay! Pepillitas a montones
Llorando dicen me mato,
Me mato, me mato y me mato,
Pepillitas a montones
Y toman permanganato (2)
Cuando el novio no las quiere.
Pobrecitas,etc
(Montuno)
Si se murieran los hombres
c) Pobrecitas,etc
Si se muere Cascarita
c)Pobrecitas *las negritas*
Si se ñampia Cascarita (3)
c)Pobrecitas las *negritas*
Cabo de la guardia
Siento un tiro, ay! (4)

(1) No busquen esta palabra en los diccionarios. Coetáneo con el éxito de este número, el diario humorista Zig Zag sacó una caricatura de varios sesudos señores consultando libros en una larga mesa; y uno de los personajes que los mira le dice al otro: ¿Y estos que hacen? Y el otro: "Buscando el significado de la palabra Güere-güere". Ese es el talante cubano. Desde luego, no se convirtió en cubanismo, ni está en el RAE.
(2) Era el permanganato potásico, usado como desinfectante, pero que en grandes concentraciones era mortal. En otra parte, al hablar de un humilde utensilio, el reverbero, decíamos que quemarse con alcohol era una forma de suicidio usual sobre todo en las mujeres; el permanganato vino a sustituirlo.
(3) El DAE lo trae como cubanismo por morirse; lo que no puedo precisar si surgió con el chamullo chuchero de los 40's en Cuba, o si venía de antes.
(4) En forma muy elegante, Cueva, o Cascarita improvisando, le buscan un final muy apropiado a la guaracha, intertectualizando el viejo son "Cabo de la guardia".

El 6 de junio de 1942 Julio Cueva llegó a los estudios de grabación con tres pegajosos números; el que acabamos de ver, **¡Que caló!** V-83978 un afro en que sencillamente, se va a quejar del calor que hace en La Habana. Unas de las frases humorísticas más famosas de Mark Twain es: "Todo el mundo habla del tiempo, pero nadie hace nada sobre el particular". Cueva hizo algo, aunque fuera una canción.

El otro, se debe haber basado en la observación de Julio, de cómo bailaban posiblemente unos guajiros, y surgió **El golpe bibijagua**, que en realidad va en el capítulo de autopropaganda a un género musical, o por lo menos, a una forma de bailar. V-83953. Rita Montaner, quien fue la que lo cantó hizo de este número y otro del mismo autor, "El Marañón", sus caballos de batalla. No podía despedirse de un escenario sin interpretarlos. Lo grabó también el Trío Matamoros, Ajo y su órgano oriental, etc.

> Es el golpe bibijagua,
> mas sabroso que la conga,
> póngase como se ponga
> su cerebro coge agua.
>
> El golpe bibijagua
> Es muy fácil de bailar
> Se baila así, así na má
> Así ná má, así
> Así así, así ná má
>
> Cuando quieras conquistar
> Baila el golpe bibijagua
> Pedirá por seña el agua
> Tu compañera al bailar.
>
> El, etc.
>
> Si te coge un aguacero
> Usarás capa y paraguas
> Pero el golpe bibijagua
> Pone el cuerpo bajo cero.
>
> El, etc.
>
> Cuando el coco pierde el agua
> Se le llama coco seco
> Lo que nunca pierde el eco
> Es el golpe bibijagua.
> El, etc.

Cascarita se había marchado para una temporada en Puerto Rico y allí grabó un número de Julio Cueva, con la orquesta puertorriqueña de Pepito Torres: **Ladrón de gallinas** V-83817 1/2/1942.

En nuestra clasificación, es un número que en realidad cabe en la sección de negritud y/o religión, lo que demuestra la variedad de temas que cultivó Cueva con éxito. El tema se refiere al santo San Berenito.

Ni un santo, ni un angelito,
Decía el negro allá en el cielo,
Tó son branco, solo un *negro*
Que llaman San Berenito.
Ladrón de gallina (bis)
Y dice la gente lenguina
Que le daba por robar
Por eso está en el altar
Con un mazo de gallinas.
Mía si el *negro* son fatal,
Un solo santo y ladrón
Yo no creo en San Fan Con
Ni la corte celetial
Más que mala son la gente,
E *negro* no sirve pá ná
Negro no seas santo
Pue esta a dos…
San Berenito, yo a ti te adorá
Tu son mi santo
Tu son mi papá
Ladrón de gallinas (bis)
San Berenito, tu no diga ná
Poque ete mundo etá tó chivá
Ladrón de gallinas, (bis)
San Berenito,
Yo vá a averiguá
Como un ladrón
Pué etá en un altá
Ladrón, etc.
Ay, si Papa Dio vuelve a resucitá,
El corre corre va ser así, de vedá
Ladrón, etc.

Para 1944, ya Julio tiene su propia orquesta, y comienza el período en que va a tener sus mejores composiciones de contenido social. **Pasito pa'lante** V-23-0153 2/24/1944 es una guaracha que retrata lo que sucede en un ómnibus o "guagua" de la época:

> Por la guerra,
> Porque han escaseado
> Y el que viaja se pone nervioso
> Y pensar que hay que estar muy dichoso
> Para hacer cualquier viaje sentado.
> Muchas frases escucha el viajero
> Que en La Habana ya son popular
> Por ejemplo les voy a contar
> Lo que dice el pasaje y el guagüero. (1)
>
> Ay, un pasito pa'lante mayor
> En el estribo no (2)
> Que me perjudica usté.
>
> Hab) Para Pepe:
> ¿La toma o la deja señorita?
> Psss
> Que quiere señorita?
> (con voz de mujer)Oiga, en la esquina
> Cond: Imposible, aquí no hay parada (3)
> Muj: Si fuera a un policía, usted le paraba,
>   Lo que pasa que yo soy una vieja
> Delgada y enclenque, ¡esto es horrible!
>
> Ay, etc.
>
> Cond hab) Para en firme, Pepe (4)
> Papelito, pase, otro pase y van tres, (5)
> Niquel cuadrado, (6)
> El quilito del puente señores! (7)
> Muj)¡Ya le dí el kilo ya, señor!
> Ese kilo fue la transferencia, señorita (8)
> Muj ¡Ay, yo creí que era el del puente ahora,
> Resulta que es el de la transferencia!
> Esto es horrible, ave maría, como sufro.

> Ay, etc.
> En la goma de repuesto si quiere, señor,
> En el estribo no!
> Pero vaya en el techo si quiere, señora
> ¡Para firme, Pepe!

(1) Perdonen tantas notas, pero si no, es imposible comprender el texto. Cada guagua u omnibus llevaba un chofer, que guiaba, y un conductor, encargado de cobrar etc.
(2) Estábamos en la postguerra, y se trataba de equipos viejos, que no tenían puertas automáticas, sino abiertas, con un estribo, y se trataba de que la gente no viajara en ese espacio, pues podía caer fuera del vehículo con un frenazo, un golpe, etc.
(3) Antes de la guerra (2da Guerra mundial) las guaguas paraban en todas las esquinas; pero se limitaron las paradas con motivo del conflicto, y después se quedó así, se establecieron paradas cada cierto número de bloques o cuadras.
(4) Aquí el conductor se está dirigiendo al chofer, y le pide que pare en firme, porque cuando se iba a apear un hombre (que no fuese anciano), no se detenía el vehículo del todo, sino se aminoraba la marcha y el viajero debía tirarse. De esa manera se ahorraba combustible.
(5) Había "pases", o sea, personas que viajaban sin pagar, policías, soldados, marineros, trabajadores de la misma empresa, etc.
(6) Níquel era la moneda de cinco centavos que costaba el pasaje. Un níquel cuadrado, era una moneda falsa.
(7) Se trató de subir el pasaje a 6 centavos o "kilos" pero la gente protestó, y se transó en cobrar un kilo cuando se pasaba un puente, lo que afectaba solo algunas de las líneas de transporte; y otro kilo, cuando se daba transferencia, un papel que permitía pasar de una ruta de guagua, a otra.
(8) Ya está explicado.

Era en definitiva, una forma de protestar, irónicamente.
Pero en el siguiente número, la protesta era bien en serio. Se había intentado el desalojo de unos campesinos en un área, y Julio Cueva escribe **Sabanimar** V-23-0141. 2/24/1944, un son guajiro en que la voz generalmente juguetona de Cascarita, tiene otros ribetes. En un cancionero de la época, aparece que la letra es de Rafael Enrique Marrero.

> Defiende bien tu conuco
> Defiende bien tu pinar
> Defiende bien lo que es tuyo,
> Hombre de Sabanimar.
> Coro)Óyelo bien guajiro
> Óyelo bien, Sabanimar   (bis)
>
> No permitas que te roben
> El lugar de tu nacer

Tus redes y tus aperos
Tu caballo y tu mujer.
Óyelo, etc

Que no vengan los bandidos
Ladrones de tierra y mar
A llevarse lo que es tuyo
Tu hermoso Sabanimar.
Óyelo, etc

Con la pala o con el pico
Con dientes, piedras y palos
Defiende por bien nacío
Lo que te quieren robar
Óyelo, etc

Que el hombre de pelo en pecho
Que se sabe defender
Defiende su tierra y techo
Su caballo y su mujer.

En esa misma fecha Julio graba otro número de su creación. En forma un poco velada, aludiendo a un castillito, y con referencia a la situación mundial, con la inminente derrota de Hitler, está planteando en forma velada las dudas y preguntas que ya los comunistas se hacían en el mundo entero en cuanto a la postguerra. Para la época, Cueva era un firme creyente en la doctrina comunista, y se jugaba en cierta forma, su popularidad en el mundo de la música, por defender sus ideas. Así decía **Castillitos en el aire** V-23-0153, un son guajiro. Se escuchan voces femeninas en el coro.

Cuando vayas a construir un castillo
Piénsalo bien, piénsalo bien, piénsalo bien nené,
No te metas a construir sin base firme
Oyelo bien, óyelo bien, óyelo bien nené.
Coro) Comienza con la base
Y nunca sobre el fanguito
Porque si no el castillito
Será un castillo en el aire.
Siempre que lo hagas de madera,
Habrá su tembladera

Con tembladera pa'llá, con tembladera pa"cá,
El castillo se caerá.
Muy reciente un ejemplo hay
Y es Mussolini que sin pensar
Que construyó sin base y se cayó,
Y ahora Hitler por el estilo está
Que tiembla ya, que tiembla ya,
Y al fin se le caerá.
Ay comienza, etc (bis)

Tembladera,
Sin base es muy peligroso
Tembladera
Que volumen tiene Carlota (1)
Tembladera...

(1) Qué tiene que ver la tembladera con que se intertextualice la famosa rumbita de Que volumen tiene Carlota al final, es cosa que no entendemos...

El primero de junio de 1944, se celebran elecciones en Cuba en que sale electo como presidente el Dr. Ramón Grau San Martín; el Partido Socialista Popular (los comunistas) que formaban parte del gobierno del presidente Batista, prevee con razón, que van a tener problemas con el gobierno de Grau (La Enciclopedia de Cuba, Vol 9, p. 652 y siguientes). De todas formas, faltan meses para la entrega formal del gobierno. En el país hay escasez de comestibles, provocada por la guerra y ayudada por el agiotismo; Julio aconseja volver a la tierra, sembrar... en un patético número que más parece un editorial del diario Hoy (el periódico de los comunistas), que un son guajiro; pero como dice verdades, y sanos consejos, su público lo acepta: **Sacando boniato** V-23-0179 7/21/1944. Es un son-guajira.

Sacando boniato, se puede bailar
Mi mama no,
Dichoso el que tenga, mama
Un gran boniatal
Volverlo a sacar
Cuando saques el boniato
Procura volverlo a sembrar,
Si lo siembras en seis meses
Lo puedes volver a sacar.

Esa es mi tierra cubana
Bañada de sol tropical.
Con la tierra que tenemos
Ya puede la guerra durar.

Pues sembrando lograremos
Tener para Cuba y mandar
Esa, es etc,bis
Garantías al que siembra
Le tiene el gobierno que dar
Y dejarle que se defienda
De aquel que le quiere robar
Esa, es etc.

De la misma fecha es otra grabación, en el mismo tono didáctico: **Por qué llora la vaquita** V-23-0186, una guaracha.

Por qué llora la vaquita, ¡Pobrecita!
Coro) ¿Por qué será?
Ahora mismo lo sabrás,
Yo lo voy a averiguar.
Yo no lloro porque quiero,
Es que a mí me da tristeza
Ver mi leche pura y espesa
Como le echa agua el lechero.

Por qué, etc.
Voy paseando y voy rumiando,
en el campo esa es mi vida
pero me siento afligida
cuando el lechero aguando.

Por qué, etc.
No hagas eso buen lechero
No me bautices mi leche
Para que se use en la creche
Déjale el agua a los bomberos.
Por qué, etc.
Ha descubierto un bombero
Que un fuego él apagaría

> Piden agua a una lechería
> Y da permiso el buen lechero.
>
> Por qué, etc.

Por supuesto no todas sus canciones eran de este tipo; por ejemplo **Si la fiesta es aquí adentro** V-23-0341 5/31/1945 es una guaracha de tono humorista, en que critica la costumbre de los jóvenes de aquella época, de ausentarse del salón de baile con la compañera, hacia afuera, al patio para dedicarse a actividades más amorosas: con voz de vieja, el cantante dice:

> Si la fiesta es aquí adentro,
> ¿Pá que se van pá llá fuera?
> No me gusta el bailecito
> Que yo conozco el truquito
> Cuando yo era muchachita
> Yo nunca vi estas cosas....

En 1946, insiste en los temas políticos. El 20 de junio graba la guaracha **Desintegrando** V-23-0469, cuya letra se las trae. Se había terminado la Segunda Guerra Mundial con el lanzamiento de las dos bombas atómicas norteamericanas a Japón; comenzaban las diferencias entre Rusia y otros países comunistas frente a los Estados Unidos y otros países aliados, que culminaría en la Guerra Fría. La supremacía atómica norteamericana preocupaba enormemente a Rusia, que lanzó una propaganda universal en contra del poderío atómico, y lógicamente el Partido Socialista cubano se hizo parte de ella; el texto de Cueva, en forma un poco esotérica, era parte de esa campaña:

> Desintegrar fácil es
> Difícil es agrupar (bis)
> Comprensión universal,
> Al derecho y al revés.
> El hombre del siglo veinte
> Hoy goza con su invención (bis)
> Con la desintegración
> Cree ser Dios omnipotente.
> Desintegrar, etc
> Con la, etc.
> A mi me gusta el invento
> De utilidad colectiva

> Basado en que el mundo viva
> Sin preocupación, contento.
> Desintegrar, etc
> Comprensión universal
> Al derecho y al revés.
> Por eso es que dijo Roosevelt
> La guerra se gana fácil,
> Lo que si será difícil
> Es ganar la paz del Mundo.
> El mundo quiere vivir tranquilo
> Sin guerra ni odios su libertad.
>
> Desintegrar, etc
> Pero está bueno ya
> Desintegrar, etc.

La bomba atómica estaba basada en la desintegración del átomo; por ahí ataca la canción, que explota además la figura de Roosevelt, ya fallecido, pero más inclinado a hacer concesiones al mundo comunista, que su sucesor Truman; agitar el banderín del pacifismo, etc.

Los temas locales también preocupan a Cueva, que en este casi defiende una causa justa, por encima de partidismo; la corrupción e incapacidad de las instituciones oficiales, en este caso, la ORPA o Oficina Reguladora de Precios y Abastecimientos para evitar el agiotismo: de eso trata la guaracha **El arpa y la ORPA**, V-23-0557 7/2/1946:

> Oigan esto caballeros,
> El arpa es un instrumento
> Y la ORPA el organismo
> Que regula con civismo
> A nuestro pueblo el sustento.
>
> Oigan esto caballero:
> Así suena el arpa:
> (arpa o bajo)
> Así suena el arpa:
> (saxofón)
> Y la ORPA que hace?
> "Silencio en la noche" (1)
> Pues la ORPA fija el precio

Al azúcar, la malanga, el boniato
Y al jabón cuando lo hay...   (bis)

Por eso es que estoy contento,
Porque en papel celofán
Pronto envolverán
La carne que es mi tormento.

(1) Esto por supuesto es el primer verso del tango con ese título.

Cueva vuelve a la carga en **Con la comida no se juega** V-23-0677, 10/29/1946, una guaracha que Cascarita canta con voz de negro bozal, no sabemos por qué:

Yo pregunta por sabé
Quien a mí va a contestá,
Si es que me quieren matá
A fuerza de no comer.
Antes decían esconder,
Ahora dicen acaparando
La verdad es que están faltando
Muchas cosas pá comer.
Pobrecitos los niñitos
Las mujeres y los viejitos
Por ellos es que yo me quejo
Porque están tós muertecitos.

El pueblo pide "a la cárcel" (1)
Al que acapare o esconda
Y si a esto no hay quien responda
Luego no hay que lamentarse.(bis)
Y hace rato está faltando.
(coro) la leche
Están jugando a lo escondío (2)
(coro) la carne
Ahora viste de etiqueta
(coro) el boniato
Se vende muy caro
(coro) los frijoles
Pero cuesta un ojo de la cara
(coro) la carne

Pero hay unos paqueticos (3)
Se pasea en avión (4)
(coro) la malanga
Y etá un poco corrompía
(coro) la papa.
Y hay uno que habla inglés
(coro) el aceite (5)
Y se está poniendo negro
(coro) el carbón
Si le gusta esta guaracha,
Aplaudan (se oyen aplausos)
Para ver si así nos bajan,
La jama (6)

(Viene un solo de piano, y al final Cascarita dice: "Linda melodía para comerse un bisté" Estos "bocadillos" como se les llama, eran frecuentes en Cascarita en presentaciones radiales u otras en vivo.

(1) Es curioso como se usa el coro en este número, crea mas bien la idea de una representación dramática, más que una forma musical. Veremos más adelante como van anunciando los productos alimenticios que escasean.
(2) El juego de los "escondidos"es universal, creo no haya que explicarlo.
(3) Los "paqueticos" deben haber sido de carne, hubo un momento en que por diferencias entre los carniceros, que no querían pagar los precios que le exigían los frigoríficos o almacenistas de carne, provocaron que estos vendieran la carne directamente al pueblo, situando sus camiones en los distintos barrios, pero vendiendo carne que venía ya cortada y envasada en papel celofán.
(4) Pasea en avión en decir lo mismo que está por las nubes, una metáfora para lo mismo.
(5) Debe ser que en vez del aceite que se elaboraba en Cuba, llegó una marca norteamericana, posiblemente más cara.
(6) La jama, según la RAE, es español coloquial por comida. No lo recuerdo en Cuba en los diálogos del Teatro Alhambra, pero sí se puso de moda como parte de la jerga que hablaban los chucheros, precisamente en los años 40's.

Por largo tiempo al parecer, Cueva dejó de producir este tipo de canción, o por lo menos grabarlo. Estuvieron saliendo hasta 1949 números de su orquesta con la Victor y grabó dos números con la Panart, al parecer en 1947: Uno de ellos, **En el Ñongo**, un son guajiro que parece ser un regreso a un paraje de sus lares originales (Panart 1070)Esta es la letra según apareció en el cancionero "Letras musicales" de junio, 1955:

(Estribillo)
En el Ñongo
No hay maldad

Como la hay
En la ciudad
En el Ñongo
Todo es realidad
En el Ñongo.

En el Ñongo se vive sabroso
El café hecho con agua de pozo
Lo que se come se siembra
Lo mismo el macho que la hembra.
Coro: En el Ñongo se vive así,
En el Ñongo se goza así.
(Estribillo)
De las modas se escoge cualquiera
Porque el triunfo es de la guayabera,
Que crujan bien los zapatos,
Y un jipi no muy barato
Coro: En el, etc.
(Estribillo)
En el Ñongo es más sano el amor
Se enamora llevando una flor
En el ojal del buen saco (1)
Cuando el domingo andan taco. (2)
Coro: En el, etc
(Estribillo)
En el ñongo no hay cine ni hay playa
Ni se usa vestirse de malla (¿)
Pero los veinte de mayo (3)
Se montan buenos caballos
Coro: En el, etc
(Estribillo)
Si dan baile, primero hay torneo
Donde asiste el bonito y el feo
Pues una cinta muy fina
De premio da la madrina
Coro: En el, etc.
(Estribillo)
A la seis de la tarde a la cama
Y a los claros del día al trabajo
Se tienen hijos a pares,

Que alegran siempre a sus padres
Coro: En el,etc
(Estribillo)

(1) Saco es cubanismo por chaqueta.
(2) Taco, por elegante.
(3) Es la fecha y fiesta de la Independencia de Cuba.

A principios de los 50's se graba el Lp Puchito 550, "Defiéndete con Julio Cueva y su orquesta" En realidad es una orquesta de estudio: Contiene varios de sus grandes éxitos, entre ellos del tipo que nos interesa "Sabanimar", y "Rascando siempre rascando".

Pero al parecer, Cueva siguió componiendo, aunque ya no tuviese su orquesta: En el mismo cancionero antes citado, "Letras musicales" de junio, 1955, aparece este son guajiro suyo: **Amigo.**

Yo no mato ni maldigo
Porque se roben lo mío
Lo que si me dejan frío
Es que me digan amigo.
Estribillo
Amigo, yo soy tu amigo,
Amigo, yo soy tu amigo,
Y tu amigo quiero ser,
Préstame la monturita
El caballo y tu mujer.

(coro) Amigo
¿De dónde?
(coro) Amigo
¿De cuándo?
(coro) Amigo
¿De qué?
Conocido de la guerra y basta

Hay quien tiene hasta castillo
Robándole a los demás
Son peor que Satanás,
Cada diente es un colmillo.

Amigo (estribillo)

A eso ladrones no amigos
Les voy a dar un consejo
La cosa está de pan viejo
Y ya está faltando el trigo.

Amigo (estribillo)

Cambien a tiempo les digo
No esperen a que sea tarde
Todo el que roba es cobarde
Cuando le llega el castigo.

Amigo(estribillo)

Mentiritas, muchachito
A nadie quiero ofender
Lo que si quiero saber
Si amigo es cualquier bichito.

CAPÍTULO 17
1900-1958: Otras fuentes

Un vistazo a otras fuentes a considerar

En nuestra obra "Los contrapuntos de la música cubana" Ediciones Callejón, San Juan, 2006, hicimos un recuento de algunos de los temas, sobre todo en el período de 1898 a 1925, en que hay más grabaciones de composiciones que pueden considerarse de contenido político o social.

Así en las notas al cap. I de esa obra, "Música autóctona y música extranjera", pueden encontrarse en la p.63 y siguientes, títulos de canciones en inglés, o con palabras inglesas incluidas, o nombres de personas o lugares en ese idioma, a veces también en el texto mismo de la canción.

En las notas al capítulo II, "Música ritual y música profana", página 94 y siguientes sucede lo mismo con relación a himnos y marchas, que por su propia naturaleza, caen en el enmarque que estamos haciendo. Lo mismo sucede en el capítulo III, "Música blanca y música negra", en sus notas de la página 148 y siguientes.

Las danzoneras

Estas agrupaciones se dedicaron a la música instrumental, por lo menos hasta principios de los 30's. Pero aún así en muchas ocasiones el título de los danzones llevaban un mensaje, por referirse o aludir a un hecho histórico, social o político importante. Si hacemos un recorrido a nuestra obra "Discografía de la Música cubana, 1898 a 1925" Editora Corripio, 1994, que cubre el primer periodo de la discografía de la música cubana en que las grabaciones fueron acústicas, no eléctricas, y que coincide además con el momento de auge de este tipo de agrupación musical, veremos que fueron muy frecuentes estos casos, analizados orquesta por orquesta..En la obra señalada pueden encontrar información adicional sobre directores e integrantes de cada uno de esos grupos. Las páginas acotadas son las de ese libro.

Orquesta francesa de Tata Alfonso.
Son habanero (Tata Alfonso) Co C-3245, 1918. P.108. Aunque el son fue el competidor mayor que tuvo el danzón, al punto de desplazarlo del lugar de preferencia en el ambiente musical cubano, sin embargo, aquí lo nombra Alfonso, que seguramente usaría el son en la última parte de ese danzón.

Orquesta del teatro Alhambra.
La conga de Colón. (Jorge Anckermann) C0-2068x ca 1923-24.p. 109. Aunque lo mismo pueda referirse a Don Cristobal Colón, que a la calle que lleva su apellido en la ciudad de La Habana, de todas formas, es un anuncio para un género competidor, que no se usaba mucho para aquellos años en que estaba prohibido hasta bailarlo en público.

Orq. Babuco.
Babubo era Tiburcio Hernández, un timbalero cubano que se estableció en México, contribuyendo al auge de este género. Las grabaciones se hicieron allí.
Beber Toluca o no beber (N.Bravo) V-63194 Noviembre 18, 1910. P.110. Esto es un antecesor del jingle. Por otros casos parecidos que hemos escuchado, lo más probable es que en el mismo se cantase alguna copla anunciando el producto.
El chivo del Arsenal (P.C. Sainz) V-68277 (12") Noviembre 18, 1928. P.110. "Chivo"en Cuba es también negocio turbio, y parece lo hubo en Cuba en un trueque de terrenos que hizo el estado, y que evoca este danzón.

Orquesta Cubana Columbia.
Vedado Tennis Club (F. Conde)Co C-1198 (12") ca 1917. P.112. Desde muy temprano adquirieron las danzoneras la costumbre de dedicarle danzones a los clubes o instituciones donde actuaban, como incentivo para que siguieran usando sus servicios, y en este caso se trataba de uno de los más importantes sitios de reunión de la clase alta.
Eden concert (Enrique Peña) Co C-1182 ca. 1917. P.112. Este era un cabaret muy frecuentado en aquella época.

Orq. Domingo Corbacho
Los jóvenes de la Acera V-63769, ca. Enero 10, 1911. p P.113. La acera era la del Hotel Louvre, posiblemente el más importante de La Habana en el siglo XIX, allí se reunían los jóvenes de la clase alta entre otras cosas para conspi-

rar contra España, pero conservó su importancia en Cuba republicana. Era una buena manera de anunciarlo.

Centro de Dependientes. Co C-2977. Ca. Marzo 1917. P.113. Un poco más abajo por la principal vía del Paseo del Prado, estaba este centro con miles de asociados de la clase media. Otro buen cliente.

Orq. Félix González.

Arena Colón (José Urfé) Co C-1168(12") ca. 1907.p.115. Otro lugar de esparcimiento muy frecuentado en la época

La gorrita de Magriñat (José Urfé) Co C-1174(12") ca 1907. p.115. Kiko Magriñat fue un popular umpire o árbitro del juego de pelota, de menudo cuerpo y muy dado a usar su gorra, para enfatizar sus decisiones. Se mantuvo activo hasta muy entrada esa centuria.

El Ironbeer (Barrets) Co C-3219 .Ca. 1919.p.115. Era un refresco de sabor parecido a la Coca Cola, pero más dulce, todavía a la venta en la década de los 30's, en que lo probé. No creo se cantara en este caso, pero no lo he escuchado.

La grafonola de Ugido (José Urfé) C0 C-3587 ca. 1917-21 p.116. Uno de los muchos nombres que tuvo la victrola, gramófono, o aparato reproductor del sonido del disco.

El árbol de Guernica (José Urfé) V-68503 Noviembre 8, 1916. P.116. Este árbol importante en la historia del pueblo vasco y la lucha por sus libertades, no sabemos por qué llegó a ser título de un danzón, pero ahí está.

El servicio obligatorio (Tomás Ponce Reyes) V-72062 Febrero 20, 1918, p.116. El evento de la Primera Guerra Mundial y su repercusión en Cuba, ya lo analizamos en el capítulo dedicado a Los Trovadores, que sí escribieron sobre el mismo, sobre todo Corona, sin embargo, aquí aparece bajo otro autor. Recuerden que cada danzón lleva por lo menos, cuatro melodías diferentes. Cuando un danzón toma como uno de esas cuatro temas uno de otro autor, así como el título de esa melodía, no mencionaban al autor original como autor del danzón, sino al autor de los otros temas. Cómo se las arreglaban con los derechos de autor, ¡No lo sé!.

Panqué Managua (Félix González) V-73252. Mayo 13, 1919. p.116. Otro anticipo del jingle. Panqué (del inglés pan cake), es un pequeño bizcocho, y Managua, un pueblo cercano a La Habana.

El teléfono a larga distancia (Aniceto Díaz) V-72882. Junio 4, 1920. p.116. Lo hizo el autor para conmemorar la inauguración del servicio telefónico a larga distancia dentro de Cuba. Parte del encanto del número era que en un momento determinado uno de los instrumentos de viento de la orquesta típica danzonera de aquellos tiempos, la trompeta o un clarinete, por ejemplo, abandonaban el escenario, y fuera de la vista del público, establecía diálogo con otro instrumento de viento, simulando la comunicación "a larga distancia". Al sustituirse este tipo de orquesta danzonera, por la charanga, con un solo instrumento de viento, la flauta, se hacía imposible el diálogo, por lo que este danzón perdió popularidad en Cuba, pero la sigue teniendo todavía en México, que conservó el formato danzonero original.

Son campestre (José Urfé) V-78208. Abril 17, 1925. P.117. Ya vimos que hay son oriental, habanero, etc., pero Urfé inventó otro: el campestre.

La de Félix González fue una de las pocas danzoneras que continuaron grabando después de 1925.

General Machado (La Luz del Porvenir) (Crispín Alonso) V-78512 Noviembre 2, 1925. González debe haberse arrepentido después de haber grabado este danzón, con subtítulo y todo, con la actuación posterior de Machado.

Cabaniguán (José Urfé) V-80288, reeditado en HQCD23. Marzo 21, 1927.

Cuyaguateje (Jose Urfé) V-81411 Febrero 2, 1928 Río de la provincia de Pinar del Río al que Machín también le grabó un número, como hemos visto.

Cienfuegos (José Urfé) V-46446, Diciembre 3, 1928. Una de las más lindas ciudades cubanas, en la antigua provincia de Las Villas.

La Loma del Mazo V-46446 Diciembre 3, 1928. Una pequeña loma entre los barrios del sur de la ciudad de La Habana, con una buena vista panorámica de la misma.

Orq. Herrera.

El Maine Ed-60029 (Antonio María Romeu) Noviembre 21, 1916. P.118. Creo que ya hemos hablado de la voladura de este buque de guerra norteamericano en la bahía de La Habana en 1895, que provocó la entrada de los Estados Unidos en el conflicto que sostenían los cubanos frente a España para lograr la libertad, hecho por lo tanto muy importante en la historia de Cuba.

Orq. Moreno

El Alfonso 13 en la Habana (Moreno) V-77321. Marzo 12, 1921. P.119. Era un buque de la armada española que visitó La Habana por aquellos días.

Remedios alegres (Moreno) V-77683. Marzo 12, 1921. p.119. Continuamos listando las ciudades y pueblos que ostentan título de canción. Atinadamente la llama Moreno alegres, porque son tradicionales las fiestas de Las parrandas de Remedios, celebradas anualmente.

El teléfono a larga distancia (Aniceto Díaz) Co C-4180, ca. enero, 1923. p.119. Ya hablamos de esto.

Havana Park (F. Zerquera) Co C-4191 Febrero 1923. P.119. Otro conocido lugar de esparcimiento habanero con juegos, bailes, etc.

Parlá sobre el Niágara Co C-4191 Febrero 1923. P.119 .Agustín Parlá fue un pionero de la aviación cubana que realizó en 1919 el primer vuelo de La

Habana a Estados Unidos y también sobre las cataratas del Niágara. (Ambrosio Fornet, obra citada, p.126.)

Jabón sobre la línea (Antonio María Romeu) Co C-4197. Febrero, 1923. P.120. Los jóvenes universitarios acostumbraban como travesura untar con jabón los rieles por donde corrían los tranvías con lo cual éstos no podían caminar y hasta se descarrilaban. Lo que empezó como juego, se usó después como forma de protesta contra el presidente Machado.

A Palma Soriano (Tomás Ponce) Co C-4220. Junio, 1923. P.120. Una importante población de la región oriental de Cuba.

El desarme universal (Carlos R. Hernández) Co C-4225 Junio 1923. P120. Un sesudo tema de discusión de aquellos tiempos, que en vez de un ensayo, se trata en un danzón.

Orq. Enrique Peña.

Andando por La Habana (Enrique Peña) cil Edison-18954, 1906.p.122

Recuerdo a Edison (Enrique Peña) cil Ed.-18956. 1966, p.122. Hábilmente Peña tiene una deferencia con el dueño de la casa grabadora que le ha dado oportunidad de hacerlo.

El rey de las trompetas Co C1019(12") ca. 1906 p.122. Posiblemente dedicado al mismo Peña, ya que era trompetista.

El nuevo ferrocarril central Co C-1035 ca. 1906 p.123. Otros danzoneros le dedicaron números a este importante adelanto.

Guarina V-68000(12") febrero 1, 2009. P. 123. Otro aporte a la nostalgia indígena.

Punto cubano (Antonio María Romeu) V-62327 febrero 1, 2009. Propaganda para un género que no es el danzón. Curiosamente, a diferencia de lo que vimos se hizo con el son, que se mencionaba frecuentemente en los propios textos e inclusive en el título, y lo mismo se ha hecho en casi todos los géneros, el danzón nunca se hizo auto propaganda.

Rosalía Castro (Enrique Peña) 1910-15 Co C2816. P.123 Suponemos es Rosalía de Castro (1837-1885) importante poetisa gallega, muy querida y venerada en la comunidad de sus paisanos en Cuba.

Heraldo, Marina y Lucha (Enrique Peña) ca 1915. P.123. Ya vimos la estrategia de las danzoneras con los diarios cubanos.

Jack Johnson (Enrique Peña) 1915.Co C2947 P.123. Ya hablamos de la pelea celebrada en La Habana entre este boxeador y Willard.

Yo vendo El Mundo (Enrique Peña) 1915 Co C2956 p.123. Sigue Peña haciéndole guiños a los diarios.

El dengue (Enrique Peña) 1917-19 Co C1150(12") p.123. Y también, alertando a la ciudadanía contra las epidemias…

Zapateo cubano Co C3000 ca 1917-19 p.124. Otra grabación del zapateo.

La rumba del barberito (Enrique Peña) Co C3360 ca. 1917-19 p.124 Sigue el danzón haciéndole propaganda a otros géneros musicales: no en balde el son se le fue arriba...

La sonrisa de Wilson (Enrique Peña) C0 C3379 ca 1917-19 p.124. El presidente norteamericano Wilson se caracterizaba precisamente por su seriedad.

La Nación y La Noche (Enrique Peña) Co C3217 ca 1917-19. Siguen los periódicos.

Eden Concert (Enrique Peña) CoC3411 Reeditado en CDFly7032 Marzo -1918 p.125. Otro danzón dedicado al popular cabaret.

El jai alai (Enrique Peña) Co C3244 Marzo 1918. P.124 Aunque este deporte fue muy popular en Cuba, no tuvo el eco musical que la pelota, este es uno de los pocos números musicales en que se le menciona.

El brazo del presidente Wilson (A. Varona) Co C3465 1919. P.125.Alguna anécdota habrá con el brazo de Wilson, que desconocemos.

La Lucha rompió la huelga (J. Barreto) Co3465 1919. P125. Aparentemente, un incidente en que se vió envuelto el diario de ese nombre

La nueva chambelona (Felipe Valdés) Co C3862 1919 p.125 ¿Será una nueva conga, o una reorganización del Partido Liberal?

Yo no tengo la culpita (Felipe Valdés) Co C3862 1919 p.125 Obviamente relacionado con el anterior, la otra cara del disco, y además es una estrofa de La Chambelona.

El Liceo de Madruga (José Urfé) Co C3618 1919 p.126 Otro buen candidato para contratar bailes.Madruga es una población de la provincia de La Habana.

Orquesta francesa de Tata Pereira.

Se trata de una de las nuevas orquestas que a partir de la segunda década del siglo XX, fueron sustituyendo a las anteriores orquestas típicas de danzones, por otras más pequeñas, con una flauta, dos violines, piano, contrabajo, timbales y guiro.

El over-all (Tata Pereira) V-77322 Junio 7, 1920. P.127. Esta modesta y útil prenda de vestir para trabajar, que en Cuba se pronunciaba y escribía overol, también mereció un danzón.

La toma de Verdún no camina Co C2953 ca. 1916 p.128 Siempre atentos a los aconteceres internacionales.

Con el son estoy revuelto Co C2080x (Felipe Valdés) 1923/24 p.128 Otra mención gratuita para el son.

El bongó Co C2211x 1923/24 p.128 .Una mención al bongó, no a los timbales que son los que usan las orquestas danzoneras, sino al bongó, el que usan las soneras, y que para 1923 era poco conocido...

Orquesta Tomás Ponce Reyes.
Varsovia (Tomás Ponce Reyes) V-69252 Noviembre 3, 1916 p.129 Don Tomás hizo las cosas en grande: nada de pequeñas poblaciones: ¡A por Varsovia!
Hay (sic) que Victrola (Tomás Ponce Reyes) V-72643, reeditado en HQCD31. Noviembre 3, 1936. P.129 Aunque con faltas de ortografía, hay que nombrar a los equipos de la Victor...
Orquesta Jaime Prats.
Los muchachos de la Acera (Jaime Prats) Co C2477 ca. 1913. Ya explicamos sobre los muchachos de la Acera.
La grafonola (Jaime Prats) Co C2795 ca 1916. P.130. Esta era el nombre que le daba la Columbia a su equipo reproductor.
Los repatriados cubanos (Jaime Prats) Co C2807 ca 1916. P.130. Ignoramos a qué repatriados se refiere este título.
La llegada de Tiburón (Jaime Prats) Co C2750 ca 1916. P.130. Por los negocios turbios en que se vió envuelto el presidente José Miguel Gómez (1858-1921) durante su mandato de 1909 a 1913 se ganó el mote de "Tiburón" con que le bautizó el pueblo. Pero como de esos negocios se favorecía mucha gente, otro dicho popular decía "Tiburón se baña, pero salpica", significando que en realidad eran muchos los beneficiados de esas actividades (La Enciclopedia de Cuba, Tomo IX, p.82)
La conga (Antonio Torroella) Co C2749, reeditado en CD Fly-7032. Ca. 1916 p.130. Como vemos, las danzoneras le siguen haciendo propaganda a otros géneros musicales cubanos. También sucedía que para captar a los seguidores del son, rumba o conga, en la última parte de los danzones, incluían a veces uno de esos géneros, lo que justificaba su uso del nombre en el título.
El reverbero (García) Co C2112. Ca. 1924. P.131. Bien se merecía este humilde utensilio hogareño que se le recordase de alguna manera. Llamado infiernillo en España, es un pequeño recipiente de metal, como una lata grande, que por el costado tiene la abertura con su tapa por donde se le hecha alcohol. Por arriba es cerrado, menos por un agujero en el centro donde sobresale un tubo de una 3 o 4 pulgadas de alto por el que corre una mecha que saliendo desde el fondo de la lata, se asoma a la boca del tubo; a unas 6 pulgadas de la mecha, una armazón de metal soldada al borde de la lata, permite colocar sobre ella, una sartén o cazuela pequeña: ahí se calentaba, freía o hervía, según fuera el caso, la comida del pobre en Cuba. Por absorción, el alcohol estaba siempre presente en la punta de la mecha; bastaba quitarle la tapita de metal que lo cubría, acercarle el fósforo, y ya estaba lista la hornilla para freir un par de huevos, hacer el café, o lo que fuera.

En aquella época, y por muchos años, fue una solución mejor y más barata que el horno de carbón, complicado, lento y sucio; o las más caras de cocinas de gas o eléctricas que vinieron después. El alcohol se obtenía de las mieles finales de la extracción de azúcar, y era barato, hasta que llegó la Segunda Guerra Mundial, y empezó a usarse para mezclarlo con la gasolina, y crear lo que se llamó el carburante nacional.

Pasada la guerra, volvió a resucitar el reverbero, y quizás todavía estén funcionando en Cuba. No dejaba de tener sus peligros, pues el reverbero podía caer al suelo y regar el alcohol encendido, quemando una habitación o una casa completa, sobre todo si era de madera o un bohío de guano. Además, la presunta suicida, tenía muy cerca y fácil la solución de sus problemas; bastaba abrir el reverbero, rociarse el alcohol por encima, y prenderse fuego. Ya ven cuántos recuerdos puede traer un simple título de danzón...

La reelección (Pedro Giménez) Br40086 Junio 27, 1924. P.131. La reelección era un problema crónico en la política cubana; presidente electo, era seguro víctima al segundo año de su desempeño, de la "reeleccionitis aguda", que a veces terminaba en alzamientos, muertes, etc.

Los jóvenes de Santos Suárez (Pedro Giménez) Br40086 junio 27, 1924 p.131. Esta mención a los jóvenes de un barrio habanero, puede haber sido la idea que movió a Arsenio Rodríguez a escribir su primer guaguancó destinado a un barrio habanero.

Orquesta Ricardo Reverón.

Guaguancó (Ricardo Reverón) V-72250 febrero 19, 1918 p.132 Habría que oirla para ver si sobre todo en la última sección del danzón, se asomaba el ritmo del guaguancó.

Mayombero (Ricardo Reverón) V-73351 febrero 19, 1918 p.132 Hoy decimos que es el sacerdote en la religión de la Regla Palo Monte, o religión de los congos. Pero para la época en que se grabó el danzón, era sencillamente un brujo de las brujerías negras, pero que atraían la atención de los blancos...

El Kaiser corcovea (Eliseo Grenet) V-72468 junio 10, 1919. Reeditado en HQCD131. P.132. Como hemos visto, los cubanos aparentemente, se mantuvieron muy al tanto durante la Primera Guerra Mundial.

Orquesta de Antonio María Romeu

Club Los Anaranjados. (Antonio María Romeu) Co C2808 1915 p.136 Otro club, posible cliente de la orquesta.

El valle del Yumurí (Miguel Failde) V-67701 Agosto 23, 1915 p.136 Este valle está en la provincia de Matanzas, de donde era oriundo su autor, Miguel Faílde, creador además del género danzón, y cuya orquesta estuvo activa hasta la primera década del siglo XX, pero las cuatro casas disqueras que grabaron en la Habana antes de 1910, Victor, Zonophone, Edison y Columbia, nunca lo invitaron a grabar.

La moneda cubana (Armando Romeu) V68529(12") Agosto 25, 1915. P. 136. Muy oportuno porque el 5 de abril había llegado a La Habana, la primera emisión de moneda cubana de oro, plata y niquel(La Enciclopedia de Cuba, Vol 9, p. 139).

Edén Sport (A. Herrera) V69059 Agosto 25, 1915 p.137 Tiene que haber sido muy importante este cabaret: muchas orquestas le dedicaron danzones.

Quién te mandó, Johnson, quién te mandó (M. A. Delgado) V-68807 Agosto 25, 1915 p.137. Ya hemos hablado del famoso encuentro Johnson-Willard y la sospechosa derrota del primero.

La Tutelar (Domingo Corbacho) V-67809 Agosto 25, 1915 p. 137. Fiestas populares que se celebraban el día 15 de agosto anualmente en Guanabacoa, población limítrofe con La Habana. Se le dedicaban a la 'Asunción' que era la virgen titular. De alguna manera, el pueblo convirtió esto de titular, en tutela, que es proteger, y la Tutelar, para el pueblo, se convirtió en la que ejerce "la divina tutela"" (Dr. Oscar Fernández de la Vega, en correspondencia con el autor).

Jai alai no va (Miguel Delgado) V-67704 Agosto 25, 1915 p.137. Posiblemente tuviese que ver con una ley promulgada el 9 de julio de 1915, prohibiendo las apuestas públicas, cosa que se hacía en los juegos de Jai alai (La Enciclopedia de Cuba, Vol. 9, p.140).

Los jóvenes del Edén Sport (Antonio María Romeu) Co C2975 ca 1916 p.138. ¡Y dale con el Edén!

El rascabucheo (Antonio María Romeu) Co C2976 ca, 1916 p.138. "Todo acto de tocamiento deshonesto y la acción de sorprender y contemplar las desnudeces femeninas" Fernando Ortiz en Catauro de Cubanismos, p.427

Adiós Camagüey querido (Alfredo Brito) Co C3785 ca. 1919 p.139 .Parece que la ciudad de Camagüey era buena plaza para danzoneras, aunque quedara lejos.

Guanabacoa la bella(Antonio María Romeu) Co C3874 ca 1919 p.139. Y mejor Guanabacoa, que quedaba más cerca.

Centro Gallego (M. Delgado) Co C3552 ca 1919 p.139. El hermoso edificio que todavía existe en el Paseo del Prado frente al Parque Central, era la sede del Centro Gallego, posiblemente el mejor cliente que podían tener las danzoneras; los "gallegos" y los españoles en general, como atestiguan muchos de los diálogos con música grabados por los intérpretes del Teatro Alhambra, se habían aficionado al danzón.

Jugando al siló (Antonio María Romeu) Co C3554 ca 1919, p.139 Juego de dados donde se apostaba, prohibido, y por tal razón más frecuentado, sobre todo por las clases pobres.

Se acabó la guerra (Antonio María Romeu) Co C3620 ca 1919 p.139. ¿Y qué mejor manera de festejarlo, que bailando un danzón a su nombre?

Bellezas de Artemisa (Antonio María Romeu) Co C3861 ca. 1919 p 139 Y más lo son, cuando bailan un danzón en su pueblo, bastante cercano a la Habana, al compás de la orquesta de Romeu.

La Ley Seca (Antonio María Romeu) Co C1310(12") ca.1920 p140. Era asunto importante para Cuba, por el turismo que llegaba de Estados Unidos para poder disfrutar del licor sin restricciones. Y después de ese artículo, el que más consumían los turistas era la música bailable. Cuando se levantó la prohibición años después, bajó considerablemente el turismo.

Los cuatro gatos (Jorge Anckermann) Co C3903 ca.1920. p.140. Así le llamaron al Partido Popular creado por el Dr. Alfredo Zayas, separándose del Partido Liberal, porque tenía muy pocos afiliados. Sin embargo, aliándose con el Partido Conservador, Zayas fue electo presidente en noviembre de ese mismo año. La Enciclopedia de Cuba, Vol IX p.240

La guayabera (Armando Romeu) Co C3935 ca. 1920 p.140. Señal de que esta comodísima prenda de vestir iba sustituyendo al traje, siendo mas fresca y cómoda para bailar.

La Liga de las Naciones (Enrique Peña) Co C3897 ca. 1920 p.140 La vista siempre hacia afuera, hacia el resto del mundo…

Este es tu son, santiaguero (José Corona) Co C3959 ca 1920 p.140 El danzón sigue mencionando al son, afilando el cuchillo para su propio pescuezo.

La última rumba (Alfredo Brito) Co C3949 ca 1920 p.141. Para cambiar de refrán, el Danzón cavando su propia tumba…

El güiro mágico (Jaime Prats) Co C3960 ca 1920 p.141 Aunque había sido instrumento indispensable de las orquestas danzoneras, parece lo habían olvidado hasta que Prats lo rescata.

El desarme universal Co C4225 ca. 1923 p.141. Otro sesudo tema internacional, para bautizar un danzón.

PWX Habana Radio (Antonio María Romeu) V-77084 Marzo 12, 1923.p. 141. El año anterior se había inaugurado la radio en Cuba, primer país de América en tenerla después de los Estados Unidos.

Jabón en la línea (Antonio María Romeu) V-73885 Marzo 19, 1923.p.142 Ya habíamos mencionado este tema, grabado por la orquesta de Moreno.

Habana Park (Zequeira) V-73885 Marzo 19, 1923. P.142. Otro lugar de esparcimiento.

La tierra de la rumba V-77841 Marzo 26, 1924. p.142. Otra mención gratuita a un género competidor.

Playas cubanas (J. Quevedo) V-77683 Marzo 26, 1924 p.142 Es curioso que el tema playa no es mencionado entre las bellezas naturales del país y creo esta es la primer vez que llega a tener titularidad. Pero buscando en los libros de impresiones de viajeros a Cuba en los siglos XIX y principios de los XX, sucede lo mismo. Es posible que el tema playa no tomase importancia universal, hasta después de la Primera Guerra Mundial, con cambios fundamentales en la vestimenta femenina, especialmente la playera.

La Prensa V-77841 Marzo 26, 1924.p.143. Otro guiño a un diario.

Orquesta Felipe Valdés.

Havana Post 3 kilos Cil Ed 19111 Julio 8, 1907 p148. Curiosamente este danzón dedicado al único diario publicado en inglés en Cuba, es uno de los primeros al que se le dedicara un número musical. Uno de los mas longevos diarios cubanos, todavía se editaba en la década de los 50's.

El Mundo y La caricatura V-98571 marzo 1907, p.148. Otros diarios aludidos.

Zapateo cubano (Felipe Valdés) Co C1025(12") 1907/09 p.150 Es evidente que el zapateo, la forma bailable de la música guajira cubana, saltó del campo a la ciudad, y se hizo un lugar en los salones de baile, junto a los danzones. De otra manera, no se explica que varias orquestas danzoneras lo grabasen.

Cía. Cubana de Fonógrafos (Felipe Valdés) Co C815 1907/9 p.150. Creo era la distribuidora de los discos Columbia en Cuba.

El monoplano de Rosillo (Felipe Valdés) Co C2494 1907/09 p.150. Ya hemos hablado de este pionero de la aviación cubana.

Cuidado con la ataguía (Felipe Valdés) Co C2476 1907/09 p.150 . Fue una especie de cerco que se hizo sobre los restos del buque Maine zozobrado en la bahía de La Habana, para poder proceder a su extracción.

El cometa Halley Co C800 1907/09 p.150. Este cometa que pasó cerca de la tierra en 1910, causó alarma sobre su posible choque contra la tierra, recogido en más de una canción, como "Asómate a la ventana"

The Havana Post, 3 kilos Co C-1028 (12") 1907/09 p.151 También esta orquesta saludó al diario en inglés.

Clave a Maceo (Ant. María o Armando Romeu) V-68413 (12") marzo 19, 1913 p.152 Otro género musical, y en este caso dedicado al General Antonio Maceo.

Lucha, Marina y Heraldo (Felipe Valdés) V-69252 Octubre 24, 1916. P152. Otros diarios mencionados.

Hispano-Suiza (Felipe Valdés) V-692552 Octubre 24, 1916. P.152. El Hispano-Suiza era un carro armado en España con motores hechos en Suiza. Era un hermoso auto, el rey Alfoso XIII tenía uno, y a Cuba, donde por el precio del azúcar corría mucho dinero, llegaron algunos.

La danza de los millones (Antonio Torroella) V-69859 Octubre 24, 1916. P.153 Así se le llamaba en los diarios y en la conversación cotidiana, a la situación económica que disfrutaba Cuba.

La debacle de Caicaje (Manuel Quevedo) V-72062 Febrero 22, 1918. P.153. Los fraudes cometidos por el gobierno del Presidente Menocal en las elecciones de noviembre de 1916 motivaron un alzamiento de los liberales comandados por el general José Miguel Gómez en lo que se llamó "la rebelión de la Chambelona" en alusión a la famosa conga, himno de los liberales. Fueron sorprendidos y apresados en la finca Caicaje en Las Villas.(La Enciclopedia de Cuba, Vol IX, p.201)

La pandereta (Manuel Quevedo) V-73878 Febrero 22, 1918. P.153. Este simpático y humilde instrumento hispano, que no era parte del instrumental de las danzoneras, sin embargo, mereció la titularidad de un danzón. Es posible que en ese caso, sí se usase en la interpretación del mismo, obviamente dirigido al numeroso público español que tenían las danzoneras.

Se baña pero salpica (Felipe Valdés) V-72380 Mayo 27, 1919 p.153 Ya sabemos a quien se aludía con esta frase.

La voz del amo V-73039 Mayo 27, 1919. P.153 "His master voice" era el lema de la disquera Victor, a resultas de una pintura, donde un perro escuchaba atentamente el sonido que salía de la bocina de un gramófono Victor, y que se había convertido en el logo de la marca. Era una atención de Valdés a su casa disquera en aquel momento.

Depurativo Carrillo V-72630 junio 12, 1919. P.153 Tenemos dudas con este número. No es un danzón, sino una jarana (género mexicano) de un grupo de 17 que aparecen en los catálogos de la Victor como grabadas por la orquesta de Felipe Valdés . De todos modos, es otro antecesor de los jingles, anunciando un producto comercial.

Jabón Corona (Jorge Anckermann) Co C2752 ca. 1917 p.154 Otro antecedente del jingle, y este nada menos de la pluma de Anckermann, uno de los más importantes compositores cubanos del siglo XX.

Club benéfico (Felipe Valdés) Co C2794 ca. 1917 p.154 Parece ser una de esas asociaciones que celebraban bailes.

Mieres del camino Co C2943 ca 1917 p.155 Un danzón dedicado a un pueblo de…¡Asturias!. Al parecer había muchos mierenses en Cuba, bailadores de danzón.

Orquesta Pablo Valenzuela.
El Ferrocarril Central, parte 1 y 2 (C. Sainz).Cil Ed.18865 y 18866. 1906 p.156. Es posible, que en éste y otros danzones dedicados al ferrocarril, hubiera algunos efectos de sonido como sirena,etc.
Gran zapateo cubano Cil Ed 18869 1906 p.156. Esto no podía faltar...
Rusia y Japón (C. Cisneros) Cil. Ed.19028 1906 p.157. Había problemas entre esos dos países en aquellos dias, y claro, un danzón toma el tema.
Zapateo y punto cubano V-62309 Febrero 8 1909 p.158.
La Nautilus V-68236(12) Febrero 8, 1909 p.158 Ya vimos cuando hablábamos del punto cubano, que la Nautilus era un buque escuela español que visitó La Habana en 1908, primera nave militar de ese país que venía desde el final de la guerra contra España.
El gallo y el arado V-68000(12") Febrero 8, 1909 p.158. Ya también hablamos de este emblema del Partido Liberal.
El chivo del Arsenal V-68286(12") Enero 9, 1911 p.158 Y también de este espinoso asunto.
Matusalem (Antonio o Armando Romeu) V-68392(12") Marzo 26, 1913. p.159 ¡Ni la Biblia escapa a los requerimientos del danzón!
Martí (Antonio Torroella) V-65422 Marzo 26, 1913 p.159 Un homenaje al Maestro.

Orquesta Cubana Sinfónica de Enrique Bryon.
La pelota. Ok 16131, May0 1924, New York. También el deporte favorito de los cubanos, tuvo su danzón.

Orquesta Almendra.
Masacre (Silvio Contreras) V-23-5929 Diciembre 30, 1952 reeditada en TCD65. Como dijimos, después de 1925 disminuyó casi totalmente la grabación de danzones. Esta es una buena excepción, un danzón escrito en la década de los 30's referido a los desmanes del gobierno machadista, al que no se le puso letra, y que no se llegó a grabar sino mucho tiempo después.

Acerina y su danzonera.
Consejo Valiente, "Acerina" fue un timbalero cubano que se instaló en México a principios del siglo XX, y fue en gran parte responsable del auge de este género en ese país. Su danzonera fue de las más importantes, y además de muchos danzones de su autoría y de autores mexicanos, grabó entre otros los danzones **Teléfono a larga distancia** de Aniceto Díaz (Peerless 1983, 1943); **Juárez no debió de morir** que es la versión mexicana de "Clave a Martí" y también **Masacre** de Silvio Contreras (Peerless 200, 1943).

Himnos y marchas

Los himnos y marchas tienen una situación muy especial en el cancionero de cualquier país. Por su carácter utilitario, se crean un número grande ellos, para las necesidades funcionales de distintas formas de la sociedad humana: La nación como tal, requiere un himno, que realiza una labor unitaria, es uno de los símbolos básicos de su existencia; pero a su vez, las distintas divisiones políticas de la misma, sean provincias, municipios o cualquier otra denominación, tienen también, en la mayoría de los casos, sus propios himnos ; también lo requerirán las fuerzas armadas, posiblemente cada una de sus ramas, y así sucederá además con instituciones privadas de todo tipo, religiosas, educativas, deportivas, partidos políticos, etc. Pero todas estas creaciones, salvo las emblemáticas de la nación o país tienen por su propia naturaleza, un difusión limitada a su propia membresía; y lo que decimos de los himnos por supuesto aplica también en casi los mismos términos a las marchas.

Sería inútil pues, entrar en un recuento de esas expresiones musicales que siempre sería incompleto, después que hemos hablado del Himno de Bayamo o Himno Nacional de Cuba, y del Himno Invasor.

Pero sí vamos a referirnos a varios ejemplos que nos demuestran los avatares que sufren estos tipos de expresión musical.

Durante el proceso de rechazo y después de lucha contra el régimen del presidente Gerardo Machado, surgió un partido, primero clandestino, el ABC, que al triunfar la revolución en 1933 y derrocarse el régimen machadista, tuvo una presencia importante en la historia política cubana.

Salvo que consideremos "La Chambelona"como una especie de himno popular del Partido Liberal, hasta entonces que sepamos ningún partido tuvo himno, y de tenerlo, nunca fue grabado comercialmente. Le iba a corresponder ese honor al ABC, ya que en febrero 23 de 1934, se graba en Nueva York el disco V-32065, que tiene por una cara **ABC Himno marcha** y por otra **Himno del ABC**.

Lo interpreta la orquesta de Alfredo Cibelli, una orquesta de estudio de la Victor, y canta Mario Cozzi, al parecer un cantante italoamericano, porque aparece en la Discografía de Spottswood grabando otros números en 1931, 35 y 35, algunos en español y otros en italiano. Por otra parte, en la obra de Levi Marrero, "Cuba: Isla abierta. Poblamiento y apellidos" Ed. Capiro, 1994, no aparece este apellido como domiciliado en Cuba. No tenemos el disco, pero si la partitura de la Marcha-Himno, con música de Ernesto Lecuona y letra de Gustavo Sánchez Galarraga .

En la serie de cambios de gobiernos sucedidos después de la caída de Machado, el 18 de enero de 1934, tomó posesión de la presidencia Carlos Mendieta y Montefur, que lo estaría hasta diciembre 12 de 1935.(Enciclopedia de Cuba, Vol.9, p.495). Para el día de la grabación, tres de los Secretarios de Despacho del Gobierno, son miembros del ABC, entre ellos Joaquín Martínez Sáenz, su presidente; pero ya para junio de ese año, el ABC rompe con el Gobierno, y renuncian sus ministros.

¿Por qué la Victor grabó estos números? Con vista al éxito que había tenido con sus grabaciones de "La Chambelona" quizás pensaron que era posible sucediera lo mismo con el ABC y su himno-marcha. Pero no fue así. Desaparecieron de la memoria histórica. Es posible que la cara que señala solamente himno, sea el mismo himno marcha, pero sin letra, pero esta dice así:

>ABC, nombre de gloria
>ABC, sol de victoria
>El valor te inflama
>Con su ardor claridad
>vierte de libertad.
>ABC, que es inmortal
>
>Siempre el ABC
>cadenas rechaza
>Cuba, noble y fuerte
>Pues no es esclava
>Quien no teme a la muerte
>Justicia es el sueño del cubano
>Que con su espada venció
>Siempre al tirano.
>Oh patria! Alza la frente dolorida
>Que ya tu prole
>Te infundió nueva vida
>Sé tu baluarte de independencia soberana
>Legión cubana,
>Victoriosa y fiera.
>ABC, radiante aurora,
>ABC, grey redentora
>Cual fanal del cívico ideal
>ABC!

El ABC como partido fue perdiendo protagonismo en los años sucesivos, hasta desaparecer. Encontrar siquiera los vestigios de su himno, nos costó trabajo.

Otro himno olvidado. La fecha del 4 de septiembre de 1940, marca el fin definitivo de la época machadista, y el inicio de una nueva etapa en nuestra historia. Pero una sucesión de gobiernos que no lograron domeñar la situación, crearon las circunstancias para que se quedara con el poder real en definitiva, el sargento Fulgencio Batista ("La Enciclopedia de Cuba" Vol 9 p.423 y sigs.). Junto con el poder, Batista fue creando los símbolos del mismo, apropiándose de la fecha 4 de Septiembre, convirtiéndola en día de fiesta oficial; en la Constitución de 1940 logró intercalar en su articulo 5, que además de la bandera de la República, en las fortalezas y cuarteles se podrán izar banderas pertenecientes a las fuerzas armadas". Esto era para permitir usar al lado de la bandera nacional, la llamada bandera del Cuatro de Septiembre, un pendón consistente en cinco colores colocados en franjas verticales de izquierda a derecha, azul, blanco, rojo, amarillo y verde. También se hizo un himno, que al parecer no se atrevió a incluir en la Constitución, y que tampoco se grabó. La Banda Militar del Regimiento 6, "Cuatro de Septiembre" grabó cuatro números para la Victor en mayo de 1940, pero ninguno de ellos es himno: hay dos números de Francisco Rojas, y "El barrilito", un número popular en aquellos tiempos, y "La borracha" (debe ser "La borrachita") de Rafael Hernández, ambos arreglados a tiempo de marcha. Del himno, no tenemos la fecha ni el compositor. Así dice la letra del himno **Cuatro de Septiembre :**

    Compañeros la Patria padece
    Y debemos librarla de penas
    Quebrantemos sus duras cadenas
    Y que goce por fin libertad.

    Como hijos de Cuba tenemos
    El supremo deber de ampararla,
    Y de toda opresión liberarla,
    Como cabe al Soldado leal.

    Así dijo en Septiembre un Sargento
    En la fecha del cuatro glorioso,
    Y en un gesto viril y grandioso
    El destino de Cuba cambió.

    Honra y prez al soldado valiente
    Que es orgullo del pueblo cubano,
    Porque supo con férvida mano
    las cadenas de Cuba romper.

Otros himnos y marchas olvidados, pero quizás no para siempre

En fecha que no hemos podido determinar, José Obelleiro Carvajal (Pinar del Río, 25 de marzo de 1912-La Habana, 3 de enero de 1962) escribió **"Canción de libertad"** en realidad una marcha, y posiblemente de la misma época es otro número suyo importante, **"Canto rebelde"**, ambos de los días convulso del machadato y el batistato que le siguió. El 4 de julio de 1941 estrenó su marcha **América Inmortal**, la que alcanzó difusión en todo el continente, y fue grabada entre otros, por Pedro Vargas, Carlos Ramírez, y el Dúo Primavera, y se incluyó en una película mexicana. Gran parte de esta información es de la obra inédita de Zenovio Hernández Pavón, "Diccionario biográfico-Musical". Esta es la letra de **Canción de libertad**:

Vibran los clarines
Que llegó la libertad…
Redoblen los tambores
Que llegó la libertad…
Se han roto las cadenas
La patria es libre ya…
Y el pueblo canta alegre
Su canción de libertad…
¡Canción de libertad! (bis)
Que hoy rueda por las calles
Cual alegre avalancha,
Cual grito colosal
¡Canción de libertad!
Que vibras sin cesar,
Por valles y montañas,
Por llanos y praderas
Barriendo la maldad…
Hoy brilla más el sol,
El cielo es más azul,
Parece que recibe
La bendición de Dios,
El pueblo esclavizado
Vuelve a ser libre y feliz
Y lleno de esperanza
Entona su vibrante

Canción de libertad...
(bis) 2

Y esta la de **América inmortal**:

Tierras libres que jamás
Nadie podrá conquistar,
Fronteras que trazó el mar,
Fronteras de libertad.

Patrias que sabrán luchar,
Pueblos que sabrán vencer,
Unidos por la verdad,
Por el amor y el deber

América Inmortal,
Fuente de luz, faro de libertad,
Tus fronteras son lazos de amor
De gloria sin igual.

América Inmortal,
Sublime luz que al mundo alumbrará,
Siempre serás la salvación
América Inmortal.

No todos los himnos y marchas surgieron de compositores afines a bandas; un trovador escribió un enérgico himno para una sociedad obrera: Rosendo Ruiz, padre. Lo tituló **Redención**:

Capital y trabajo es el lema
De mil luchas y mil agonías.
Que se extirpe la vil tiranía,
Defender nuestro honor es deber.

Que los años de ruda faenas
Son aliento triunfal de la gloria.
Tiempo es ya de obtener la victoria,
Defender nuestro honor es deber.

Que por siempre marchemos unidos
Compartiendo los crueles dolores,
Y seremos al fin triunfadores.
Defender nuestro honor es debe.

A las huestes de obreros unidos
Las legiones serán redentoras:
Socialistas es la fe salvadora.
Defender nuestro honor es deber.

Socialismo viril y consciente
Que hace al hombre vivir como hombre,
Su justicia a los siglos asombre
Defender nuestro honor es deber.

En 1957, se graba clandestinamente en los estudios de Radio Progreso, el Himnno del 26 de julio, de Cartaya con instrumentación de Carlos Faxas. Inmediatamente empieza a escucharse por Radio Rebelde, acompañando a la canción Sierra Maestra de la que hablaremos más adelante, y ambas irán subiendo de intensidad y presencia, hasta culminar con el triunfo de la Revolución, el 31 de diciembre de 1958.

Adelante cubanos que Cuba
Premiará vuestro heroísmo
Pues somos soldados,
Que vamos a la patria a liberar
Limpiando con fuego
Que arrase con esa plaga infernal
De gobernantes indeseables
Que a Cuba han hundido en el mar.

El pueblo de Cuba,
Sumido en su dolor
Se siente herido
Y se ha decidido
A hallar sin tregua una solución
Que sirva de ejemplo
A esos que no tienen compasión
Que arriesgaremos decididos
Por esa causa a dar la vida
  ¡Que viva la Revolución!

CAPÍTULO 18
1900-1958: Teatro lírico cubano

En capítulos anteriores hemos hablado del Teatro Bufo Cubano y sus sucesores, el Teatro Alhambra y otros que continuaron la tradición del primero, usando la canción de contenido político social en forma amplia. En un artículo de Gustavo Robreño, "Cuba a través de Alhambra" publicado en la revista Bohemia de agosto 26 de 1934, p.162, decía este historiador: "recorriendo el archivo del Alhambra es fácil reconstruir íntegramente la historia de Cuba republicana…".

Tomamos esta cita del libro de Enrique Río Prado, "La Venus de Bronce- Hacia una historia de la zarzuela cubana"(Ed. Society of Spanish and Spanish-American Studies, 2002). Esta obra importantísima será citada continuamente en este capítulo, como "Río Prado"pero en su segunda edición hecha en Cuba en 2010, por Casa Editorial Tablas-Alarcos, La Habana.La edición original tenía 413 páginas, la segunda tiene 709, está muy ampliada, con numerosas fotos.Es una obra imprescindible en la historiografía de la música cubana.

En el capítulo nueve, "Teatro bufo" y otros, hemos hecho referencia en repetidas ocasiones a eventos y situaciones de nuestra historia, que quedaron reflejadas en números musicales grabados.

La etapa que estudiaremos ahora, para Río Prado comienza con la temporada de revistas y sainetes cubanos que trabajó en el teatro Actualidades, casi sin interrupción, durante más de tres años (1926-1930 (Río Prado, p.91).

Desgraciadamente, de esta y otras manifestaciones del teatro lírico que le sucedieron, no quedó la amplia documentación disquera que tenemos del teatro alhambresco; de ahí que dependamos casi totalmente, del excelente trabajo realizado por Río Prado. La obra más emblemática de este período, es "Niña Rita, o La Habana en 1830", con libretos de Aurelio G. Riancho y Antonio Castell, y música de Ernesto Lecuona y Eliseo Grenet. De esta obra son canciones tan representativas como "Mama Inés" y "El calesero". Para Río-Prado, "es la primera zarzuela cubana que merece el nombre de tal"(Río-Prado, p.101). Pero hay otras obras tan importantes como "La Virgen Morena" de Grenet y Riancho como autor y libretista, respectivamente, "La despalilladora", de Lecuona y libreto de Sánchez Galarraga, y también de ellos, "La tierra de Venus" y "El Cafetal" (Río-Prado p.110 y sigs.)

El éxito de esta etapa, preparó el de la segunda, iniciada en el teatro Martí el 7 de agosto de 1931, y que duraría hasta 1936. (Río Prado, p.133 y sigs) .En ese período, pasaron sobre ese escenario reposiciones de obras estrenadas anteriormente en el Teatro Alhambra, en el Actualidades, y otros recintos teatrales cubanos: pero sobre todo, se crearon centenares de nuevas obras, hasta un total de 379, en las que hubo además un derroche de imaginación en cuanto a géneros y subgéneros usados; ¡un total de 81!

El libro de Río Prado (p. 399 y sigs) trae una relación detallada de todas las obras presentadas. Se inventan muchísimos nuevos géneros, como "Anécdota revolucionaria"; o a géneros conocidos, heredados de España, como el "Apropósito" (RAE: Breve pieza teatral de circunstancias) se inventan subgéneros, como "Apropósito cómico", "de actualidad", "de actualidad política", "de palpitante actualidad"; O se inventan, como "Aventura-comedia lírico-burlesca" o "Aventura novelesca"; "Boceto dramático", y todas estas variedades de la "Comedia": "lírica", "lírica con gotas de revista", "comedia-revista", "comedia sainete" o esta otra, que debe haber sido muy breve: "Confetti -revista".

Como en el Teatro Alhambra, hay "Diálogo", y "Diálogo cómico musical", pero también "Disparate cómico-lírico"y "Duetto".

Hay también "Enredo cómico" y "Entremés" que nos viene de España (RAE: "Pieza dramática y jocosa de un solo acto") y "Estampa lírica"; "Fantasía con gotas de revista" (Fantasía la del autor de tan curioso título), "Farsa cómico lírica" que es redundante, porque según la RAE, farsa es pieza cómica breve. Y hay también, "Farsa fantástica"; "Guapería", "Intermezzo musical" y "Juguete" que para RAE es "pieza teatral breve y ligera" pero que aquí tenemos en las sub-especies "cómico", "cómico-detectivesco", "cómico-lírico", "de enredo" y "revista"; Hay también "Locura", "Monólogo", "Novela escénica", "Opera", "Opereta" "Opereta bufa" y "Opereta vienesa", "Parodia", "Paso de comedia", "Pieza", "Poema sintético", "Pot pourri", "Rapsodia cubana", "Recopilación revisteril" y "Revista" seguida de quince variantes de la misma: "Bufo lírica", "Capricho teatral", "Cinematográfica", "De actualidad", "De actualidad política", "De 'dolorosa' actualidad", "De palpitante actualidad", "De palpitante actualidad política", "En pórtico", "Fantasía cómico-lírica", "Futurista", "Hípica", "Mexicana", "Política", y "Radio teatral".

También hay "Sainete", y sus variantes de "Cómico lírico", "Cómico-lírico-dramático", "Lírico", "Melodramático", "Moderno", y "Revista".

Este es el género de nombre más extenso que usaron: "Tenoriada cómico-lírico-burlesco-macabro-espiritista". Y otro por el estilo: "Viaje cómico-lírico bailable". Y claro hay "Zarzuela" sola, pero también combinada con: "cubana", "de costumbres", "de costumbres camagüeyanas", "de costumbres cubanas", "dramática", "pelicular-histórica", "peliculesca", "revista", y "tragicómica".

¿Qué explicación tiene esta proliferación de títulos rimbombantes? Atraer al público, un público no muy numeroso y además en condiciones económicas precarias; un público que quizás más de una noche, debió escoger dentro del famoso dilema de una obra de Guillermo Cabrera Infante: Entre cine o sardina.

Como muchas de las obras eran cortas, había noches en que el programa ofrecía más de una obra. En la relación detallada que trae Río-Prado de cada una de las obras, hasta donde ha podido recoger de este material difícil de colectar, está el número de cuadros de cada obra, que oscilaban entre 1 a 16, que tenía la revista "La tierra de Venus". (Río-Prado, p. 457.)

Esta obra descomunal la produjeron básicamente unos 17 compositores y 43 libretistas, cuyos nombres, breves biografías y relación de las obras realizadas, aparecen en el libro de Río Prado (p. 515 y sigs) Pero falta información, que posiblemente harían estas listas más largas. Y el mismo autor incluye pequeñas biografías de unas 40 figuras, cantantes, actores, bailarines, coreógrafos, escenógrafos, diseñadores de vestuario, attresistas, etc, parte de la legión que produjo esta hazaña que fue el teatro lírico cubano.

Sería más explicable este casi milagroso derroche de ingenio, talento y energía, si se hubiera producido la misma en la década de los diez, cuando a mediados de la misma Cuba disfrutaba de una situación económica magnífica, pues la Primera Guerra Mundial había provocado la subida del precio del azúcar, y se disfrutaba de una bonanza económica, que propició por ejemplo, las actuaciones de Caruso en La Habana, a unos precios increíbles; en cambio en la Cuba de 1931 comenzaba ya una situación grave, tanto en lo económico como en lo político; el azúcar tenía un precio bajo en el mercado mundial, los Estados Unidos estaban aplicándole a Cuba aranceles que obligaban a bajar los precios de venta, y ya había comenzado un ambiente de protesta y descontento frente al gobierno de Machado, que por su parte, comenzaba a tomar medidas represivas violentas, con detenciones, maltratos y muertes.

Pese a todo eso, el Teatro lírico cubano triunfó. Pese a la situación económica, el público acudía al teatro Martí; pese a la represión, se hacían obras de franco contenido político, como veremos. Parte del éxito hay que atribuirlo precisamente a la inmediatez que brindaba este teatro a la realidad cotidiana. En un país sometido a la censura, el escenario del teatro Martí era muchas veces, el equivalente al noticiero televisivo de la tarde, que nos resume las noticias del día, y que por supuesto no existía en aquellos tiempos, y solo la radio también muy limitada por la censura.

Es cierto que como resulta del detallado y cuidadoso trabajo hecho por Río Prado, las obras que más representaciones alcanzaron, fueron las de contenido musical, las zarzuelas cubanas (p. 513): "Cecilia Valdés", 147 representaciones, "El clarín", 86, "La Habana de noche", 63, "La hija del sol" 62, '"María Belén Chacón", 59 y "María La O", 56; pero no olvidemos que en ellas, en muchas ocasiones, las famosas "morcillas" o comentarios contemporáneos agregados al libreto por los intérpretes, eran generalmente de crítica a la situación política, económica y social existente. Además, comenzando por "Cecilia Valdés" los temas casi eternos de la libertad, la esclavitud, la desigualdad social, el racismo, eran una constante en las contestarias zarzuelas cubanas; eran en definitiva, una alegoría, una metáfora de la situación en que se vivía.

Como dijimos, hay muy poca huella discográfica de lo que pasó en ese histórico escenario; quizás por razones económicas, ya que coincide este periodo con uno bastante crítico para la industria disquera, motivado por la situación económica y la presencia de la radio, que ya para estos años había cobrado fuerza y le hacía competencia muy fuerte a los espectáculos musicales en vivo. De todas formas existe, y la analizaremos; pero vamos a estudiar los títulos de las obras presentadas, que nos dan idea bastante precisa de lo sucedido en esos años.

Hemos dividido los títulos que consideramos atinentes, en seis grupos, que iremos analizando.

Grupo 1: "If you can not lick them, join them" (Si no puedes vencerlos, únete a ellos).

Este viejo proverbio sajón, lo supieron aplicar muy bien los libretistas del teatro Martí: La competencia del cine, sobre todo el hablado que comienza en 1928, era muy fuerte. Pero una manera de unirse a ella, era hacer parodias de determinadas películas, u obras que aludieran a alguna figura famosa del cine. Y todo esto tiene trascendencias sociales y políticas: en cierta manera, era una forma de metabolizar esas influencias exteriores, criticándolas con la sutileza del humorismo; y en el aspecto práctico, aprovechar la publicidad que la industria cinematográfica hacía de sus productos, cosa que el teatro lírico no estaba en condiciones de hacer. Después que una producción cinematográfica había sido anunciada fuertemente, y vista por una buena parte del público, la curiosidad por ver la parodia de la misma cinta, era muy fuerte.

Así pasa con **Las sensaciones de Julia**. En este caso, ya se había montado esta obra para el Teatro Alhambra, donde se estrenó el 17 de febrero de 1928, y en el Martí el 4 de septiembre de 1931. Al parecer es una parodia del filme norteamericano "Las sensaciones de Lily", interpretado por Liliane Damita, y estrenado en Cuba en agosto de 1928 (Río-Prado p.460) Por la fecha, debió ser una película silente.

Las viudas de Valentino El famoso astro del cine silente, el italoamericano Rodolfo Valentino, falleció el 23 de agosto de 1926. A días de su muerte, el 7 de septiembre, se estrenaba en el teatro Payret, (que en ciertas temporadas pasaba las obras del Teatro Alhambra, despojándolas de sus partes más atrevidas, para que pudieran acudir damas a sus funciones, cosa prohibida en el Alhambra), la obra de este nombre, que era un apróposito, obra muy breve. Diez días después se repone, como juguete cómico ya con más extensión; y tiene más éxito. Como parece que todavía Valentino sonaba mucho, el Martí la repone en agosto 29 de 1931. (Río Prado, p.462).

Clara Boya, zarzuela peliculesca. 11 de diciembre, 1931. Clara Bow era una famosa artista de aquellos tiempos, el prototipo de "la vampiresa"o mujer lujuriosa e irresistible. (Rio-Prado, p.393). Seguramente se les hizo difícil a los habaneros, no asistir esa noche al Martí para ver como la bella tiple Juanita Zozaya (Río Prado,p.150) se desempeñaba en el papel de la Bow...

Luces habaneras, parodia. Abril 19, 1932. Debe ser parodia del famoso film de Charles Chaplin, "City lights", estrenada en Cuba con el nombre de "Luces de la ciudad", el 14 de mayo de 1931. Como la competencia del Martí no era tan sólo el cine, no hay que olvidar que en varios años tuvo también la competencia del teatro Alhambra, que en este caso y con la misma intención, estrenó el 15 de julio de 1932, la obra "Luces de la ciudad". (Río Prado, p.471).

Movietone Martí revista.28 de febrero de 1933.Si mal no recuerdo, Movietone era un noticiero norteamericano que se pasaba en el cine antes que la película. Martí llama así, a un homenaje que hace al artista Alberto Garrido. Estos homenajes eran frecuentes, si revisan el libro de Río Prado, verán que es muy frecuente que una función esté dedicada en homenaje a un artista determinado.Y es posiblemente, heredado del teatro zarzuelero; como los sueldos de los artistas eran exiguos, en el caso del homenaje, una parte de la recaudación la recibía el homenajeado, como un estímulo y alivio a su quebrantada economía. Y como es natural, se anuncia que en la puesta escénica "cooperan los artistas que actúan en nuestro principales coliseos" (por supuesto sin cobrar) Y como si todo esto fuera poco, se iba a simular una pelea de boxeo entre Alberto Garrido, y Kid Chocolate, el campeón cubano mundial de peso pluma, en la plenitud de su fama. Indudablemente, los promotores del Teatro Martí, tenían una imaginación inagotable... (Río Prado, p. 476).

El gran desfile. Zarzuela en nueve cuadros. 1ro. De agosto de 1933. Fíjense en la fecha: el 12 de ese mes se produciría la caída de Machado. Río Prado (p.408), en su investigación minuciosa, ha encontrado en este caso información adicional de la obra, que apareció en el periódico Diario de la Marina de la época: Los cuadros de la obra por ejemplo, uno se titula "Jabón en la línea". Que como vimos, era el acto de enjabonar las líneas tranviarias para que estos se descarrilasen, usado como táctica revolucionaria contra Machado. Según el Diario, el título "es calcado en el que sirvió para distinguir una de las más grandes producciones cinematográficas, The Big Parade,(1925) de King Vidor". A los dos días de la caída de Machado, el 14 de agosto, se repuso la obra. O sea, en este caso, el título era solo el anzuelo para una obra de franco contenido político, y esto puede haber sucedido con otros muchos títulos que lucen inocentes, pero que pudieron, en realidad servir obras de contenido político y/o social.

Los explotadores de 1933, 27 de octubre de 1933. Se trata de la película "The gold diggers of 1933" que se tradujo como "Las explotadoras de 1933", y se estrenó en La Habana en el Teatro Encanto el 4 de septiembre de 1934 . (¡Qué fecha!) Una de las más grandes extravagancias musicales de Hollywood, no podía fallar que el Martí lo usara como "Los explotadores de 1933" seguramente en vena política.(Río Prado, p.467) Nótese el poco tiempo transcurrido desde el estreno de la película, al montaje de una obra con libreto, música, escenografía, etc,:¡ 54 días!

Volando hacia La Habana o "El príncipe Carioca". Mayo 15, 1934. Comedia lírica Basada en "Flying down to Rio" famosa producción musical de 1933, en que bailaron juntos por primera vez, Fred Staire y Ginger Rogers. Lo de "El Príncipe Carioca" alude al número musical más famoso de la película, "Carioca". Pero no hay detalles del argumento paródico.(Río-Prado p.496)

Escándalos habaneros, Junio 22, 1934. Revista. Dice Río Prado (p.426) que "en el Alhambra fue estrenada la obra "Havana Scandals"el 8 de enero de 1932. Posiblemente esos títulos estén influídos por los filmes norteamericanos estrenados por esos años, "Escándalos" y "Escándalos en Bohemia".

Cariocomanía, 23 de junio, 1934. Bailar la carioca se hizo muy popular en Cuba; había un paso en que la pareja, unida por las frentes, debían dar una vuelta completa, recuerdo que la letra decía algo así como: "así con las frentes unidas"... Ignoramos si esta obra fue como continuación de la anterior,"Volando hacia La Habana", pero es del mismo libretista: Francisco Meluzá Otero. (Río Prado, p. 368)

Degollina universal, 14 de agosto, 1934. Algo tiene que ver con el cine, cuando se le subtitula "Revista cinematográfica en ocho rollos". Río Prado (p. 396) tiene dudas de que provenga del Teatro Alhambra.

Bolero, 13 de noviembre, 1934. Comedia lírica en nueve cuadros y un entrecuadro. "Bolero", así en español, fue una cinta norteamericana con

Carole Lombard y George Raft, estrenada en Cuba en agosto de 1934. (Río Prado, p 387).

El enemigo número 1, marzo 26, 1935. Apropósito. Ya hemos dicho tenemos dudas que los apropósitos fueran musicales. (Río Prado p. 406).Lo consignamos aquí, por si tiene alguna relación con la película "The public enemy" de James Cagney de 1931.

Por culpa de Oliver Hardy, 11 de mayo, 1935. Stan Laurel y Oliver Hardy fue una pareja de cómicos que comenzaron en el cine silente desde 1925 y continuaron después en el parlante por muchos años, y Tomás Cuervo, un cómico cubano, los imitaba muy bien haciéndolo inclusive en un programa radial para 1935. Otro intento del heroico Martí por procurar asistentes a sus producciones. (Río Prado, p. 483)

Mickie, Junio 28, 1935. Juguete Revista. Río Prado (p. 473) considera que es "Repercusión de la popularidad del personaje de Disney 'Mickie Mouse' en español 'Ratón Miquito 'Miguelito'. "Ver observaciones nuestras a "MM", más adelante.

Las viudas de Gardel, julio 19, 1935. Revista en seis cuadros. Si Valentino tuvo viudas, por qué no Gardel, que murió calcinado en un accidente de aviación en Medellín Colombia, el 24 de junio de 1935.

Además en el mundo latino tuvo mucho más impacto que Valentino. Sus películas llevaron su imagen por el mundo, y estaban muy recientes. Y antes del mes, los incansables productores del Martí, han preparado una obra con seis cuadros (Río Prado p. 461).

Cristóbal Colón gallego. Este es otro préstamo del Alhambra, donde fue estrenada en abril de 1923.Pero no sabemos si el subtítulo de "zarzuela pelicular histórica", estaba en el original o si se lo agregaron en su reestreno en Martí, en agosto 13, 1935. (Río Prado, p. 394)

El último tango. 20 de agosto, 1935. Farsa cómica. Tanto el libretista como el autor son distintos al de "Las viudas de Gardel" antes mencionado. Río Prado (p.422) lo considera "Repercusión por la muerte accidental de Carlos Gardel", y refiere a su nota en "Las Viudas de Gardel".

Alas sobre el Charco. 10 de diciembre, 1935. En octubre de 1935 los dueños del Martí desalojaron a la compañía teatral y empezaron a pasar películas, la primera de las cuales se nombró "Alas sobre el Chaco"de la Universal que trataba de la guerra entre Bolivia y Paraguay. El teatro les fue devuelto, y reanudaron funciones este 10 de diciembre, con un título paródico que seguramente entendió bien su público.(Río Prado, p. 381).

Piccolina. Febrero 21, 1936. A propósito.

El 23 de enero de 1936 se había estrenado en La Habana "Top Hat" posiblemente la mejor película de la pareja Fred Staire- Ginger Rogers, en que entre otros, bailaban un número titulado "Piccolino" que fue como denominaron la película en español, título que feminizan para la versión de Martí, hecha en menos de un mes desde el estreno (Río Prado p. 483).

Moreno claro. Septiembre 1, 1936 Parodia del film español "Morena Clara" de Miguel Ligero y Imperio Argentina, estrenado en La Habana el 14 de mayo de 1936. (Río Prado, p. 476)

Nobleza criolla. Julio 17, 1936. Parodia de la cinta "Nobleza baturra" de Miguel Ligero e Imperio Argentina, estrenada en Cuba en 1935. (Río Prado, p. 480).

Cámara lenta. Apropósito de actualidad. Agosto 7, 1936. Quinto aniversario de la Compañía. No hay más datos. (Río Prado, p. 387)

GRUPO 2: **Por dónde y en dónde pasan cosas.**

La Habana, por su posición geográfica privilegiada, se convirtió desde el siglo XVII, en la ciudad americana más visitada por forasteros; generalmente, era el primer puerto en que tocaban los barcos que venían de España, en su viaje a la América; y al regreso, desde el siglo XVII, por Real Orden, el puerto del que debían de salir juntas anualmente, todas las embarcaciones que desde América, regresaban a España, para de esa manera poder protegerse mejor de ataques de piratas y corsarios. Como los barcos iban llegando en diversas fechas de distintos puertos, desde el Mar del Plata a Cartagena, Santa Marta, Veracruz, etc, marineros, soldados, en fin todos los viajeros debían permanecer por semanas en la Habana. Eso creó un ambiente cosmopolita en esta ciudad, menor en población que algunas de las otras ciudades coloniales como México, Lima, Buenos Aires y Cartagena; pero ciertamente, con la mayor variedad de gentes, costumbres y culturas de todo el mundo. Por eso fue siempre una ciudad por dónde pasaba mucha gente, pero también la ciudad (y el país) en donde pasaban muchas cosas.

Y esa característica, nunca la ha perdido. Es también sed de saber lo que está sucediendo en otros países. Ya hemos visto como esto se refleja en el repertorio de nuestros cantantes de punto guajiro, en los artistas del teatro Alhambra, y no podía ser menos con el repertorio del teatro martiano.

La fiebre del loro. Sainete lírico en cinco cuadros. Este es prestado del Teatro Alhambra, donde se estrenó el 4 de marzo de 1930. La psitacosis, enfermedad viral de las aves psitaciformes, trasmisible al hombre y comúnmente conocida como fiebre del loro, atacó en 1929-30 alrededor de unas 800 personas en doce países. (Río Prado, p, 439)

Ignoramos si Cuba fue uno de esos países. El 18 de febrero de 1931, el Diario de la Marina publicaba la noticia de haberse localizado el microbio de psitacosis o enfermedad del loro en los Estados Unidos. Quizás eso revivió el interés en el tema, y el reestreno en Martí el 22 de diciembre de 1931.

La toma de Veracruz. Zarzuela en cinco cuadros. Teatro Alhambra octubre de 1914. Martí, cinco de enero, 1932. Es otro préstamo del repertorio alhambresco. Río Prado (p.457) narra la historia de la heroica ciudad ocupada varias veces, y ésta la cuarta que lo fue por tropas norteamericanas; Julito Díaz y Eliseo Grenet estaban actuando en dicha ciudad, de manera que se convirtieron en corresponsales musicales de guerra, produciendo esta obra.

El hijo de Lindberg. Marzo 15, 1932. Ya hablamos en el capítulo 13 de la canción que el Trío Matamoros grabara sobre este suceso.(Río Prado, p.409)

El estatuto catalán. Junio 7, 1932. Parece que el gobierno español le concedió por aquellos días un régimen político especial a las provincias catalanas. La función benéfica era para el actor Julio Gallo.(Río Prado, p. 407).

El triunfo de Roosevelt. 15 de noviembre de 1932. Franklyn Delano Roosevelt, el candidato demócrata, tuvo una aplastante victoria sobre el republicano Hoover por la presidencia del país, en las elecciones del 8 de noviembre. Que siete días después se pudiese presentar una obra de ocho cuadros, es increíble, aunque la tuviesen preparada antes. (Río Prado, p. 422)

La moratoria. Abril 21, 1933. Revista con prólogo y siete cuadros.(Río Prado, p. 448)Una de las primeras medidas del recién electo presidente Rooosevelt para mejorar la economía, fue una moratoria para las deudas de la agricultura y propiedad inmueble, lo que tenía importancia para Cuba por sus relaciones económicas con ese país. Esta noticia, y la anterior, posiblemente en muchos países hubieran sido eso, noticias periodísticas, quizás dignas también de algún editorial, pero en Cuba, se convirtieron en obras musicales, a las que posiblemente el público le prestaba más atención, que a los periódicos… Por cierto, Cuba se había adelantado y en abril 3 Machado había firmado un decreto presidencial, estableciendo la moratoria. (Enciclopedia de Cuba, V.9, p. 372)

La hipoteca. Junio 9, 1933. El tema sigue dando que hacer. No tenemos más detalles de esta obra. (Río Prado, p. 447)

Los prófugos españoles. Mayo 2, 1933. Ignoramos a que prófugos se refería esta revista en siete cuadros. (Río Prado, p. 469)

Italianos y abisinios. Septiembre 3, 1935 (Rio Prado, p. 429). Este apropósito debía referirse a las confrontaciones existentes entre ambos países, que culminaron, poco después en noviembre de 1935, con la invasión de Abisinia por Italia, agresión muy criticada en el mundo entero. Abisinia o Etiopía, su nombre moderno, no logró recuperar su independencia hasta mayo de 1941, como consecuencia de la Segunda Guerra Mundial (Encyclopedia Americana, V-10, p. 548).

La guerra en España. Julio 31, 1936, Apropósito. Se considera el asesinato del diputado monárquico Calvo Sotelo, el 13 de julio de 1936, como la fecha de inicio de la Guerra Civil Española, y como vemos, 18 días después se estrenaba esta obra. Como bien señala Río Prado (p.441) este conflicto fue fuente de inspiración para varias obras, tanto del Martí como del Alhambra y otras compañías, por la gran presencia de españoles en Cuba, y por lo divididas que estaban las simpatías entre republicanos y fascistas.

La revolución en España. Agosto 1, 1936. Otra de las obras que acabamos de señalar bregando con la guerra en España.(Río Prado, p.456)

Huyendo de España. Septiembre 15, 1936. Idem a lo anterior, y consecuencia de la guerra, huída de personas de las dos zonas en que quedó dividido el país, republicanos y fascistas (Río Prado, p.429)

Me voy pá España. Agosto 7, 1936.(Río Prado,p.475) Sainete revista en doce cuadros. Algunos huían, pero por otra parte, y sobre todo a favor de los republicanos, comenzaron a viajar a España socialistas, comunistas y liberales de todo el mundo, para defender la República, lo que en definitiva se materializó en la llamada Brigada Internacional. De Cuba fueron muchos.

Grupo 3: Venga arte de donde sea

De alguna manera había que llenar las lunetas del Martí, y así se acudía a parodias de obras de otros países, o con la manga al codo, se hacía ópera, opereta, lo que fuere…

Bartolo tenía una falta. Octubre 6, 1931. (Río Prado, p. 386) tiene dudas si es proveniente del Alhambra, y agrega que existe una obra de los autores españoles Pedro Muñoz Seca y Pedro Pérez Fernández con el título de "Bartolo tiene una flauta" de 1924, estrenada en Cuba en 1927. Esta puede ser una parodia.

Don Juan Mortuorio y Don Luis Jutía. Octubre 30, 1931. Tenoriada cómico-lírico-burlesco-macabro-espiritista en siete cuadros. Parodia de la famosa obra "Don Juan Tenorio" de José Zorrilla, de obligada representación la víspera o el primero de noviembre día de "Los fieles difuntos" en España en ciudades y villas, y costumbre que adoptó Cuba, con la variante de que también se escenificaba, y con mucho éxito, la parodia. Nos dice Río Prado, p. 145: "En 1930, se pudieron ver en nuestra capital cinco puestas diferentes de esta obra en los teatros Nacional, Payret, Principal de la Comedia, Auditorium y Martí, amén de la parodia 'Juan Jolgorio y Luis Lejía' que ofrecía anualmente el teatro Alhambra desde 1903" y agregamos nosotros que el teatro Shanghai lo hacía todavía en los 50's, pero otra versión con el título de "Don Juan Rebollo y Don Luis Morcilla". Agrega Río Prado (p. 430) que al triunfo de la Revolución contra Machado, la obra se reprisó, pero "revolucionariamente reformada".

La Cumbancha. Febrero 23, 1932. Parodia de la zarzuela española "La Parranda", estrenada en Cuba en enero 17, 1930 (Río Prado, p.437).

La tía de Pernambuco. Comedia lírica. Abril 8, 1932. Quizás la combinación de Jorge Anckermann compositor, y Carlos Robreño libretista, le hace pensar a Río Prado (p.457), que es otro préstamo del Alhambra, en todo caso es una parodia de la vieja comedia inglesa "La tía de Carlos" de Brandon.

La Corte del Faraón, opereta. Junio 6, 1928. Aquí no había que hacer parodia, porque esta deliciosa obra de los españoles Vicente Lleó, música, y Guillermo Morín y Miguel de Palacios, letra, era en cierta manera una parodia de la ópera Aida, de Verdi, y ya se conocía en Cuba desde el año de su creación, en 1910. Posiblemente le agregaron algunas morcillas, y listo. (Río Prado, p. 436).

Leonela, Julio 8, 1932. Según Río Prado (p.462) el libreto es una adaptación de la novela homónima de Nicolás Heredia (1855-1901) intelectual cubano que vivió gran parte de si vida en Francia. La publicó en 1893.

La Viuda alegre, la opereta vienesa por antonomasia, se conocía en Cuba desde su presentación en el teatro Payret en 1905, pero el teatro Martí aprovecha la función despedida de la gran artista española Eugenia Zuffoli, para reprisarla el 21 de febrero de 1933. No desperdiciaban una oportunidad… (Río Prado, p. 459).

Tosca, una de las óperas más famosas de Giacomo Puccini, que se había presentado en Cuba en el Teatro Martí en 1902, a dos años de su estreno, vuelve ahora el 9 de diciembre de 1933, en las voces de Caridad Suárez, y Miguel De Grandy. Son valientes estos cubanitos. (Río Prado, p. 493).

El hijo de Madame Butterfly. Enero, 1934. Opereta en un prólogo y seis cuadros, es por supuesto la continuación paródica de la ópera "Madame Butterfly" de Puccini, que se conocía en Cuba desde su estreno en 1911. (Río Prado, p. 410).

El estupendo carnero. Mayo 29, 1934. Parodia de la pieza del autor belga Ferdinand Crommelynk, "Le cocu magnifique" estrenada en Cuba, en versión española como "El estupendo cornudo" en el teatroPrincipal de la Comedia en 1934, en mayo 11, 1934. por la compañía de Eugenia Zuffoli. (Río Prado, p. 407). O sea, se estrena la parodia, 18 días después del estreno de la obra.

Rigoletto. Diciembre 18, 1934. Solamente montaron el segundo acto de esta ópera de Verdi, estrenada en el Teatro Tacón en 1855. (Río Prado, p.486).

Las rubias de Palatino. Marzo 13, 1936. El 9 de febrero llegó a La Habana un conjunto norteamericano de variedades, "Las 35 rubias platinadas" que se presentó en el Teatro Nacional. Eso de platinadas era el último grito de la moda, y Martí aprovecha el nombre parecido de un barrio habanero, para bautizar su parodia. (Río Prado, p.460)

Grupo 4: Casos y cosas que recoge el Martí
Eventos, trascendentes o no, que el Teatro Martí aprovecha para mantenerse vivo, y para continuar la tradición de una canción popular que desde los tiempos del areyto, trata de mantener viva la memoria del pueblo.

La copla cubana. Marzo 4, 1932. Préstamo del teatro Actualidades, donde se estrenó el 30 de diciembre de 1930, como parodia a "La copla andaluza", una compañía de arte popular que debutó en el teatro Payret, el 4 del mismo mes y año. (Río Prado, p. 436)

No me beses. Septiembre 25, 1931. Era el comentario a una campaña iniciada contra el beso, pero no por razones moralistas, sino profilácticas, al parecer para evitar el contagio de ciertas epidemias. (Río Prado, p. 480)

La virgen de la palma. Noviembre 24, 1931. Zarzuela cubana en siete cuadros.

Río Prado (p. 459) acota del diario El Heraldo de Cuba, de 13 de noviembre: "Titulo de palpitante actualidad con motivo de haberse descubierto en una palma en el pueblo de Marianao una imagen de la Virgen (de la Caridad)".

Ellas. Zarzuela revista en nueve cuadros. Diciembre 18, 1931. Título inspirado en el del libro del mismo nombre, que recoge las entrevistas hechas por Germinal Barral,'Don Galaor' publicado en 1930. (Río Prado, p. 424).

El hijo del general. Es prestada del Actualidades, donde se estrenó en diciembre 23, 1930, y en Martí, el 19 de enero de 1932. Pudiera tratarse de Miguel Mariano Gómez, hijo del General José Miguel Gómez. Miguel Mariano era alcalde de La Habana, y en octubre de 1930 había protegido en su casa a jóvenes que eran perseguidos por la fuerza pública de Machado (Enciclopedia de Cuba, Vol 9, p.335, y Río Prado, p. 410)

No tiembles tierra. Apropósito.23 de febrero de 1932. El 3 de febrero hubo un terremoto en Santiago de Cuba que causó 15 muertes y más de 200 heridos. (Enciclopedia de Cuba, V-9, p. 345 y Río Prado, p. 480).

Caso de corte. Abril 15, 1932 Apropósito. Pudiera ser otro antecedente del famoso programa La tremenda Corte; ya vimos otro antecedente en el Capítulo 9, "En el correccional" (Río Prado, p. 389)

La cleptómana. Mayo 25, 1932. Juguete cómico detectivesco. Puede que tenga que ver con el poema del mismo nombre del poeta nacional de Cuba, Agustín Acosta, musicalizado después por Manuel Luna, y del que hablamos en el Capítulo 13 anterior, al reseñar "La cocainómana". (Río Prado, p. 433.)

El jibarito. Sainete. 15 de julio de 1932. Al parecer, la alusión es al personaje de la famosa canción de Rafael Hernández, "Lamento borincano", que casi dos años antes había sido grabada convirtiéndose en un éxito, pues reflejaba la triste situación económica de su país. Se había hecho muy popular en Cuba, fue además la inspiración del "Lamento cubano" de Grenet, y como señala Río Prado, (p. 412 y 513) se convirtió en una de las obras más repetidas en este teatro, con 39 puestas; observen la fecha de estreno, a menos de 15 días de la caída de Machado: Era fácil a los cubanos hacer una transposición, y considerar el ambiente descrito por "El jibarito" el mismo que pudiera haber descrito "El guajirito".

Mojica gallego. Apropósito. Julio 15, 1932. Según Río Prado (p. 476), refleja los efectos provocados por la primera aparición pública del tenor mexicano José Mojica en La Habana, en el teatro Nacional, en diciembre de 1931.

La Habana que vuelve. Agosto 12, 1932. Comedia lírica en siete cuadros. Suponemos recogía escenas habaneras. Cuenta Río Prado (p. 444) que es una de las pocas obras del Teatro Lírico que se han revivido, con puestas en escena en La Habana en 1982 y en Holguín en 1988.

Nochebuena. Diciembre 24, 1935. La tradicional cena tuvo también su apropósito conmemorativo.(Río Prado, p. 481)

Aquellos ojos verdes. Agosto 30, 1932. Esta canción de Nilo Menéndez y Adolfo Utrera, grabada en 1930, fue el primer bolero con fama internacional. Y posiblemente, el único caso en que el Martí dedicó una obra, a un número musical. Y eso también es historia… (Río Prado, p. 384).

Tin Tan te comiste un pan (o "El velorio de Pachencho) Teatro Alhambra, Septiembre 10, 1901. Martí, Diciembre 16, 1932. Nos dice Río Prado que esta pieza tuvo eterna vigencia en el cartel del Alhambra, resucitada además después de 1960 en varias ocasiones. (Río Prado, p. 491). Puede considerarse la obra cumbre de la picaresca cubana.

El banco de Pancho el Largo. Enero 10, 1933. Apropósito. (Río Prado, p. 399) Había un personaje de los muñequitos o tiras cómicas que traía algún diario dominical, que se llamaba así. Posiblemente la obra jugaba con la confusión entre "banco de parque" y "banco de dinero", problema este último muy grave en aquellos días.

La guayabera. Mayo 5, 1933. Sainete lírico en siete cuadros. Parece que ya era importante esta cubanísima prenda de vestir, que alcanzaría su apogeo en los 50's. (Río Prado, p. 441).

Sevilla-Habana. Junio 16, 1933. Revista. Los pilotos españoles Capitán Mariano Barberán y Teniente Joaquín Collar, inician un vuelo transatlántico Sevilla- Habana, pero tienen que aterrizar primero por mal tiempo en Camagüey, el 12 de junio. Pero siguen a La Habana y llegan el 13, y el Martí, que no desperdicia ninguna oportunidad para atraer público, les da esta función como invitados de honor.

Días después siguieron hacia México. Nunca llegaron, no se supo jamás de ellos. (Río Prado, p. 488)

El nuevo hacendado. Julio 7, 1933. Zarzuela en cinco cuadros. Hacendado es en Cuba el dueño u operador de un central azucarero. No sabemos más detalles de la obra, pero seguramente retrataba a este importante personaje económico-social de nuestra historia. (Río Prado, 415)

El mayoral. Zarzuela cubana en siete cuadros. Febrero 23, 1933. Otro personaje de nuestra historia económico-social. Era el encargado o administrador de una explotación agrícola. Nos señala Río Prado que esta obra se hizo famosa no por su música, sino por el monólogo poético "Duelo de la cañada", parte del repertorio de todos los declamadores cubanos... (Río Prado, p. 412).

El Ciclón. Septiembre 8, 1933. Revista en diez cuadros. (Río Prado, p.402). Desde los tiempos de los taínos, el ciclón es personaje en Cuba, que debía ser mentado en sus areitos, y del que además nos dejaron huella gráfica en sus petroglifos. En los primeros días del mes de septiembre de 1933, un ciclón había causado estragos en Isabela de Sagua, provincia de Las Villas. Allí acudió el presidente provisional, Carlos Manuel de Céspedes, para apreciar los daños: oportunidad que aprovechó el sargento Fulgencio Batista, para comandar el famoso golpe de estado del "Cuatro de septiembre". Noten la rapidez, casi de horas, para hacer una revista con estos hechos, de la que no se sabe si el ciclón fue el meteoro, o Batista.

Carlos III. Febrero 27, 1934. Revista. Debe tratarse de la avenida con ese nombre, una de las más hermosas de La Habana.(Río Prado, p. 388)

Motivos de Carnaval. Marzo 23, 1934. Revista. Aunque los carnavales no volvieron a cobrar ímpetu hasta 1937, es grato ver que ya en el 1934, Cuba se iba recuperando y reconquistaba esta fiesta ancestral. (Río Prado, p. 476)

La fiesta de la rumba. Abril 17, 1934. Pot Pourri. Uno de los pocos casos (o el único) en que veo un género musical mencionado en el nombre de una obra lírica, cosa que como hemos visto, era frecuente en canciones de todo tipo. Pero tenía razón de ser: El genio de los que manejaban el Martí, los empresarios Manuel Suárez y Agustín Rodríguez, concibieron reunir en un espectáculo, los mejores rumberos y rumberas de la crema de los espectáculos habaneros: Teatro Martí, Teatro Alhambra, Cabaret Montmartre, Cabaret Sans Souci, Hotel Plaza y Hotel Nacional.

¡Que vida nocturna reflejaba esa lista, para una ciudad y un país que no habían salido todavía de una terrible crisis política y económica! (Río Prado, p. 440).

El ciclón del Caribe. Septiembre 11, 1934. Apropósito. No tenemos datos de este ciclón, si es que realmente lo hubo, o era una metáfora para hablar de la situación política del país, en constante zozobra de tiroteos, muertes, etc. (Río Prado p. 403)

La revista grifa. Agosto 21 1934. Revista. Río Prado (p. 455) nos copia del periódico El Mundo de 26 de julio de 1934: "el detenido es un vicioso 'grifo', es decir, un vicioso de la mariguana".

Lo que va de ayer a hoy. Octubre 2, 1934. Revista. Río Prado (p. 463) nos comenta que uno de los cuadros representaba la catástrofe del Morro Castle, su incendio el 8 de septiembre de 1934, a lo que aludimos en el capítulo 13, y la grabación que sobre el hecho hizo el Trío Matamoros. Ambos, trovadores y teatro lírico, cumpliendo su misión de memoria histórica del país.

Mariguana. Diciembre 11 de 1934. Fantasía con gotas de revista. Julio Richards, cantaba el tango del mismo nombre, nos dice Río Prado (p. 474) Sigue el tema. Lástima no tener la letra.

Las nueve en punto y sereno. Marzo 30, 1935. Revista en seis cuadros. Desde los tiempos coloniales se disparaba un cañonazo desde la Fortaleza de La Cabaña, al lado del Morro a las nueve de la noche, para indicar que se cerraban las puertas de la ciudad amurallada que era La Habana de aquellos tiempos. Se demolieron las murallas, pero la costumbre persistió, porque los habaneros adoraban su cañonazo. Suspendido a veces por guerras mundiales, o por revoluciones locales, todavía se mantiene la costumbre, ahora además como atracción turística, con soldados ataviados con vestimenta colonial, etc. (Río Prado, p. 459).

El proceso de Dolores. Abril 16, 1935. Zarzuela dramática en nueve cuadros. Río Prado (p.418) nos narra "la historia del suceso real en que se basa la obra", según se narró en la Revista Bohemia de 24 de marzo de 1935."Dolores González, quien mató en la villa de Güines, en un gesto de defensa personal, al hombre que después de seducirla y abandonarla en estado de gestación, la vejaba continuamente cuando le reclamaba protección para su hijo". Noten el plazo entre la puesta en escena y la noticia: 23 días para preparar una zarzuela. Martí seguía su heroico trabajo de cronicar nuestro acontecer.

La vie havanaise. Mayo 3, 1935. Revista. Ya se lo deben imaginar. Nos cuenta Río Prado (p. 458) que un espectáculo de variedades 'francés', aunque venido de Miami, estuvo presentándose en el Teatro Nacional entre el 6 de abril y el 5 de mayo. Obsérvese que el Martí, no esperó a que se fueran, ¡ para estrenar la parodia!

El tren aéreo. 4 de junio de 1935. Revista en once cuadros. "El 14 de mayo de 1935 aterriza frente al Capitolio Nacional el deslizador guiado por los pilotos norteamericanos O'Meara y Dupont, primer tren aéreo internacional, procedente de Miami. Son recibidos por el Presidente de la República, Coronel Mendieta" (Río Prado, p. 422). Y conservados para la posterioridad, gracias al Teatro Martí y su diligencia.

Miss 1936. Enero 1, 1936. Revista. Este año ya las cosas están un poco más tranquilas políticamente hablando, y habrá que buscar otros temas: Como ven, ya en 1936 estábamos con el brete de las Misses. (Río Prado, p. 475)

La Habana de Noche. Enero 17, 1936. Sainete moderno en dos actos y once cuadros. Otra obra retrospectiva de la ciudad. Cuenta Río Prado (p.442) que de ella se hizo muy popular el número "Cincuenta pesos". Uno de los pocos casos en que podemos aportar huella discográfica, ya que fue grabado por el cuarteto Caney, en New Yor, Co5443x, en 5/14/1936, muy cerca de su estreno. Fue reeditado en el HQCD-75. Como verán, el tono es más fuerte al que se usaba en el Alhambra:

> A qué se celebraría
> Aposté un billete entero
> Y fue lo que me saqué:
> Cincuenta pesos
> Mi novia en el penal,
> Dicen que aprobó el gobierno
> Para que cojan su basura
> Los que perdieron;
> Algunos no la querían
> Pero la aceptaron luego
> Porque eso les representa
> La mar de pesos.
> Como el gallego decía,
> Nunqueiro pero nunqueiro,
> Pero vaya echándomelo, en el sombreiro.
> c) En el sombreiro
> s) Manganzones
> c) En, etc.
> s) Barrigones,
> c) En, etc.
> s) El gobierno a los frijoles
> les quiere poner un sello,
> porque le juegan fulastre
> en los impuestos.
> Y los que venden billetes
> Se tiraron en el suelo
> Porque eso les representa
> La mar de pesos.
> Amnistía general

Quiere dictar el gobierno
Pá los políticos todos…
¡Allá va eso!
Y habrá muchos allá,
en el Presidio Modelo (1)
Ya no daban por su vida
Cincuenta pesos.
c) Cincuenta pesos
s) Manganzones
c) Cincuenta pesos
s) Piensan en la amnistía
los ladrones que está presos
desgraciado del que tenga
c) Cincuenta pesos
s) Pa'l sillón presidencial
Se pagaron por el puesto
Y salió el 88 (2)
En cien mil pesos(Miguel Mariano)
c) En cien mil pesos. (bis) 3
s) Manganzones.

(1) Era el nuevo penal construído en la Isla de Pinos.
(2) No recuerdo por qué razón se asociaba a Miguel Mariano Gómez, hijo del general José Miguel Gómez y político como su padre, con el número 88.

La reina del mundo. Febrero 28, 1936. Dice Río Prado (455): "Función extraordinaria con motivo de la coronación de la Reina del carnaval habanero, Conchita I". Obsérvese que el título la pasa de reina del carnaval habanero, a Reina del mundo.

Habana-Sevilla. Marzo 3, 1936. Apropósito. Un poco tarde le devolvemos a España la visita que nos hicieran en 1933 Barberán y Collazo. "El piloto cubano Antonio Menéndez Peláez realiza un vuelo Habana-Sevilla en el avión 'Cuatro de septiembre' como correspondencia de Cuba a la visita de Barberán y Collar. Sale el 22 de febrero de 1936, pasa varias semanas en España y regresa el 9 de mayo"(Río Prado, p. 428) El nombre del avión, me parece una batistada.

Antoñica La Milagrera. Abril 24, 1936. Una curandera del pueblo de Viñales, Pinar del Río, acusada de homicidio por ejercer ilegalmente la medicina. El proceso motivó reacciones de todo tipo en la población. Numerosos clientes iban en peregrinación a su casa. Le llamaban 'La virgen de los Cayos'. Finalmente fue absuelta. (Rio Prado, p. 383).

Pá Castillo y Campanario. Mayo 29, 1936. En Cuba se juega al prohibido desde los tiempos coloniales, manejado por "banqueros" y sus "bancos de apuntaciones". Unos de los más conocidos era el de estos señores, mentados frecuentemente, pero que nadie conocía. (Río Prado, p. 481)

Lipidia. Septiembre 15, 1936. Sainete lírico en nueve cuadros. Río Prado (p. 463) toma la definición de E. Rodríguez Herrera en 'Léxico mayor de Cuba' como impertinencia, majadería; yo acepto la de RAE, que además lo reconoce como cubanismo: 'Discutir con insistencia'.

Colón en Gibara. Octubre 13, 1936 Apropósito. Se discute si Colón desembarcó en Cuba por ese puerto, y la fecha de la función (Un día después del 12 de octubre, Día de la raza o el Descubrimiento) señala que ese debe ser el asunto de esta "lipidiosa" obra. (Río Prado, p. 394)

El sargento Roberto La función inaugural en 3 de septiembre de 1936, fue para la inauguración del Teatro de la Ciudad Militar (Columbia). La obra,"inspirada en los ideales del 4 de septiembre", fue premiada en un concurso organizado por el Ejército. En el Martí se puso el 23 de octubre de 1936.(Río Prado, p.419). Parece otra "batistada", y lo raro que el Martí se prestase a ella.

Grupo 5: Las obras calientes

Como dijimos antes, en muchas de las obras reseñadas hasta ahora puede existir una motivación política o social más o menos velada; pero en este grupo, el tema es evidente.

Los sin trabajo. Agosto 28, 1931. Sainete cómico lírico. "Reflejo del desempleo abundante provocado por la crisis económica mundial de aquellos años" dice Río Prado (p. 469) con lacónica exactitud. Curiosamente la obra se había representado en el teatro hispano San José de la ciudad de Nueva York el 11 de septiembre de 1930, agrega Río Prado.

La reforma del calendario. Diciembre 4, 1931. Revista. Según Río Prado, el título de esta obra alude indirectamente a la intención de Gerardo Machado de prolongar su período presidencial y permanecer en el poder hasta 1935. Algunos de los cuadros de la obra se refieren al calendario egipcio, azteca, etc. Pero lo importante es que en ella se estrenaba el "Lamento cubano" de Grenet, del que ya hemos hablado. Al parecer hubo que quitarla de cartelera en el Martí, y se montó después en el Teatro Payret. (Río Prado, p. 454)

El hombre político. Abril 28, 1932. Sainete en tres cuadros. Música de Rodrigo Prats. El mismo libreto, con el título del "El candidato popular", y música de Jorge Anckermann, se había estrenado en el Alhambra en 1932, nos dice Río Prado (p. 411).

La despalilladora o "La mujer de nadie". Sainete lírico. Aparentemente, se había presentado en Martí antes de 1931, por otra compañía, en Noviembre 3 de 1928, y ya dentro de la temporada que reseñamos, en Junio 7 de 1932. (Río Prado, p.437) Ya vimos en el capítulo 3 que muy a principios del siglo, había un punto cubano dedicado a las despalilladoras; era uno de los primeros casos, fuera del trabajo de plantación, en que se usaba la mujer en trabajos industriales, y es lógico fuese todavía más importante como tema, tres décadas después.

El voto a la mujer. Junio 21, 1932. Diálogo cómico. Tanto esta obra, como las dos siguientes que mencionaremos, tienen que ver con el voto a la mujer, tema discutido desde 1927. (Matamoros le dedica una canción en 1928, ver capítulo 13). Al parecer, desde 1932 se venía hablando o discutiendo otra vez sobre el tema, y posiblemente esa es la razón de las obras.(Río Prado, p. 423)

El voto a las mujeres. Agosto 25, 1933. Ver nota anterior.

El voto femenino. Junio 24, 1932. Idem

El impuesto a los solteros. Revista. Julio 22, 1932, en Martí. La obra comenta jocosamente una ley tributaria propuesta al poder legislativo de la nación por los días del estreno (Río Prado, p. 412).

La quinta y los mangos. Agosto 9, 1932. Apropósito de actualidad. Cuando se usa este dicharacho cubano,(V. La Enciclopedia de Cuba, vol. 6, Dicharachos cubanos, p.318) que en su versión completa es "Acabar con la quinta y con los mangos", casi siempre se habla de peculado, y de esto debe tratarse, algún negocio sucio del gobierno, que comentaba este "apropósito de actualidad". (Río Prado, p. 454)

Los médicos en huelga. Revista. Agosto 23, 1932.Revista
Efectivamente, el 18 de agosto de 1932 se declaró en huelga la Federación Médica de Cuba (La Enciclopedia de Cuba, V-9, p. 437)(Río Prado, p. 468)

Vacas gordas y flacas. Octubre 25 de 1932. Pieza en ocho cuadros. Los títulos de algunos de los cuadros nos dan una idea de qué iba la obra: "A las puertas del cielo; Cuando la guerra mundial; La quiebra de los bancos; En la inopia". Es posible la pusieran primero en el Alhambra, según Río Prado (p. 495).

El Bobo de Abela. Diciembre 23, 1932. Revista en ocho cuadros. Eduardo Abela (1896-1965) fue un extraordinario caricaturista y pintor. Pero además las pocas palabras que usaba en sus caricaturas, en boca de su personaje El Bobo, se prestaban a atrevidas conjeturas por parte del lector; O sea, Abela, era más mordaz, más peligroso, por lo que dejaba conjeturar, que por lo que decía...Posiblemente la revista reproducía en vivo, algunas de sus más acertadas caricaturas políticas. (Rio Prado, p. 400).

Murió el cochino. Diciembre 30, 1932. Revista en doce cuadros. El título es un dicharacho muy cubano, significando algo terminado, en este caso el año 1932." El juicio del año" uno de sus cuadros, puede haber sido el consejo de Guerra comenzado en Artemisa el 19 de septiembre a los presuntos autores del atentado con la bomba sorbetera (La Enciclopedia de Cuba, V 9, p. 347); y "Santa Cruz del Sur", otro, dedicado a esa población, que había sufrido su destrucción total por un ras de mar (lo que hoy llamamos tsunami) el 9 de noviembre (La Enciclopedia de Cuba, V-9 p. 349). Río Prado, p. 475

El caballero perfecto. Abril 28, 1933. Calificada como "sátira político-social" algo gordo debía suceder bajo un título tan inocente. (Río Prado, p.401)

Abecedario. Julio 11, 1933. Revista en trece cuadros. (Río Prado, p.380) El ABC fue una sociedad secreta revolucionaria, después un partido político con una posición anticomunista muy violenta, surgida en la clandestinidad a raíz del fracaso de la sublevación de 1931. Esta revista se estrena un mes y un día antes de la caída de Machado. ¡Qué valiente era esta gente del Teatro Martí!. Claro, Abecedario es también la cartilla con la que se aprende a leer, y posiblemente con eso se amparaba la obrita…

Araña. Julio 18, 1933. Revista en diez cuadros. En la charada china, la más popular de las charadas en Cuba, de lo que hemos hablado antes, el número 35 corresponde a la araña; O sea, el nombre era un triste recordatorio al pueblo cubano que le faltaban todavía dos años para que Machado abandonase el poder. Algunos de los cuadros se refieren a sucesos coetáneos, como "El regreso de los presos políticos", (efectivamente algunos habían regresado),"Barberán y Collar", los famosos aviadores, y "Los presos políticos", porque en días anteriores, julio 10 y 22, se había liberado a varios presos políticos (La Enciclopedia de Cuba, p. 355) (Río Prado, p.385)

No más impuestos. Julio 25, 1933. Apropósito. Aparentemente, el gobierno trató de establecer en nuevo impuesto, a lo que Martí levanta su oposición. (Río Prado, p.480)

A la voz de fuego se va Covadonga. Agosto 4, 1933. Apropósito. Parece casi profético. Este dicharacho significa, que algo se acaba, se termina. Desde el 23 de julio los empleados de Ómnibus Habana se declararon en huelga; el 2 de agosto hay una huelga ferroviaria de 24 horas en apoyo a la de los ómnibus; el 12 de agosto Machado huye de Cuba. En Martí se anunció 8 días antes… (La Enciclopedia de Cuba, V-9 p.355 y sigs.) (Río Prado, p3739)

En cuanto al origen del dicharacho, Río Prado recoge una crónica de Félix Soloni titulada ¡A la voz de fuego!, publicada en El Mundo, sección La Vieja Habana de 23 de enero de 1966, en donde explica que se trata de una rumba con música del cienfueguero Félix Ordóñez, cuyo origen se remonta a 1898: cuenta se trata de un bombero voluntario, asturiano de nacimiento, que siempre frecuentaba 'las escuelitas de baile' pero tan pronto oía la clarinada avisando de un fuego, abandonaba el danzón, requería su casco y su camiseta roja, se colgaba al cinto la hachuela, y salía corriendo a buscar transporte que lo llevara al fuego. Al bombero, por su origen le decían Covadonga, y cuando lo veían en ese trajín, la gente le gritaba, "A lavoz de fuego, se va Covadonga". Pous y la Vázquez efectivamente lo grabaron en el disco Columbia C-4003, entre 1922 y 1924.

La obra de todos. Agosto 22, 1933. Revista en un prólogo, trece cuadros, y una apoteosis. Martí suelta la tea incendiaria y toma la rama de olivo. Son tiempos difíciles, de adaptación, de ajustes, de unirse; haciendo bueno el título, la música es obra colectiva de seis compositores, y el libreto, de 10 escritores.

Los títulos de algunos cuadros, son elocuentes: "Mi ejército, Cuba libre, El nuevo presidente". (Río Prado, p.451)

La caída del César. Septiembre 1, 1933, Revista en once cuadros. Es la alegoría de la caída de Machado. Los títulos de algunos cuadros son bien directos: "La caída del hombre"," Las maletas abandonadas", "En Nassau" (su primera parada antes de entrar en los Estados Unidos); "Depuración"; "Los viejos partidos", "El triunfo de la Revolución". (Río Prado, p.432) Agrega Río Prado en la nueva edición de su obra, que el programa estaba impreso en tinta verde (el color del partido ABC) y que mencionaba que se interpretaría el son titulado "Criminal" original de Eulalia Díaz.

Los mandadores de quinina. 4 de septiembre de 1933. Anécdota revolucionaria en cuatro fases. (Río Prado, p4682)

Tengo entendido que "Los mandadores de quinina" se les decía en los primeros tiempos de la República, a los cubanos que no habían tenido participación activa en la guerra libertadora, y que se habían limitado a "enviar quinina" (para combatir la malaria) a los guerreros cubanos. Algo de eso se debe haber contado en esta "Función de Gala, Homenaje a la Revolución triunfante", a la que fueron invitados el Presidente de la República, Dr. Carlos Manuel de Céspedes, el Dr. Horacio Ferrer, Secretario de Guerra y Marina, el general Mario García Menocal, el Coronel Carlos Mendieta, y el Dr. Miguel Mariano Gómez. Pero desgraciadamente, la función o requiem a la revolución, la había dado en Columbia ese día, el sargento Fulgencio Batista.

Hotel Nacional. Septiembre 12, 1933. Apropósito de palpitante actualidad. "La revolución de los sargentos" como se le llamó al movimiento iniciado el 4 de septiembre y del que Batista tomó las riendas, provocó lógicamente la reacción de la oficialidad que se vio despojada de sus cargos; se inician conversaciones conciliatorias que no llegan a ningún acuerdo, y la oficialidad empieza a concentrarse en el Hotel Nacional, momento que recoge esta obra. En definitiva, el ejército asalta el Hotel el de 2 octubre, donde se encontraban unos 400 oficiales. El saldo fue 11 oficiales muertos y

22 heridos, y el resto fueron hechos prisioneros. (La Enciclopedia de Cuba, V.9, p.459 y sigs.) (Río Prado, p. 469).

La ley del 50%. Diciembre 9, 1933. Apropósito.(Río Prado, p.447). Esta ley, llamada realmente De Nacionalización del trabajo, fue aprobada el 8 de noviembre, disponiendo que la mitad de los obreros y empleados de empresas industriales y fabriles de todo orden, tenían que ser nativos de Cuba, para protegerlos del empleo abusivo de extranjeros, principalmente españoles. Era una ley muy justa y necesaria.

El Hotel Nacional. Septiembre 22, 1933. Revista en once cuadros. Esta obra debe ser continuación de la anterior, ya escrita con más tiempo, debe dar más detalles de la situación. Quizás en parte por eso, el 24 de septiembre se suspenden las publicaciones periódicas, hasta el 24 de octubre. (Río Prado, p. 411).

Napoleón. Teatro Alhambra, Noviembre de 1908; Teatro Martí, Noviembre 7, 1933. "Locura"en cinco cuadros. Esta obra escrita por los hermanos Francisco y Gustavo Robreño con música de Jorge Anckermann, aludía al parecer, a la llamada Guerrita de agosto de 1906, cuando hubo un alzamiento contra el gobierno reelecto de Tomás Estrada Palma. Eduardo Robreño, en su obra :"Teatro Alhambra, Antología", dice: "Años más tarde, al frustrarse la revolución del año 33 y advenir Batista con su 4 de septiembre, la Compañía Suárez y Rodríguez que actuaba en el Martí (1934), la repuso, razón por la que sus empresarios y autores fueron perseguidos por aquel desgobierno. En la nueva versión hay referencias a cosas de ese momento, como 'la bola de Castillo', la sargentada ascendida de improviso a coroneles y generales, y los machadistas que estaban huyendo de la justicia popular."

La obra se mantuvo en cartel dos días después de su estreno. La Compañía recesó después del 8 de noviembre, en que ocurrió el bombardeo y la toma del Castillo de Atarés, y no abrió hasta el 17 de noviembre. La obra no volvió a ponerse. (Río Prado, p. 477 y Eduardo Robreño, obra citada, p. 84)

Quítate tú pá ponerme yo. Noviembre 7, 1933.(Río Prado, p. 485) Revista de actualidad en diez cuadros. Parece imposible que se presentara esta obra en la misma fecha que la anterior, pero había más de una "tanda" en teatros como éste y el Alhambra. El título no podía definir mejor la realidad….

La solución cubana. Diciembre 8, 1933.Carlos Robreño es el libretista de esta obra, igual que de las dos anteriores. No hay más detalles de esta obra con título tan esperanzador. ((Río Prado, p. 456)

La Conferencia de Montevideo. Diciembre 15, 1933.(Río Prado, p. 435). Revista. Una muy buena noticia en medio de tantos eventos truculentos: Triunfa en esta Conferencia que reúne a todos los países americanos, el principio de no intervención sustentado vigorosamente por la Delegación cubana. (La Enciclopedia de Cuba, V-9, p. 480).

El año terrible. Fines de diciembre de 1933, o principios de enero de 1934. Revista política. Río Prado (p3980) recoge interesantes declaraciones del autor del libreto, Carlos Robreño, cuando posiblemente en la última noche que se representó, ya él había abandonado el teatro, cuando una claque seguramente organizada por elementos batistianos, empezaron a interrumpir la obra con gritos y tomatazos. La policía no hizo nada para contenerlos. Pero Robreño, veterano de otras obras que sufrieron el ataque de las huestes machadistas, ve las cosas con filosofía, destacando el lado positivo: La obra se representó siete veces consecutivas, a teatro lleno.

El reino de apapilandia. Enero 19, 1934. Aventura-comedia-lírico-burlesca en un prólogo y siete cuadros.(Río Prado, p.419) Apapipio es un cubanismo que reconoce la RAE, y que surgió en la lucha contra Machado, denominándose así a los soplones, denunciantes y de otras formas colaboradores del gobierno de Machado; por eso por regla general, solo se usó en ese período, y no se le aplicó mucho a los de conducta parecida en otros períodos, por lo que posiblemente esta obra se remitiera a los tiempos del machadato. Hubiera sido además una forma de aliviar la tensión creada entre el Martí y el gobierno.

La mula tumbó a Genaro. Enero 30, 1934. Apropósito. Este dicharacho, que completo dice "Ahí fue donde la mula tumbó a Genaro"(Antonio Carbajo: "El millón catorce de dicharachos cubanos")Según Río Prado,(p.450) ese misma noche hubo una función extraordinaria con la representación No. 25 de "Los explotadores de 1933". Como vemos el Martí cambia de tácticas: No es una obra nueva que cuente lo que está pasando, sino una vieja, que cuenta los desmanes cometidos en el machadato, especialmente las formas represivas; el público podía sacar sus conclusiones de si estaba pasando lo mismo de antes, o no…. El dicharacho puede haberse referido a un hecho real, el descalabro de alguien o algo, encumbrado, que en definitiva caía…

La esperanza de Cuba. Enero 30, 1934. Revista de palpitante actualidad. Estrenada en la misma fecha que la anterior; quizás tenía un tono optimista. (Río Prado, p. 439).

La camisa de batista. Febrero 14, 1934. Apropósito. (Río Prado, p.433). El título juega con "batista", lienzo fino muy delgado, que dice la RAE, muy usado para hacer camisas, y "Batista" la verdadera fuente del poder en aquel momento.

Guan, tú, trí, cojan puesto. Febrero 14, 1934. Revista.Y pudieron agregar de mucha actualidad, porque la caída del machadato había producido despidos a todos los niveles de la empleomanía gubernamental, con candidatos ansiosos por cubrirlas. El guan, tu,etc, era una muestra de cómo asimilábamos el inglés: one, two, three… (Río Prado, p. 428).

Gabinete de concentración. Febrero 14, 1934. Recopilación revisteril. (Río Prado, p. 427). Era una frase muy usada en el argot de la política cubana; Cercano a cualquier elección, era típico que el Presidente de turno hiciera cambios en su Gabinete, cambiando algunos de los secretarios o ministros por otros, sin dar explicaciones, o dando algunas que no convencían a nadie; la realidad es que se buscaba personas más fieles al Presidente, y con menos escrúpulos, para cesantear a empleados no miembros del partido en el poder, para sustituirlos por incondicionales, fueran aptos o no para los cargos.

El tribunal de Sanciones. Marzo 16, 1934. Pieza en diez cuadros. (Río Prado, p. 422)

Al principio de la presidencia del General Carlos Mendieta (18 de enero de 1934 hasta 12 de diciembre de 1935) creó en enero los Tribunales de Defensa Nacional, transformados en junio en Salas de Urgencia, y en septiembre, en Tribunales de Urgencia, pero no sabíamos de este Tribunal de Sanciones, salvo una nota de que fueron disueltos a partir del 31 de marzo de 1936, por decreto 607 de ese año (La Enciclopedia de Cuba, V-9, p. 498 y 527)

El Consejo de Estado. Abril 3, 1934. Revista en diez cuadros. (Río Prado, p.404) El 3 de febrero se había promulgado la nueva "Ley Constitucional" (o sea, ¿una Ley, que creaba una Constitución?) que establecía que el Gobierno Provisional sería ejercido por el Presidente, el Consejo de Secretarios y el Consejo de Estado, compartiendo estos dos últimos, las facultades legislativas (¿) Al parecer el tal Consejo de Estado, no funcionó. (La Enciclopedia de Cuba, V-9, p.500.

¿Qué pasa con los millones? Abril 3, 1934. Apropósito. (Río Prado, p.484).

En la misma fecha que la obra anterior. Los millones pueden referirse a dos cosas, a la noticia del mes de enero del nombramiento de Jefferson Caffery como embajador de los EEUU, con un mensaje de Washington de mejorar las relaciones comerciales con Cuba: pero más bien a un raro asunto en que el Estado no ejercitó el derecho de tanteo para adquirir varios ingenios azucareros a muy buen precio, al final del cual el Consejo de Secretarios desiste de la compra, "porque el Estado no puede financiar la operación de la compra". Se trataba de $4,158,000, por varios centrales tasados en $64,897,398. Los adquirió una entidad norteamericana por $4,158,000. (La Enciclopedia de Cuba, V-9, p. 5002).

El carnet de extranjeros. Mayo 8, 1934. Apropósito. (Río Prado, p.402).

Este era el documento expedido por el gobierno cubano con que los extranjeros probaban su status, pero no encontramos evento de esos días que hable de ellos.

Rojos, verdes, amarillos. Mayo 8, 1934. Revista. Nos dice Rio Prado (p. 486) que los "rojos" eran los comunistas, "los verdes" los abecedarios, y los "amarillos" el ejército de Batista. El 16 de agosto de 1934 se suspenden los programas radiales abecedarios en todas las emisoras del país; Una emisora es allanada por trasmitir el programa "El fantasma verde". El 27 de agosto de 1934 se anuncia el programa "La voz del 4 de septiembre". Nos imaginamos que de alguna manera, esta revista tocaba el tema…

Los vecinos del norte. Junio 5, 1934.No se consigna género de la obra (Río Prado, p. 470).

Solo podemos relacionarlo con la firma en 29 de mayo del nuevo Tratado Permanente que se suscribe en Washington reemplazando el de 1903 sobre la Enmienda Platt, excepto en lo referente a la Base Naval de Guantánamo. Esto era parte de la política del Buen Vecino inaugurada por Roosevelt, y de las gestiones que por años habían hecho los diplomáticos cubanos Cosme de la Torriente y Manuel Márques Sterling.(La Enciclopedia de Cuba, V. 9, p.501)

La supresión de la Enmienda. Junio 12, 1934.No se consigna género de la obra (Río Prado, p. 457). Aquí sí es explícito el título. Se refiere a lo narrado en la obra anterior.

Don Fulgencio. Julio 3, 1924. Revista. (Río Prado, p.396). El titulito se las trae, es el nombre de pila de Batista. Aparentemente hilaron muy fino los autores, porque la obra se mantuvo en cartelera.En su nueva edición añade Río prado que cuando la compañía Garrido-Piñero repuso esta obra en 1943, les costó una acusación ante el Tribunal de Urgencia (Revista Carteles, 10 de enero de 1943, p. 24).

El peligro amarillo. Julio 24, 1934.No se consigna el género de la obra. Seguramente no se refería a la fiebre amarilla, ni a la presencia de chinos en Cuba. Curiosamente la estrenan un día de "función extraodinaria por la representación No. 25 de Don Fulgencio". (Río Prado, p. 417). O sea, del 3 al 24, hay 21 días, de manera que Don Fulgencio se puso dos veces el mismo día, en más de una ocasión…

La perseguidora 23. Julio 31, 1934. No se consignan otros datos (Río Prado, p.453) Perseguidora se le llamaba en Cuba a los carros patrulleros de la policía. Algo haría esta perseguidora 23, supongo. En un cubanismo que no trae RAE, pero sí Sánchez Boudy. Quizás sea traduccion de "persecution car" que se usara en los EEUU. DAE lo trae, pero no da la otra acepción que adquirió esa palabra: también se le llamaba así, a la mujer que era muy celosa de su marido.

El solitario de Cunagua. Agosto 7, 1934. Revista en once cuadros. (Río Prado, p. 420)

Así le decían a Carlos Mendieta "cuando fue víctima de la infidelidad de Zayas y Machado…que lo excluyó de la candidatura presidencial en las elecciones de 1924, se retiró a su modesta colonia cañera en Cunagua, pero de allí le sacó su sentido del deber cuando Machado se erigió en dictador..." (La Enciclopedia de Cuba, V.9, p. 497).

Epidemia nacional. Agosto 14, 1934. Apropósito.(Río Prado, p. 425) Puede tratarse de una epidemia de poliomielitis declarada en La Habana, o de la política, otra epidemia nacional.

Político-mielitis. Agosto 28, 1934.Revista en once cuadros. Nos dice Río Prado, p.483: "Título alusivo a la epidemia de poliomielitis desatada en ese año en La Habana. Los autores aprovechan para criticar el carácter corrupto y 'epidémico' de la política nacional imperante"

La huelga de los carteros. Agosto 28, 1934. Apropósito. (Río Prado, p. 447.

La Isla del diablo. Septiembre 11, 1934. Revista (Río Prado, p. 447) No creemos se trate realmente del famoso penal francés, salvo que se use en forma alegórica.

Los efectos de la huelga. Octubre 19, 1934. (Río Prado, p. 467). No hay más detalles, y hubo tantas huelgas ese año...

Palmacristi. Octubre 30, 1934. Monólogo. Río Prado, p. 482). Función homenaje a Julio Richards, que había sido una de las víctimas de este bárbaro atropello. Vale la pena reproducir lo dicho por Enrique Arredondo en su libro La vida de un comediante, p.120, que también copia Río Prado: "Allá por los años 1934 y 1935, las fuerzas del ejército de Batista implantaron una ola de terror contra la política del gobierno, lo mismo con armas, conversaciones, declaraciones escritas o chistes públicos. El castigo consistía en darles a beber una gran dosis de palmacristi, pero en realidad las víctimas bebían aceite de aeroplano. Podían apresar a uno en la calle, en la casa o sacarlo del teatro. En los casos en que un artista profiriera una sátira política, lo llevaban a un lugar apartado de la ciudad, lo dejaban en calzoncillos y lo obligaban a ingerir la dosis."

La Enciclopedia de Cuba, V-9, p.504, narra el caso del Doctor Carlos E. Garrido, director del diario La Voz, que es secuestrado del Unión Club por supuestos miembros del Servicio de Inteligencia Militar, al mando del capitán Belisario Hernández y se le hace tomar un litro de aceite de aviación, de lo que fallece meses después.

Palmacristi. Diciembre 15, 1934. Diálogo. Parece otra obra con el mismo tema. (Río Prado, p. 482)

Aquel 4 de septiembre. Noviembre 20, 1934. Revista. (Río Prado, p. 384)

La conciliación. Enero 8, 1935. Apropósito de actualidad política. (Río Prado, p.435.) Puede tratarse de las gestiones que culminaran en lo que señalamos mas adelante, bajo la obra "Los viejos partidos".

El frente único político. Enero 8, 1935. Revista. (Río Prado, p. 408) Es curioso que el mismo día se montasen dos obras de tema parecido, esta de la autoría de Julito Díaz. Además señala Río Prado, que había otra obra con este mismo título, estrenada en el Alhambra de 28 de mayo de 1929, escrita por Carlos y Gustavo Robreño.

El gran caimán. Marzo 26, 1935. Revista en siete cuadros. (Río Prado, p. 408) Por su forma, sobre todo cuando se traza solo el contorno de la isla, se ha comparado siempre a un gran caimán. Siendo el autor de esta obra Carlos Robreño, sin duda el libretista más comprometido con los problemas políticos de Cuba, seguramente de eso correría la obra.

Los viejos partidos. Abril 20, 1935. Apropósito en tres cuadros. (Río Prado, p.470) Debe referirse al llamado "Pacto Institucional Rivero—Zayas" mediante el cual los jefes de los partidos Unión Nacionalista (Justo Luis de Pozo), Acción Republicana (Miguel Mariano Gómez), Liberal (Ramón Vasconcelos) y Demócrata Nacional (Mario G. Menocal) establecen una bases para ir a elecciones generales el 1ro de noviembre de 1935). La Enciclopedia de Cuba, V-9, p. 507.

El secuestro de Falla. Abril 26, 1935. Apropósito de actualidad. (Río Prado, p.420) El cinco de ese mes habían secuestrado a Eutimio Falla Bonet, hijo del millonario Laureano Falla Gutiérrez, quien es obligado a pagar un rescate de $300,000; días después la Policía descubre que se trataba de una actividad desenvuelta por la organización revolucionaria "Joven Cuba"para levantar fondos. (La Enciclopedia, V-9, p.507) ¿Sería cierto esto, o una patraña del gobierno?

El secuestro de San Miguel. Junio 18, 1935. Zarzuela-revista en cinco cuadros. (Río Prado, p. 420) En este caso el secuestrado es el millonario Antonio San Miguel, en junio 5, quien no llegó a entregar los $286,000 exigidos; el 6 de julio el investigador Antolín Falcón acusa como responsable del secuestro de San Miguel al grupo llamado "Los intocables", separado del "Joven Cuba"(La Enciclopedia de Cuba, V-9, p.507)).Claro que esto último no se sabía cuando se estrenó la obra. La misma duda del caso anterior.

Los reservistas. Julio 9, 1935. Apropósito de actualidad. (Río Prado, p. 469). No tenemos comentario.

El Teatro Municipal. Julio 16, 1935. Apropósito. Función extraordinaria en honor del Sr Alcalde de la Habana, (Miguel Mariano Gómez) por su proyecto de Teatro Municipal, que no llegó a materializarse. (Río Prado, p. 484)

¡Que partida de partidos! Agosto 6, 1935. Apropósito de Carlos Robreño. (Rio Prado, p. 303) Es como una segunda parte a su obra "Los viejos partidos" que vimos antes. Días después, en septiembre 30, cuando se formalizan las nominaciones de candidatos, hay tres candidatos presidenciales y cuatro partidos.(La Enciclopedia de Cuba, V-9, p. 508).

La crisis. Agosto 6, 1935. Revista de actualidad en doce cuadros (Río Prado, p. 437) Montada en el mismo día que la anterior, obviamente debe tratarse de lo político también.

Mandamás y mandamenos. Septiembre 3, 1935. Revista en doce cuadros. Para Río Prado (p. 471), probablemente el título alude al flojo papel del Presidente Mendieta frente al jefe del ejército, Fulgencio Batista: De hecho, Mendieta renuncia a la presidencia el 11 de diciembre.

Pasquines electorales. Diciembre 20, 1935.(Río Prado, p. 482).Es posible que estas elecciones fueran las primeras en las que se usaran los pasquines o anuncios de los candidatos electorales en las calles, costumbre que para la década de los 40's, llenaba a las poblaciones de estos artefactos. Las elecciones eran las que se efectuaron el 10 de enero de 1936, resultando electo Miguel Mariano Gómez. (La Enciclopedia de Cuba, V-9, p. 533)

La tripartita. Diciembre 31, 1935. Apropósito. (Río Prado, p. 458). La coalición tripartita reunió a los partidos políticos Liberal, Acción republicana y Unión nacionalista apoyando al candidato presidencial Miguel Mariano Gómez.

El sábado de Resurrección. Viernes, Enero 31, 1936. Sainete–revista en nueve cuadros. Río Prado (p. 419) estima que puede tratarse de una obra estrenada en el Alhambra. Para aquellos tiempos, en la liturgia católica era día de regocijo, por la resurrección de Jesucristo.(Esto se ha cambiado, ahora es el día siguiente, el Domingo) En todo caso, parece muy difícil que ese año hubiese caído en enero la Semana Santa, que generalmente se celebra en marzo o abril. Posiblemente se explotaba el símil de que para los cubanos con la elección del nuevo presidente, comenzaba una nueva época, quizás la resurrección de un gobierno civil.

Los escrutinios. Febrero 4, 1936. Apropósito de Carlos Robreño (Río Prado, p. 467). Los escrutinios, el proceso posterior a las elecciones de revisión y conteo de los votos, siempre fue materia de discusión en Cuba, tanto para la elección presidencial como con el resto de las personas elegidas como representantes, senadores, alcaldes, etc. Posiblemente de esto trataba la obra.

Registro de extranjeros. Marzo 4, 1936. Apropósito. (Río Prado, p. 485) Era el registro donde se debían inscribir los extranjeros residentes en Cuba. El 25 de enero de 1936 se aprobó el Decreto 532 modificando la legislación existente al particular.(La Enciclopedia de Cuba V-9, p. 527)

Los Botellones. Marzo 12, 1936. Apropósito de Carlos Robreño (Río Prado, p. 467). Aunque Miguel Mariano había sido electo el 10 de enero, no tomó posesión hasta el 20 de mayo de 1936, o sea, estaba todavía de presidente Carlos Barnet, que había sustituido a Mendieta. Ya sabemos lo que eran los botellones.

Después del 20 de mayo. Abril 7, 1936. Apropósito de Carlos Robreño. (Río Prado, p. 396) Posiblemente conjeturas, consejos y esperanzas con el nuevo presidente...

El ochenta y ocho corrido. Abril 17, 1936. Revista en doce cuadros. Libreto de Carlos Robreño (Río Prado, p. 415) En la jerga del juego de charada, las apuestas podían ser fijas o corridas, creo que en el primer caso era para el primer premio, y corrido, para cualquiera de los tres premios, 1ro, 2do o 3ro. Por alguna razón, al presidente electo, Miguel Mariano se le endilgaba el número 88 de la charada, hasta ahí llega nuestra interpretación del críptico título.

El ochenta y ocho fijo. Mayo 29, 1936. Revista en nueve cuadros, también con libreto de Robreño. (Río Prado, p. 416). Parece que al tomar posesión, mejoró su posición en la charada...

Los últimos días de Pompeya. Mayo 1, 1936. Apropósito de Carlos Robreño.La obra usa el nombre de la conocida novela de Edward Bulwer Lytton, publicada en 1834 para calificar así a los últimos días de gobierno de Miguel A. Barnet, ya que el 20 tomaba posesión el nuevo presidente electo. Nos cuenta Río Prado (p. 470) que con igual título se anunció para el domingo 30 de mayo de 1933 pero no se representó una obra de Julito Díaz Y Robreño con el mismo título, que aparentemente la censura o el temor de la empresa al seguro palmacristazo, hizo que se retirara; pero el título fue profético, el 12 de agosto siguiente caía Machado.

El nuevo gabinete. Mayo 21, 1936. Apropósito de Gustavo Robreño. Aquí sí batieron el record: el día anterior Miguel Mariano había tomado posesión, y nombró ese mismo día su gabinete (Río Prado, p. 415) O sea, dentro de las 24 horas siguientes, ¡se estrenaba la obra que hablaba de ese gabinete!

El supremo fallo. Junio 13, 1936. Apropósito de actualidad de Carlos Robreño. (Río Prado, p. 420). Suponemos se refiere a alguna sentencia del Tribunal Supremo cubano, pero no tenemos el dato.

Los presupuestos. Junio 26, 1936. Apropósito de Agustín Rodríguez. Nos explica Rio Prado (p. 469) que durante todo el mes de junio, la prensa reflejó la discusión de los presupuestos generales de la nación en el Consejo de Secretarios, y claro, a falta de otras noticias más truculentas, el Martí lo recoge.

Re-Constituyente. Junio 30, 1936. Apropósito de Agustín Rodríguez. (Río Prado, p. 485) Aquí no tenemos pista de lo que se trata, quizás un intento de ponerle otro remiendo a la Constitución.

Para Trinidad. Junio 30, 1936. Revista de actualidad política en doce cuadros, con libreto de Carlos Robreño.(Río Prado, p. 482) Otra obra sobre la que no tenemos información del evento a que se refiere, pero era de "actualidad política".

El jamón. Julio 4, 1936. Revista de actualidad en doce cuadros, con libreto de Agustín Rodríguez. Ya sabemos que el jamón simbolizaba las prebendas que los políticos repartían entre sus partidarios cuando tenían el poder. Río Prado (p. 412) cuenta que en la obra se interpretaba un son, con ese nombre, "El jamón" pero aparentemente no fue grabado por nadie.

El almuerzo de Pilar. Julio 24, 1936. No se dice el género, solo que el autor es Carlos Robreño. Las diferencias entre Miguel Mariano Gómez y el Jefe del Ejército, Batista, eran cada vez mayores. El título alude a la reunión que sostuvieron en la finca del ingenio 'Pilar', ambos y otras personas, el 16 de julio, al parecer para limar asperezas. (Río Prado, p. 398)

En la cerca. Julio 31, 1936. También de Carlos Robreño (Río Prado, p. 425). Este dicharacho, que aquí se usa en forma apocopada, es en realidad "Estar en la cerca", permanecer indeciso entre dos posibilidades. Posiblemente se refería a alguno o algunos que no tomaban posición en la pugna ya evidente, entre Miguel Mariano y Batista.

MM. Agosto 15, 1936. Entremés, de Ruper Fernández. Nos dice Río Prado (p. 471) que eran las iniciales de "Mickie Mouse" el famoso ratón de los dibujos animados, pero que el Diario de la Marina publicaba caricaturas de Miguel Mariano, a quien llamaban 'Mikito'.

Cuando cobre el pagaré. Septiembre 1, 1936. Apropósito de Carlos Robreño. Río Prado, p.3958: Para cubrir los atrasos de pago de salarios de la administración pública, se discute en el Congreso un proyecto de ley autorizando al Presidente a emitir Pagarés de Tesorería por la cantidad de cinco millones, informa el Diario de la Marina ese mismo día primero de septiembre: o sea, el Teatro Martí está fungiendo de un noticiero vivo, que trae la noticia contemporánea vestida en formato teatral.

A vivir del presupuesto. Septiembre 9, 1936. No consigna el género. Libreto de Ruper Fernández. (Río Prado p. 380). Posiblemente, más de lo mismo.

El Diez de Octubre. Octubre 6, 1936. Apropósito de Agustín Rodríguez (Río Prado, p. 406). Seguramente se aprovechaba la fecha patria, conmemorativa del Grito de Yara dado el 10 de octubre de 1868 que comenzó La guerra de Los Diez Años, para comentar la situación política de aquellos días.

El teatro se va. Octubre 30, 1936. Revista de 'dolorosa' actualidad. Libreto de Carlos Robreño. (Río Prado, p.421) La compañía Suárez Rodríguez, sus valientes escritores, músicos y artistas, se despiden. Es la última obra estrenada por la compañía. Quizás se explicara en ella, las razones del cierre, algunas evidentes: el desgaste físico de todos ellos, trabajando contra viento y marea, la situación económica, la censura. No estaría el Martí presente cuando a fin de año, Batista le dió un cuartelazo "legal" al presidente, y logra su destitución.

La república seguirá dando tumbos, en la búsqueda incesante de la libertad y la democracia, eterna historia del pueblo cubano; de vez en cuando, se abrirán en años venideros, las puertas del teatro Martí u otros, para dar paso a compañías líricas que durarán poco tiempo, pero que mantienen la tradición de protesta; está por escribirse esa historia, hasta 1958; y dentro y fuera de Cuba, después de ese año.

En la nueva edición de su obra (p. 253 y sigs), Río Prado aporta algunos datos adicionales. En el mismo año en que termina la empresa Suárez Rodríguez, los cómicos Alberto Garrido y Federico Piñero fundan una compañía de teatro vernáculo que funcionará hasta fines de los 50's; pero no es una temporada continua, sino varias semanas cada año. Los ayuda a poder mantenerse, el programa radial con gran audiencia que tienen, "Chicharito y Sopeira", y además su aparición en breves sketches cómicos en el Noticiero Nacional, que se pasa por todos los cinemas de Cuba; su repertorio a veces usa obras anteriores o crean otras nuevas que surten libretistas como Agustín Rodríguez, Carlos Robreño, Meluzá-Otero y otros. Muchos de los artistas que fueron del Martí, figuran en estas temporadas, que generalmente se siguen celebrando en el mismo teatro Martí.

Pero el tono político no era tan intenso como el que se había mantenido antes, de lo que recuerdo por experiencia personal. Si sirvió para que surgieran nuevos talentos cómicos como el chino Wong, Velia Martínez etc., y líricos, como la soprano María de los Angeles Santana, el tenor Fernández Valencia, y rumberas como Digna Zapata y Marina, etc.

Y surgieron otras compañías como la de Leopoldo Fernández, que al igual que Garrido y Piñero, tenía su apoyo en el programa "La Tremenda Corte", con Aníbal de Mar y los libretos de Cástor Vispo. Estos programas se siguen escuchando en muchos países de América Latina. Como en el caso anterior, eran temporadas breves, y el tema político, que en radio no tocaban, al igual que Garrido y Piñero, lo hacían en forma más moderada que el teatro..

Usaban indistintamente el Martí, u otros teatros, como el Campoamor, Nacional, etc. Carlos Pous, (1914-1982) sobrino de Arquímedes, quien regresó en 1954 de una triunfal gira por España, y asociado al "gallego" José Sanabria, (1914-1982) hicieron temporada por muchos años, en forma parecida a los anteriores.

Lo mismo hacía Enrique Arredondo (1906-1988) como "negrito" con Pedro Castany (1898-1969) y otros "gallegos" trabajando por la isla por los años cincuenta. Muchos de todos los mencionados inclusive hicieron teatro bufo después de 1960, en Cuba o fuera de ella. Pero repetimos, nunca la veta política fue explotada con la intensidad con que lo hizo la compañía Suárez-Rodríguez en los 30's en el teatro Martí.

Grupo 6: El teatro lírico cubano
En este grupo están las creaciones del teatro lírico cubano, mayormente zarzuelas, que fueron en definitiva, las que marcaron el inicio y arraigo de ese género en Cuba, pero solo hablaremos de aquellas en que se reflejan problemas políticos y o sociales, especialmente dos temas, uno del pasado, la esclavitud, y otro, aunque muy antiguo, todavía existente en Cuba, en aquella época, y todavía ahora: el discrimen racial.

La mulata. El título completo es 'La guajirita del Yumurí o La mulata". Estrenada en el Teatro Alhambra en 15 de mayo de 1921 por la compañía de Agustín Rodríguez, autor del libreto, con música de Gonzalo Roig. (Río Prado, p. 450). No se consigna el género de la obra.

Niña Rita o La Habana en 1830 Sainete lírico. Estrenada el 29 de septiembre de 1927 en la función inaugural del Teatro Regina, música de Ernesto Lecuona y Eliseo Grenet, con libreto de Aurelio Riancho y Antonio Castells. (Río Prado, p. 97)

De la misma el número mas popular fue **Ay Mama Inés,** de Grenet, cantado por Rita Montaner quien lo grabó además para la Columbia, Co2629X, 1927, y por el Sexteto Habanero, 1928, y después y a lo largo de los años, por decenas de intérpretes, hasta convertirse "en el más famoso de los tango-congos de la lírica cubana" (cito a Río Prado). También el cuplé **El calesero,** de Lecuona ha sido grabado por Rita Montaner, Co 2964x, 1927 y Juan Pulido y otros intérpretes.

La Virgen Morena. Zarzuela con libreto de Riancho y música de Eliseo Grenet. Estrenada en el Regina el 30 de noviembre de 1928. Río Prado la considera la primera zarzuela cubana (p. 60). Sin embargo, va a ser en España, cuando Grenet tiene que abandonar Cuba en 1932 por perseguirlo Machado por su famoso "Lamento cubano" y estrena en el teatro Fuencarral de Madrid la obra, que esta llegará a tener en ese país más de 1,800 representaciones. (Río Prado, p. 114)

El cafetal Teatro Regina Marzo 1, 1929. Teatro Martí, Febrero 12, 1932. Zarzuela en tres cuadros. (Río Prado, p. 401) Otra zarzuela de Lecuona y Sánchez Galarraga, anterior a Cecilia Valdés, que no tuvieron el reconocimiento que ésta, aunque también hay esclavitud, pero en este caso, Lázaro, el esclavo negro casado con África, negra también, está enamorado de la niña blanca, Flor. Esto parece era un plato muy fuerte para los cubanos de los años 30's; que en la Cecilia, un niño blanco se enamorase de una mulata, pase, pero que un negro se enamorase de una blanca...

La obra comienza con un coro de esclavos que se lamenta, lo que contrasta con un guajiro que a continuación canta alegre:

Soy el guajiro poeta
Que canta desde el caballo (bis)
Y lo mismo tuso un gallo
Que improviso una cuarteta.
Yo siempre feliz seré
Mientras que mi guajirita
Sea graciosa y bonita
Como la flor del café.

Y vuelve el coro de esclavos:
Ay! A trabajar voy, a a trabajar
Que ya el sol brillando está
Ese es mi deber, sufrir mi dolor...

En **La canción de África,** también conocida como **Africana soy,** ésta cuenta su pena:

Africana soy,
Morena es mi faz
Y en mi sangre ardiente
Va el volcán.
Africana soy,
Yo soy *lucumí*
Y un yugo de *esclavo*
Pesa en mí.
En mi corazón
Late una pasión
Pasión que jamás
Para mi será.
Y en mi cruel pesar
Mi consuelo es
Sollozar en un cantar
Mi dolor:
Llorar,
Del *esclavo* es la suerte
Fatal...
Sufrir,
Es la cruz que nos mandan,
Cargar.
Huir,

> Es el ansia profunda
> Del que vive en el cepo
> Feroz;
> Morir,
> Es tu solo consuelo
> *Lucumí*
> Coro: Llorar, etc
> Solista: ¡*Africana soy*!
> ¡Yo soy *lucumí*!

Fue grabada por Rita Montaner en 1929, disco Columbia 4421c de 78rpm, reeditado en CD Alma Latina 004. Además, ésta, la canción anterior y otras, están incluidos en una versión de la zarzuela grabada en España en la década de los 50's y reeditada en CD Montilla CDFN-3010 en 1993

El negro Lázaro a su vez, descarga su pena en el aria **Triste es ser esclavo**

> Qué triste es ser *esclavo carabalí*
> Qué triste y negro sino, ay de mí,
> ¿Por qué Dios no tuvo pena con mi dolor?
> ¿No ves como sufre y llora,
> Mi corazón?
> Qué dolor es ser esclavo *carabalí*
> Cruel destino sin un consuelo,
> Solo morir.
> Triste es tu vida, *Carabalí*
> Si sueñas con amores
> ¿Qué vas a lograr?
>
> Triste es ser *esclavo* y ansiar
> Con el corazón gozoso, la libertad
> Triste es la vida sin un amor,
> Que consuele el alma
> De tan cruel dolor
> Solo pienso en el amor
> Que jamás
> Yo habré de lograr
> Y que con la muerte
> He de olvidar   (bis)
> ¿Para qué quiero la vida
> Si eres solo mi ilusión?

> Un amor sin esperanza
> Ha destrozado mi corazón
> Toda mi ilusión
> Triste,etc, (bis)
> ¡Qué cruel penar!

Como en "El Batey" hay momentos de distensión en "El cafetal"; hay un "Tango del negro lindo", y otro cuadro se titula "Niño Alberto (que es el novio blanco de Flor, que termina matando a Lázaro) y las negritas", pero no hay ningún cuadro de "Flor y los negritos" por supuesto. Juntos, pero no revueltos.

El Batey Teatro Regina. Abril 18, 1929". Teatro Martí Marzo 15 1932. Zarzuela en cinco cuadros de Ernesto Lecuona y libreto de Gustavo Sánchez Galarraga. (Río Prado, p. 399). Los temas antes señalados de esclavitud y discrimen, habían sido ya tratados antes que se hiciera en La Cecilia Valdés. Así en esta obra tenemos el aria **Canto Negro** a cargo del personaje "La esclava" en dicha obra. Este número fue grabado por Rita Montaner, en julio de 1929, disco Columbia de 78rpm C0-4423, y también por la cantante mexicana Margarita Cueto con la orquesta de Eduardo Vigil y Robles en New York, mayo 13 de 1930, disco Victor de 78rpm 46951.

> Por la patria ya perdida solloza
> Bajo el cuero que le azota la espalda
> Por su amor en las noches el *negro*
> Quisiera suicida morir.
> En su cantar amargo
> Dá su razón el *negro*
> En su cantar da su corazón
> Y toda su sed de hallar amor.
> Frente al mar, él piensa
> En su nación lejana,
> País que ya él no ha de pisar
> Y donde quedó su amor, su amor.

Otra aria de la zarzuela, **Canto Carabalí o Karabalí**, fue grabada por primera vez por la soprano española Conchita Bañuls, que residió varios años en Cuba, pero la grabación se hizo en Nueva York, con anterioridad al estreno de la obra, en diciembre 6 de 1928, disco Victor de 78rpm, 46401; al año siguiente fue grabada por la soprano cubana Tomasita Núñez, también en New York, disco Columbia 3495x de 78rpm; de ahí en adelante se han efectuado unas 23 grabaciones de este número, algunas de ellas instrumentales, y otras cantadas por figuras como el Trío Los Panchos, Alfredo Kraus y Plácido Domingo, que detalla Theodore S. Beardsley en "Ernesto Lecuona: Discografía. New York, 2008.Muchas más versiones están contenidas en el "Catálogo de obras de Ernesto Lecuona", publicado por la Sociedad General de Autores de España, ca 1995, p. 347

Carabalí, paria sin libertad
No hay para ti, la alegría de amar
Bajo el sufrir, del azote feroz
Tu ves pasar, tu vida en soledad
En dolor y dolor.

Carabalí, no hay un corazón
Que llegue junto a ti
Carabalí, tu consuelo es
Solamente morir.

Carabalí, no te alegra el bongó
Carabalí, un sollozo es tu voz
Carabalí, tu esperanza es,
Solamente morir. (bis) todo

Para romper un poco la tensión dramática, para un público que no tenía generalmente la educación musical que da el teatro operático, en estas zarzuelas, como en las españolas, se incluyen muchas veces números cómicos, que siempre cubrían personajes típicos del bufo cubano: negritos y negritas, como este, **Allá en el batey**, grabado entre otros, por Bola de Nieve. Fue grabada por primera vez por Rita Montaner Co-3656x en 7/1929, New York, reeditado en TCD-46.

Mi *negrita* me dijo,
Te quiero mi *negro*
Una noche allá en el batey;
En mi boca yo puse la tuya
Que sabe a piña y mamey;
Ay amó que placer yo sentí
Besando tu boca allá en el batey
Y toa la noche yo cruzo el batey
Solito pá buscarte *negra* a ti,

Ay *negrita* yo quiero
Que me vuelvas a besar
No me niegues tu cariñito
Vuelve a buscarme allá en el batey (bis)

Mira *negra*, que tu bemba,
Es tan dulce como el mamey (bis)

Ay *negrita*, etc, (bis) 2

El amor del guarachero, diciembre 7, 1929. Zarzuela de Lecuona y Sánchez Galarraga en un acto y cinco cuadros, también conocida por "María de los Angeles", que al parecer, no se puso en Martí.

El discrimen a veces tiene formas sutiles. En esta obra, uno de los cuadros se titula "Guaracheros y Guaracheras" y hay otro de "Guaracheros y mulatas". Pero no hay ciertamente uno de Mulatos y Guaracheras...

María La O. Teatro Payret, marzo 1 de 1930; Martí, Agosto 2, 1932. Sainete lírico en cinco cuadros. Ernesto Lecuona y Gustavo Sánchez Galarraga (Río Prado, p.472). Con un argumento muy parecido al de Cecilia Valdés, aunque anterior a ella, que es de 1932, esta obra no tuvo tanto arraigo como la otra. Alcanzó a 56 presentaciones. No obstante, su música es bella y por supuesto existen los mismos problemas raciales de la mayoría de estas obras. Es otra visión de la mítica mulata cubana. Además de tener una versión completa grabada en España, en 1957, reeditada como CD en 1989 Montilla CDFM 73, hay una versión más moderna, grabada en La Habana con cantantes cubanos, en 1990, CD Egrem 0122, editado en 1995. Las dos fuentes que hemos citado antes, Beardsley y Sociedad General de Autores de España, traen decenas de versiones de esta obra, posiblemente la canción lírica cubana más grabada sea la "Romanza de María La 0", tanto en versiones orquestales como cantadas: Adolfo Utrera, Pilar Arcos, José Mojica, Rabagliati con los Lecuona Cuban Boys, Wilfredo Fernández, Trío Taicuba, Libertad Lamarque, Manolo Alvarez Mera, Maruja González, Estelita Santaló, Manuel Ausensi, Alfredo Sadel, Tríio Los Panchos, Carlos Ramírez, Los Tres Reyes, Xiomara Alfaro, Caetano Veloso, Los Sabandeños, etc.

Como lo hace Cecilia Valdés, confesándose en su salida en la obra de ese título, María La O lo hace también en la suya, con la llamada "Guaracha de María la O", o "Como yo no hay dos":

Otra no hay quien se iguale a mí
Pues causo a los hombres frenesí,

> Soy *mulata*, yo no lo niego,
> Tengo fuego pá regalar
> Miren tós quien me gana a mí
> Cuando por el Prado camino así:
> Con mi manta voy y que me enroco así
> Y me dicen tós al pasar:
> María la O, bella como flor,
> Como tú en La Habana nunca habrá dos;
> María la O, por gozar tu amor,
> Te diera en pedazos el corazón.
> Loca por tu amor, *mulata* sin par,
> Tu boca de miel quisiera besar,
> Mírame otra vez, con ese mirar
> Que yo esa mirada no he de olvidar.

Pero el talante es muy diferente, cuando canta al final de la obra, "La romanza de María la O':

> *Mulata* infeliz, tu vida acabó
> De risa y guaracha se ha roto el bongó
> Que oías ayer temblando de amor
> Y con ilusión junto al hombre cruel.
> Su amor ya se fue de mi corazón
> Que hoy te aborrece
> Porque mi ambición
> Es de verte al fin
> Rendido a mis pies.
> María la O, ya no más cantar
> María la O, hora es de llorar,
> Y de recordar el tiempo feliz
> De tus besos que perdí.
>
> María la O, todo se acabó
> María la O, tu amor ya se fue
> Y jamás ya volverá;
> María la O, sueña en morir.   (bis)

A nuestros efectos, son importantes también otros dos números: "El cabildo de reyes", y "Los curros del manglar" por su valor histórico de costumbres y personajes pretéritos, y también "Las chancleteras", mezcla de baile y recuerdo de un objeto de uso cotidiano, las chancletas de madera y su sonido peculiar:

La mulata soy yo
Que nació en el manglar
Y por eso soy flor
De un aroma sin par
Chancletera nací
Y mi alegre chancleta al sonar
Va anunciando que voy
Por la calle al pasar (bis)

Con la chancleta camino así,
Y con su sonido vienen a mí
Pues les doy la fiebre y el frenesí
A ver que quieren con esta flor
Flor de canela, que es la mejor.

El faino. Agosto 8, 1931. Zarzuela de costumbres camagüeyanas. Rodrigo Prats y libreto de Armando Bronca.(Río Prado, p. 407). RAE lo incluye como cubanismo, por mentecato. Pero era en realidad típico de Camagüey. Lo incluimos siquiera sea por el aporte lexigráfico que conlleva.

Los sin trabajo. Agosto 28, 1931. Sainete cómico-lírico. Rodrigo Prats y Armando Bronca. (Río Prado, p. 469) Parece que entre los desocupados había un negro gangá, según este "Canto Gangá", parte de esta obra que nos consiguió José Ruiz Elcoro.

Guente tá mirá
Ya son tempranito
Ya va pobre ecrabo
Pá cañaverá
Y tumbando la caña
Se pasa cantando
Su canto *gangá*

Campana la iglesia
Repica sin descansá
Ñama que Domingo
Que escucha la misa
Pobre *gangá*.
Que no lo permite la mayorá
Día de reye yo tá perá
Ese son día de libetá

> Guanta sueta
> Etá guere cucha tambora
> Del canto bembé.

La guajirita. Septiembre 1, 1931. Zarzuela de costumbres cubanas en siete cuadros, de Anckermann y Agustín Rodríguez. (Río Prado, p. 441). La incluimos por lo que pueda tener de costumbrismo. Hay dudas si procede del teatro Alhambra.

La perla del Caribe. Octubre 16, 1931. Revista en ocho cuadros. Rodrigo Prats-José Sánchez Arcilla. (Río Prado, p. 452.) Gracias a José Ruiz Elcoro, tenemos la letra del "Canto esclavo" de esta obra.

> Pensando en *África el esclavo*
> Sin cesar toca el *tambó*
> Es angustiosa su tristeza
> Y es profundo su dolor.
>
> Pobre *esclavo lucumí*
> Es terrible tu sufrir   (bis)
>
> De las selvas africanas
> Te trajeron hasta aquí
> Y en las campiñas cubanas
> Llora el pobre *lucumí*
>
> Pobre esclavo *lucumí*
> Es terrible tu sufrir   (bis)
> Pobre esclavo *lucumí*.

La canción del esclavo. Noviembre 6, 1931. Música de Rodrigo Prats y letra de Víctor Reyes (Río Prado, p. 433) Gracias a José Ruiz Elcoro, tenemos la letra de 'La canción del esclavo' que por lo menos le pudo cantar a su amada, a diferencia del pobre esclavo de El cafetal.

> La canción del *esclavo*
> A ti llevará
> Música de flores
> Y de ángeles el canto
> De mis esperanzas.
> Ella te hablará

Y de mi cariño
Mucho te dirá.
Escucha mi dulce niña
Como canta el ruiseñó
Y mira el sol a lo lejos
Envuelto en rojo fulgor
Contempla la noche inquieta
Como convida al amor
Y escucha la voz secreta
Que llama a tu corazón
Y escucha la voz secreta
Que llama a tu corazón.

Soledad. Febrero 26, 1932. Sainete revista en seis cuadros. R. Prats y Miguel A. Macau, libreto. (Río Prado, p.490). Posiblemente el libreto tenga implicaciones sociales. La romanza "Soledad"está grabada por Panchito Naya en el Lp V-LPM-1208.

Cecilia Valdés. Marzo 26, 1932. Es necesario leer el libro tantas veces mencionado de Río Prado (p. 389) para aquilatar la importancia de esta obra, que en la famosa temporada de Martí tuvo 147 representaciones. La obra que más se le acerca es El Clarín, con 86, pero mientras esta última aparentemente ha tenido pocas puestas posteriores, Río Prado calcula que se ha montado la Cecilia en más de 2,000 ocasiones, en el mundo entero, y se sigue representando. Es la zarzuela cubana por antonomasia. Basada en la novela homónima de Cirilo Villaverde, considerada la obra cumbre de la literatura cubana del siglo XIX. Tanto en la novela como en la zarzuela, quedan planteados dos problemas fundamentales de la sociedad cubana de aquellos tiempos: la esclavitud, y el discrimen social. Además, fijó y estableció algunas de las característica de un personaje casi mítico: la mulata cubana.

La Cecilia influyó en otras zarzuelas, sobre todo la presencia de la mulata, que en realidad venía desde el teatro bufo, pero que en La Cecilia adquiere rasgos dramáticos que antes no tuvo.

A su vez, tanto la Cecilia como otras obras líricas que explotaron esos temas, no lo hicieron tan solo en el ámbito del teatro lírico: Como veremos en siguientes capítulos, ambos temas, esclavitud y discrimen social, sobre todo el primero, iban a tener amplio eco en la canción popular cubana.

La Cecilia creada por Villaverde, que se va transformando en el transcurso de la novela de niña a mujer, de mujer joven y despreocupada, a la enamorada, de ésta a la mujer engañada, con un hijo en sus entrañas, hasta el ser humano enloquecido, la lograron eficazmente sintetizar en la zarzuela, el libreto de Agustín Rodríguez y José Sánchez Arcilla, y la maravillosa música de Gonzalo Roig. Puccini y sus libretistas sabían hacer retratos "psico-musicales" de sus heroínas, en las arias que les componían: así pasa con el "Mi chiamano Mimí" del primer acto de la Bohemia, que es distinta a la Mimí que se despide de Rodolfo en el segundo, o la Mimí moribunda del último acto. Lo mismo hace Roig con Cecilia, pero además en el primer acto, en la Salida, que es la llegada de Cecilia a la Plaza, el maestro la hace pasar por las tres fases de su complicada personalidad: Cecilia es al mismo tiempo, blanca, mulata y negra.

Hay además un coro, los admiradores y amigos de Cecilia, que comprenden toda la gama de la sociedad habanera de aquel momento; negros, mulatos, blancos, ricos, pobres, esclavos, libres, jóvenes, maduros, y viejos: es realmente un colosal coro griego, que Roig usa oportunamente. Cecilia llega a la plaza, y ante el saludo del coro, que termina exclamando ¡Cecilia Valdés!, ella comienza, primero con casi un grito de placer, ¡Sí, yo soy Cecilia Valdés! Pero continúa en voz sosegada, romántica, y en tiempo de habanera, a cantar:

> Siento la sangre en mis venas,
> Soy *mestiza* y no lo soy,
> Yo no conozco las penas,
> Yo siempre cantando voy;
> Siento en mi alma cubana
> La alegría de vivir,
> Soy cascabel, soy campana
> Yo no sé lo que es sufrir   (bis)
> Yo no conozco las penas,
> Siento en mi alma cubana
> La alegría de vivir.

Hasta ahí ha cantado la cubana, la criolla, joven y despreocupada. Pero el ritmo cambia, ahora es más rápido, de contradanza:

> Mis amores, son las flores,
> Que perfuman mi jardín, mi jardín,
> Y mi risa, cristalina
> Es un sonido gentil, tin tin tin.
> (El coro repite lo que ella va cantando, y ella replica)
> No hay en mi jardín una sola flor,
> Que no sea flor de amor, de amor

(Esa era la Cecilia más mulata que blanca. La música vuelve a cambiar, ahora es un marcado tango congo. Parece que la música le hace decir su secreto:)

> Cecilia Valdés me llaman
> Me enamora un bachiller
> Mis amigos me reclaman
> Y algo debo de tener;
> Yo canto a porfía
> Y soy bailando la mejor;
> La danza a mi fascina
> Soy bailando la mejor (bis)
> (el coro, cómplice y sonsacador, le contesta:)
> Coro: Cecilia Valdés le llaman
> La enamora un bachiller
> Sus amigos le reclaman
> (Y Cecilia desafiante, les contesta:)
> Y algo debo de tener
> Cecilia Valdés, mi nombre es,
> Precursor de la alegría,
> Yo bailo y canto a porfía,
> Yo soy Cecilia Valdés
> (Y terminará, desafiante y contundente:)
> Yo canto y bailo a porfía,
> ¡Yo soy Cecilia Valdés!

(En ese momento, ha triunfado la Cecilia negra. Pero está toda una zarzuela por delante, y la vida).

También se ocupa la Cecilia, y bien, de la esclavitud y otros abusos a los negros. En vez de usar la parejita clásica del negrito y la negrita para las escenas cómicas, Roig usará un personaje tragicómico, que cantará primero el **Po Po Po.**

> Popopó, popopó, popopó, popopó
> Aquí etá: Dolore Santa Crú,
> Aquí etá
> Po, etc.
> Que no tienga dinero
> Po, etc.
> Ni tienga pá comé
> Po, etc.

Toitico lo abogao
Po, etc.
Y caballero branco
Po, etc.
Le quitaron toitico cuanto tienga,
Le robaron toitico su dinero
A Dolore Santa Crú…
Po, etc.
Po, etc.

La otra intervención tragicómica de Dolore Santa Crú va a contar otra triste historia: **Tanislá**. Curiosamente siempre, los espectadores de la Cecilia, sin perder la moraleja, sin embargo se ríen de estas tragedias.

En el barrio e manglá
Hay un *negro gangá*
Que Tanislá
Toitico el mundo ñamá
A la *negra* engañó
Con palabra de amó
Que Tanislá e un *negro* engañadó
Ay la *negra* Mercé creyó
Toda la mentira del *negrito* que dulce habló,
Y con Tanilá se fugó
Y a Ña Tomasa abandoná la dejó
Ay cuando Tomasa sabé
Que su yija se le marchó
Va ñamando siempre a Mercé,
Y así ñamá:
Tanilá, único pollo que yo tienga,
Gavilán llevá
Tú son pajaro malo, bembe Tanilá
Tu mataste mi pollito
Bembe Tanilá
Que yo va a cogé la ecopeta
Bembé Tanilá
Que pá cogerte *negro* malo
Bembe Tanilá.

Sin embargo, la gente no se reía, sino que se conmovía, cuando escuchaban el **Lamento de la esclava** de la misma zarzuela.

c) Ya la campana soná
ya rezamos la oración
ya los *esclavos* se van
pá su triste barracón   (bis)
s) Que lejos yá, está mi amor
aquel amor que soñé
ya nunca má lo veré
lejos de mi se me va
y a su *negra* ya nunca verá

En el cafetal no quiero
Oir como suena el cuero
Del mayoral   (bis)
Yo soy la *negra gangá*
Y suspiro noche y día
Por la antigua tierra mía
Que ya no veré jamá, jamá
Pobre *negra gangá*
Que no tiene ya libertá
(Pobre, etc, repite el coro)

De la Cecilia completa se han hecho tres grabaciones, dos dirigidas por Roig, Montilla CDFM -118 de 1948, y OK records CD-5905, de 1997 y una más completa dirigida por Félix Guerrero en 1980, para el sello Areito.

Rosa la china. Mayo 27, 1932. Sainete cómico-lírico-dramático. Lecuona-Sánchez Galarraga. (Río Prado, p.487). Reencarnada ya en un personaje de actualidad, la mulata mítica se desenvuelve ahora en un solar habanero; y como casi siempre, su amor termina asesinado... Hay versión completa de Montilla en CD, como los casos anteriores mencionados, grabada en España en 1955 y reeditado en CDMF-75. Aquí no hay problemas de esclavitud, ni quizás raciales, pero es un interesante relato de la vida cotidiana cubana o habanera de esos años.

El clarín. Noviembre 18, 1932 Comedia lírica en dos actos y doce cuadros. Música de Gonzalo Roig, libreto de Agustín Rodríguez y José Sánchez Arcilla. (Río Prado, p.403). Fue la segunda obra más representada en la temporada del Martí, 86, y sin embargo, quizás por las dificultades técnicas para tenor y soprano, que menciona Río Prado, no se ha vuelto a escenificar. Como una muestra más del talento promocional de los que manejaban el Martí, para la función de diciembre 10 de 1932, se anunciaba que a todos los asistentes, se les obsequiaría con una copia del libreto de "El Clarín".

Dos de las arias de esa obra, **Romanza de la Azucena** y **Las coplas del clarín** fueron grabadas por la soprano América Crespo con acompañamiento de orquesta dirigida por el maestro Roig, para el Lp Kubaney 121.

La hija de Cecilia Valdés. Enero 4, 1933. Sainete. La pusieron el día de la representación No. 75 de la Cecilia Valdés. (Río Prado, p. 445) Antes que otro la inventase, el Martí creaba la parodia de sus propias obras.

La hija del sol. Noviembre 24, 1933.Rapsodia cubana en dos actos, pórtico, prólogo, seis cuadros, dos entrecuadros y una apoteosis, de Gonzalo Roig música y libreto de Agustín Rodríguez y José Sánchez Arcilla. (Río Prado, p.445). Un poco rimbombante la presentación, pero había que atraer público, a una obra cuyo estreno hubo que posponer, por los sucesos posteriores a la caída de Machado, la batalla del Hotel Nacional etc,. Pero parece que el reclame tuvo éxito pues se repitió 55 veces desde su estreno hasta el 24 de marzo de 1936. América Crespo tiene grabada la romanza de La Hija del sol, Lp Kubaney 122, Ca. 1957, acompañada por orquesta dirigida por el maestro Roig.

María Belén Chacón. Julio 31, 1934. Comedia lírica en diez cuadros. Rodrigo Prats y José Sánchez Arcilla (Río Prado, p.472) Aunque era comedia de actualidad, siempre debe haber en ella elementos costumbristas importantes en este recuento. De ella, se ha grabado en varias ocasiones la romanza de María Belén Chacón, por Rosario García Orellana, la orquesta Lecuona Cuban Boys, Manuel Alvarez Mera, el Cuarteto Machín y el Cuarteto Marcano, y el Flores, ambos puertorriqueños, la soprano boricua Migdalia Batiz, la española María Remolá, Luis Barreto y su orquesta y otros.

Lola Cruz. Teatro Auditorium Septiembre 13, 1935. Teatro Martí, Junio 19, 1936. Ernesto Lecuona y Gustavo Sánchez Galarraga. Opereta-revista en dos actos y once (o nueve) cuadros. (Río Prado, p. 464.Aunque la pieza más conocida de esta obra, "Damisela encantadora", no tiene que ver con nuestros temas, sí son pertinentes otras dos piezas de esta producción, "Fiesta negra"y "Tumba francesa".

La emperatriz del Pilar. Mayo 5, 1936. Zarzuela en doce cuadros y catorce cuadros. Música de Jorge Anckermann y libreto de Gustavo Robreño. Copiamos de Río Prado (p438)"Zarzuela basada en un personaje popular histórico. La protagonista, Caridad Valdés, fue famosa cantadora, conocida como 'La emperatriz del Pilar' y directora de la clave "El Clarín de oro"del barrio del Pilar, en La Habana"y cita como fuente a Gonzalo Roig, "La música". El guarachero Tereso Valdés le dedicó una clave que la hizo célebre. Añadimos que esa fue la clave a la que se le cambió la letra y nombre, titulándola Clave a Martí, de la que hemos hablado entre las canciones patrióticas cubanas más importantes de todos los tiempos.

Guamá. Julio 10, 1936. Zarzuela en dos actos y doce cuadros, de Prats y Federico Villoch. En realidad debía estar en el grupo 3 anterior, porque está basada en la novela de Cirilo Villaverde "El penitente" publicada por entregas en 1844 y ya como libro en 1889, es 'la crónica de la vida habanera durante la segunda mitad del siglo XVIII en la que se destaca de modo firme un carácter, la india Guamá". O sea, sobrevivían indios en el siglo XVIII (Río Prado, p.427). Pero por otra parte, la obra tiene un tango congo titulado **Negro relambío**, (Río Prado) y ya entramos en el discrimen. La RAE lo trae como cubanismo, sinónimo de descarado. Otra posible muestra de discrimen.

Amalia Batista. Agosto 21, 1936. Sainete lírico en dos actos. Música de Rodrigo Prats y libreto de Agustín Rodríguez. (Río Prado, p.383) Obra que se desarrollaba en el tiempo contemporáneo a su presentacion, pero el mítico personaje de la mulata devoradora de hombres, no cambiaba mucho: como la Cecilia, tiene una salida, tan espectacular como la de aquella, pero Amalia no es carácter tan complejo como ella. Al cantar, aclara que aunque le dicen Amalia Mayombe, en el sentido de ser mayombera o sacerdote de la Regla de Palo de los congos, no lo es, y si "amarra a los hombres, es por amor". La música es hermosa, y además su autor vivió michos años y pudo hacerle variaciones a la obra, agregándole nuevos números musicales, por lo que fue bastante reprisada después de 1959 en Cuba. Maruja González grabó la romanza con el acompañamiento del maestro Roig, en el LP Victor LPM-1208 de 1956, y Prats dirigió una versión completa publicada en 1980, lp Egrem 3929.

El cimarrón Octubre 16, 1936. Zarzuela con música de Gonzalo Roig y libreto de Marcelo Salinas Río Prado (p. 403) nos informa que a esta obra pertenece la bella romanza **Es mi vida su querer** y **Lamento negroide** que originalmente estaba en la obra de Roig "Perlas". Ambas están grabadas por Francisco 'Panchito'Naya en el lp Victor LPM1208, 1956. Esta última dice así:

Congo nací,
Y el África fue mi libre país
Libre viví, hasta que una vez,
Esclavo caí
Por no tener la libertad
Ya no podré mi bofle (¿) cantar
Obatalá,
Si el *África* fue mi libre país
Dime por qué,
Esclavo me ves
En el mundo sufrir,

> Erú allé mi seseo,
> Allé mi babá,
> Obatalá, afiri guirí,
> Sere con sere
> Como la iña seré
> Sereré, sereré.

Por supuesto que la temporada del Teatro Martí fue el periodo más importante del desarrollo de nuestro teatro lírico, pero hay que tener en cuenta también lo hecho en el Alhambra, Regina, Pairet y otros teatros; eso explica que en el anexo al libro de Río Prado titulado Compositores, p. 515, aparezcan muchas otras obras de algunos de los antes incluidos, y en la p. 287, relaciona el repertorio de obras teatrales del maestro Manuel Mauri, con 298.

Y hemos considerado solamente los compositores cubanos o domiciliados en Cuba que aparecen en el libro de Río-Prado: puede haber otros, de manera que hay centenares de otras obras líricas cubanas, en algunas de las cuales deben aparecer elementos del quehacer político o social, que nos interesa; hay mucho que investigar todavía.

Varios de los temas recurrentes, como hemos visto, son el de la esclavitud, el tratamiento al negro, y el discrimen racial; el próximo capítulo veremos el efecto que estas canciones tuvieron en el repertorio de la canción popular en los años siguientes.

CAPÍTULO 19
1900-1958: La ola del esclavismo

El teatro lírico cubano, no creó el mito de la mulata cubana, que ya se venía gestando desde el siglo XIX en guarachas del teatro bufo, después en el escenario del Teatro Alhambra, y las guitarras de los trovadores, según hemos visto en los capítulos anteriores, pero si lo sublimó, le dió el rol protagónico en más de una zarzuela, posiblemente creó también la vestimenta y otros detalles de su adorno, como la bata de cola, grandes aretes, el peinado,etc, que la convertirían ya en una constante que a su vez, copiarían pintores, y describirían escritores en algunas novelas, aunque claro está que ya lo había hecho Cirilo Villaverde en su Cecilia Valdés.

El teatro lírico corporizó a la mulata; de elemento anecdótico en el teatro bufo, pasó a ser protagonista principal. Las mejores cantantes líricas cubanas cubanas se maquillaron para oscurecer su piel, e interpretaron los roles de Cecilia Valdés, María La O, Rosa la China, y tantas otras.

De ahí en adelante, habría que contar con la mulata como uno de los temas básicos de la canción popular cubana. Pero lo que tambíen creó el teatro lírico cubano, a través del escenario del Martí y otras salas, fue el reconocimiento y condena del régimen esclavista cubano, con el negro africano. Recordemos que en Cuba, con la llegada de los conquistadores españoles, se organiza muy pronto para los indígenas taínos y siboneyes un sistema llamado encomiendas, en realidad una forma de esclavitud, en que se les exigía un trabajo superior a sus fuerzas, amén del choque que significó el cambio total de sus costumbres, su libertad de movimientos, las enfermedades que les contaminaron los conquistadores, y la lógica reacción de los esclavizados frente a sus esclavizadores, que produjeron enormes matanzas, llegando en pocas décadas a la casi total extinción de sus razas. Sólo el Padre las Casas levantó su voz por ellos.

En la historiografía cubana, se convierten en una breve mención. Cuando se inicia el movimiento siboneísta en nuestra literatura en el siglo XIX, habrá alusiones al indio y su tragedia, como en algunos poemas de El Cucalambé, sobre todo el titulado "Hatuey y Guarina". Veremos que en lo que llamamos "Nostalgia indígena" tendrá breve alusión en algunas canciones cubanas en el siglo XX, pero no pasará de eso. Faltaba la presencia física del indio para recordarlo, y que él mismo fuera partícipe de esa recuperación; pero el indio se había extinguido.

Con el negro no sucedía eso. Traído de África muy pronto después de la conquista de América, precisamente para llenar el vacío que dejaban los indios, se convirtió en una presencia cada vez mayor, que aunque diezmada por el trabajo agotador, los castigos físicos y las enfermedades, por su constitución física más fuerte que la del indígena, y porque además se renovaban continuamente las bajas con nuevos contingentes secuestrados y traídos de África, fue creciendo hasta superar a la población blanca, sobre todo cuando en el siglo XIX Cuba se convierte en la primera productora azucarera del mundo y perfecciona el inhumano sistema de plantación, que los incorpora a la explotación en trabajos agrícolas (cultivo y recolección de la caña, el café o el tabaco) o en la fase industrial (conversión de la caña, la semilla del café, o la hoja del tabaco, en azúcar, café o puros).

Con el crecimiento de la población negra, y su uso como mano de obra, sube la fortuna de los blancos, sobre todo en el renglón que más mano de obra negra usaba, la caña; en el tabaco era donde menos presencia tenía. Pero con el enriquecimiento, crece también el miedo. Siempre hubo desde principios de este inhumano sistema, suicidios, levantamientos y fugas de negros; pero ya en el siglo XIX se hace más evidente el peligro, cuando precisamente al principio de ese siglo y gracias al levantamiento de los negros haitianos y el dislocamiento de su industria azucarera y cafetalera, empieza el crecimiento de la plantación en Cuba; los colonos franceses que emigran a Cuba, traen las historias de las venganzas de siglos acumulados que ejecutaron los haitianos contra sus antiguos amos. Eso alerta a los cubanos blancos, y el temor se intensifica cuando precisamente en la primera década de ese siglo, comienzan a liberarse del yugo español sus colonias americanas, lo que conlleva la liberación de sus esclavos negros. Toda América se libra de España, menos dos países: Cuba y Puerto Rico, y en ambos, por la misma razón: El miedo al negro, sobre todo en Cuba donde la presencia africana era mayor, y en la misma medida el recelo a que sucediera lo mismo que en Haití. Esto iba a demorar la independencia de Cuba en más de un siglo, y al lograrla iba a ser con una república muy mediatizada por la influencia norteamericana, lo que intensificaría muchos de los problemas de la nueva

Cuba, que por esa y otras razones, también tuvieron casi todas las otras repúblicas latinoamericanas. En cuanto a Puerto Rico, todavía está por llegarse a una solución definitiva de su statuts político, que se sigue debatiendo entre tres posibilidades básicas: El llamado Estado Libre Asociado, que es el régimen actualmente existente; la incorporación a los Estados Unidos como un nuevo estado, o la Independencia.

Para analizar esta situación en el caso cubano, vamos a usar de la obra de Pedro Deschamps Chapeaux, "El negro en la economía habanera del siglo XIX" (Editorial de la UNEAC, 1971) En el período en que centraliza su estudio Deschamps, 1820-1845, la población de origen africano y sus descendientes criollos en la Habana, era en 1828, un 60% de la población total. Esa población "se dividía en africanos y criollos, esclavos y libres, con la subdivisión de pardos y morenos, alentada y mantenida por el régimen colonial, como táctica para una mejor dominación" (p. 17).

Lo curioso es que mantener la esclavitud, en vez de apaciguar a los negros, los mantenía en estado de agitación, sobre todo después de saber de la liberación de los negros haitianos primero, y seguidamente de sus hermanos latinoamericanos. "*Así hubo algaradas callejeras contra los emigrados franceses de 1809 llegados a Santiago de Cuba, la conspiración dirigida en 1812 por José Antonio Aponte, negro libre y exsoldado del Batallón de Morenos Leales de la Habana(p20); Sublevación en Bainoa en 1825, Levantamientos en Tapaste, Güira y Guanajay en 1830; que se repitieron en 1835 en la jurisdicción de Aguacate, y se producía en plena ciudad (de La Habana) la rebelión de los lucumís (sic)...pereciendo casi todos en las zonas de Atarés, Blanquizar y Jesús del Monte (p. 21).*" Así continúa narrando Deschamps acontecimientos de este tipo, "*cerrando el amplio capítulo de conspiraciones y revueltas que constituyó la base para la ofensiva desatada por O'Donnell en 1844, que destruyó los cimientos económicos de una clase social en ascenso*" (p. 24).

Y es que efectivamente, el gobierno español y el grupo de españoles y cubanos que controlaban la economía de plantación cubana, temían la fuerza económica que iban creando los negros en Cuba; por propia experiencia, la sacarocracia cubana (como le bautizó el profesor Moreno Fraginals) temía más el dinero de esos negros emprendedores, profesionales, músicos, comerciantes, industriales que habían hecho un poco de fortuna, más que a los pobres esclavos con sus machetes. Con el dinero, sabían los miembros de la sacarocracia, se compraban funcionarios españoles, y aún títulos otorgados por la Corona española...

Por eso tuvo lugar la ofensiva desatada por el Gobernador O'Donnell en 1844, llamada la "Conspiración de la escalera" porque a los detenidos se les ataba a una escalera para proceder a atormentarlos con el látigo y otras crueldades, hasta lograr confesiones, ciertas o no. Como dice Deschamps; *"El látigo rasgó las espaldas de millares de negros esclavos y libres; en el tormento de la escalera, muchos perdieron la vida, otros, otros frente a los pelotones de fusilamiento, centenares llenaron las cárceles de la isla y los presidios de Ultramar, y centenares también se vieron obligados a marchar al destierro."*

Deschamps continúa en su importante libro relatando la importancia cultural y económica que ya tenían en Cuba varios cabildos negros; las posiciones militares, sociales y económicas que se habían ganado negros cubanos en los batallones de Pardos y Moreno Leales, muchos de las cuales fueron involucrados en esta supuesta conspiración (p. 59 y sigs); igual, en el caso de los capataces de los muelles habaneros (p. 89 y sigs) y especialmente en el caso de los músicos, (p.105 y sigs) que prácticamente dominaban en este giro: despreciado como un oficio por los conquistadores españoles, fue una de las actividades en que el negro cubano tenía posibilidades de abrirse paso llegando a aventajar en número y calidad a los músicos y orquestas de blancos, en el siglo XIX.

Cuenta Deschamps en su obra que en la novela Cecilia Valdés, se mencionaban algunos de esos maestros, famosos en La Habana de aquellos tiempos en que se desarrollaba la misma, 1829 a 1830, como Claudio Brindis, Ulpiano Estrada y Tomás Vuelta y Flores. Brindis apareció complicado en dicho proceso, fue expulsado de la isla y regresó clandestinamente, después fue amnistiado en 1852.

Como vimos en el capítulo 5 anterior, pasaron algunos años para que que músicos como Brindis, White y Buelta y Flores y otros, pudieran retornar a sus trabajos.

Es evidente cuando se recorren las páginas del libro de Deschamps donde entra a detallar la posición económica que habían logrado muchos de los encartados, que el proceso de La Escalera no tan solo quiso dar un cruel escarmiento a la población negra en general, sino que aprovechó la oportunidad, para despojar a un grupo de negros de esa clase media que habían logrado cierto grado de desahogo económico, y lo que cantaba Dolores Santa Cruz en la zarzuela Cecilia Valdés, puede muy bien haber sido cierto.

Cuando Carlos Manuel de Céspedes inicia la Guerra de los Diez Años el 10 deoctubre de 1868, dándole la libertad a sus esclavos, comienza un proceso irreversible que pondrá a los afrocubanos en gran mayoría incorporados a las filas rebeldes, hasta ser su participación mayor en proporción a la que fue la de los blancos; alcanzarán algunos de ellos los mas altos grados en el ejército, y lo mismo sucedió en la Guerra Chiquita, y cuando Martí los exhorta a unirse a la guerra justa y necesaria contra los españoles, y les habla de que no hay odio de razas, porque no hay razas, dan su generoso aporte a esta nueva guerra también.

Pero la república no les trae la justa recompensa a sus afanes: siguen postergados, ausentes de los mejores trabajos o empleos en el gobierno, discriminados como antes lo fueron en los tiempos coloniales; no hay esclavitud como tal, pero la ausencia de oportunidades económicas o de estudio, mejores condiciones sanitarias, vivienda, etc, son quizás iguales o peores a la esclavitud.

Cuando cansados de no tener una participación proporcional a su población en los partidos políticos existentes y tratan de constituir uno, el empeño es declarado ilegal, y cuando en justa reacción acuden a la rebelión, en forma espectante, alzándose en pequeñas partidas en las afueras de algunos pueblos de la región oriental, pero sin realizar acciones bélicas, cae sobre ellos en general, alzados y no alzados, una masacre que la historia sigue llamando "La Guerrita de 1912", pero que fue en realidad una matanza de varios centenares de negros y mulatos. Véase Rafael Fermoselle, "Política y color en Cuba: La guerrita de 1912" (Ed. Colibrí, Madrid, 1998); Aline Helg: "Lo que nos corresponde. La lucha de los negros y mulatos por la igualdad en Cuba 1886-1912". (Ed. Imagen Contemporánea, La Habana, 2000), y Louis A. Perez: "The 1912 "Race war"in Cuba reconsidered" (The Hispanic American Historical review, Vol 66, No 3, Aug 1986).

Con estos antecedentes, pasemos a considerar un curioso fenómeno. Como vimos, en algunas de las más importantes zarzuelas cubanas, encabezadas por la Cecilia Valdés, se aborda insistentemente, el tema de la esclavitud; se escriben arias para hombre y mujer, muchas veces con el específico nombre de Lamentos, que cantan y cuentan las vicisitudes del esclavo, su eterno recordar la tierra de origen, su vida sin esperanzas. Muchas de estas canciones, tuvieron transcendencia más allá de las obras musicales de las que eran parte; se constituyeron en repertorio básico de los cantantes líricos que además de las representaciones teatrales, vivían de recitales o presentaciones en que incluían frecuentemente estas canciones en sus repertorios.

Si vamos a la discografía, veremos que junto a un puñado de otras arias y romanzas de tipo amoroso, son los números musicales con el tema de la esclavitud los que más se graban del repertorio zarzuelero.

Esto no pasó desapercibido para otros compositores, y al igual que después del éxito universal del pregón de El Manisero, proliferaron pregones de todas clases, empezaron a surgir otros "Lamentos".

En términos generales, las canciones que vamos a analizar contienen varios elementos comunes: 1: Denuncia de los maltratos y vejaciones del sistema esclavista; 2: Uso, más o menos logrado del habla de los "bozales" o africanos, con alteraciones a la ortografía y prosodia del español; 3: añoranza frecuente de la madre África, con expresión de deseos de regreso. Curiosamente, no se mencionan lugares específicos de África, sino toda ella, en forma más conceptual que real. 4: Uso frecuente de identificaciones étnicas localistas, como lucumí, congo, etc. 5: Expresiones frecuentes de la nostalgia por los bailes de su país de origen.6: Comisión de errores, identificando como africanos bailes o instrumentos realmente creados en Cuba.7: invocación frecuente de orishas o santos de la religión de los yorubas, también de las figuras religiosas congas, bien bajo sus nombres históricos reales, o bajo los sincréticos creados por los afrocubanos, sustituyendo los nombres originales por nombres del santoral católico: Así Ochún deviene en la virgen de La Caridad del Cobre, Shangó en Santa Bárbara, Babalú Allé en San Lázaro,etc.8 : Uso muy frecuente de palabras de lenguajes africanos, especialmente de las etnias congas y lucumíes o de la secta abacuá o ñáñigos; hasta que no se haga un estudio mas a fondo de esta última característica no puede precisarse hasta que punto están correctamente usadas, si son palabras realmente existentes, o meras invenciones comerciales.

En todo esto, tenía gran influencia el movimiento africanista iniciado en Cuba a fines de la década de los 20's; Israel Castellanos publica en 1927 "Los instrumentos musicales de los afrocubanos", un primer intento de 40 páginas de enumerar y describir someramente esta rica instrumentación; Pero es sobre todo la obra de Fernando Ortiz (1881-1969) quien empieza a estudiar y a descubrir las múltiples facetas de la cultura africana y su aclimatación en Cuba; escribe artículos, da conferencias, funda una revista dedicada a estos temas, y va aglutinando un grupo de escritores, investigadores y músicos que se interesan en el tema, pero desgraciadamente, para los 30's es todavía algo que está empezando, y los compositores y sus letristas no tenían tampoco el dinero y el tiempo para comprar y estudiar la literatura que sobre el tema iba surgiendo; muchas veces sus fuentes de información eran músicos afrocubanos con la limitada y subjetiva información que podían brindar.

Lamento esclavo

Eliseo Grenet, ya vimos que incursionó bastante en el teatro lírico. El 30 de noviembre de 1928 estrena en el teatro Regina su zarzuela **La Virgen morena** con libreto de Aurelio G. Riancho (Río Prado, p.114 y sigs) que alcanza 14 representaciones, pero los altibajos de aquellos años hacen que la compañía se disuelva, pero vuelve a escena el 26 de junio de 1929 en el teatro Payret. Aunque tuvo éxito, solo se representó cuatro veces. Por los problemas que señalamos Grenet se ausentó de Cuba en 1932, sin llegar a montar esta obra en el Martí. En cambio, obtuvo con ella un éxito rotundo en Madrid, logrando allí, y en total en España, unas 850 representaciones. Otra fuente la sitúa en 1,800, lo que parece exagerado. Después se ha puesto en Cuba muy pocas veces. Pero el "Lamento esclavo" de esta obra, es sin duda, el lamento sobre la esclavitud más escuchado de todos. Ha tenido entre otras, las siguientes grabaciones: Rita Montaner, Col 3679x, 1929, reeditado en TCD-46; Orquesta Don Barreto, en París 1932, DF-3131, reproducido en HQCD-06; Orq. Lecuona Cuban Boys, cantando Rabagliatti, París marzo 30 1935, MC-3054 reproducido en HQCD-11; Eduardo Brito, New York, Febrero 28, 1930; Orquesta de Filiberto Rico, Paris, octubre 5, 1932, CV-26, reeditado en HQCD-41; Hernán Pelayo, barítono chileno, Lp SMC, 1953; Orq. Eddy Duchin (inst) Victor 25043; Ramón Calzadilla, Areito lp 3898; Armando Pico, Areito lp 3313.Incluida como una de las 80 canciones cubanas en el libro de Emilio Grenet, Música cubana, publicado en 1938.

Esclavo soy, *negro* nací,
Negro es mi color
Y negra es mi suerte.

Pobre de mí, sufriendo voy
Este cruel dolor
¡Ay! hasta la muerte.
Soy *lucumí* cautivo,
Sin la libertad no vivo,
 que los *negros*
libres un día serán,
¡ay! Mi *negra* Pancha
Vamo a bailar
Que los *negros*
Libres serán.

Lamento negro. Moisés Simons (1889-1945). Otro gran compositor que también se lamentó. Lo grabó Rita Montaner en New York en julio de 1929 Co 3984x, reeditado en DEC 33.Y en París la orquesta de Don Barreto en agosto de 1934 DEF-5163, reeditado en HQCD-20.

Um,um,um; Um,um,um
Sin patria, penando,
Vive muriendo
El pobre *esclavo*
Trabaja sin descansar

Trabajar hasta morir,
Ese es el sino fatal.
Del pobre esclavo lucumí
Ah ah eh ah,
Y recordar en vivo la emoción
De la lejana patria el bravo sol
Nuestro destino es esperar
Que un día piadoso
Den la redención
Que los *congos*, no más penar
Nuestras cadenas, como no
Hay que saberlas llevar,
Que el día de la justicia llegará   (bis)

Tata Cuñengue. Uno de los compositores que más trató lo negro, fue Grenet. Con la voz única de Antonio Machín grabó este tango congo, en Marzo 4 de 1931, V-30453, reeditado en TCD-26.

De la *negra* tribu
Del *África* ardiente
Traigo el *tango congo*
Y el ritmo candente
Y la ceremonia
Sagrada y valiente
Pongan atención
Al tambor crujiente
Penas se van
Y ahora el guateque
Va a comenzá
Pá que se fijen tó lo presente
Como se mata el alacrán

Ay Tata Cuñengue
Lo va a enseñá,
Son bicho malo
Cuanta pezuña, cuanta tenaza
Cuanta ponzoña del animal
Tata Cuñengue lo va a enseñá,
Soy Tata Cuñengue
El mejor bichero

En chévere y guapo
Yo soy el primero
Con eso animale
Me sonará el cuero
Y yo baila y canta,
Trabaja y guanta pá gana'el pan.
Yo mimitico te va a mostrar
A la señora y lo caballero
Como se mate el alacrán ¡Ah!

Tata Cuñengue lo vá a matá
Con el machete del mayoral

Corta pezuña, corta tenaza
Corta ponzoña del animal,
Tata Cuñengue lo va a matá   (bis)

África. De Julio Brito. Aunque parece fue compuesto antes, no se graba hasta 1934. A diferencia del talante alegre del anterior, aquí el tono es bien diferente. La graba el Trío Matamoros en New York, en septiembre de 1934, V-32732. Y al año siguiente, también en Nueva York, Alberto Socarrás y su orquesta, Brunswick 7443 en abril 16, 1935.

Lejos de ti, mi ardiente sol
Pensar en no volverte a contemplar
es mi dolor
Tus recuerdos
Llenaron mi alma de amor
tu hermosura sin igual,
de tus rayos el esplendor.

África, tu paisaje es todo ideal
Tus selvas, tu mar,

Tu ritmo tan sensual
No hay otro igual.
Lejanas tierra
Donde yo nací,
Tierras que nunca
Jamás yo veré, ay

Ansío solo el volver a ti
Sentir el tambor repicar
Bailar hasta no poder más,
Sentir en mi cuerpo el calor
De la *africana* de mi corazón
Y el dulce sueño de mi amor realizar
África, África, adiós.

Bembé. Canto afro de Gilberto Valdés, compositor que desarrolló su obra tanto en la música popular, como en lo clásico. Señala José Ruiz Elcoro que este número, por su notable elaboración, es una pieza de concierto; y que fue estrenada por Rita Montaner en 1935 en el teatro Principal de la Comedia, junto con otras obras del autor, todas de música afrocubana, como la canción de cuna Ogguere, el pregón Ecó, Tambó y Sangre africana. Bembé fue incluida además en las 80 canciones que Emilio Grenet incluyó en su libro "La música popular cubana" publicado en 1938, como las más representativas de nuestra música.

Me guta bailá e *bembé*
Me guta *Babalú Allé*
Porque en *África* nací.
Porque yo soy *lucumí*
Yemayá, Yemayá aé.

Oye e ruido de *tambó*
Oye e ruido de *bongó*
Oye lo *negro* cantá
  e canto a *Yemayá*,
como supiro de amó
al recordá mi paí
Yo la negra *lucumí*
Como supira de amó
Cuando suenan lo tambó (bis)
(Letra suministrada por José Ruiz Elcoro)

Esclavo libre. Fue escrita por Ernesto Lecuona, con libreto de Víctor Reyes como parte de la zarzuela "El Torrente", estrenada en el Teatro Principal de la Comedia, el 8 de noviembre de 1935. (SGAE, catálogo de obras de Lecuona, p.22). Aunque habla del esclavo libre, otra lectura, por la fecha en que fue escrita, es que se refiera alegóricamente a los cubanos como "esclavos", liberados el año de 1933, de la tiranía machadista. La obra no trascendió, pero la canción, sí; la grabó Manolo Alvarez Mera en el Lp Puchito 590, ca. 19 reeditado en CD Antilla CD553; Ramón Calzadilla, Areito 3400, Hortensia Coalla, ca. 194_ C-59.

¡Esclavo libre! Al fin ya somos
Ya las cadenas hoy rompimos, libertad
Y ya por siempre cesó el martirio
De nuestro yugo, libertad, Oh libertad.
Esclavo libre, libre ya somos
¡Al fin tenemos nuestra ansiada libertad!
Cesaron ya nuestras penas
Nuestro martirio y dolor
Llegó ya el día radiante
De libertad y amor
Esclavo libre, libre ya somos
Hoy se logró nuestra dicha
Por fin llegó el nuevo día
Y nos alumbra más el sol.

Ya tiene patria el esclavo
La ansiada fe en sus amores
Esclavo libre, ya tiene patria,
¡La libertad y el amor!

Moreno, son de Evelio Machín, grabado por Antonio Machín y su cuarteto en New York, Octubre 24, 1935, reeditado en CD Harlequin-104. Hace unos años fue grabado por el 7to Típico Espirituano, CD Campo Field MT 13/14, pero atribuyendo su autoría a Pedro Bernal.

Moreno
me llaman, porque tengo
La piel negra y el pelo
Rizado natural.
Esclavo,
 de dioses milenarios,
Por ser humilde y pobre,
Mi destino es fatal.
Me cuentan,
Que en épocas remotas

Mis padres,
Murieron en la mar.
Mas no lo sé.
Moreno,
Bien saben que en mis venas
La sangre no es morena,
Es roja natural
¡Soy moreno, soy!

Tabú. Lamento afrocubano de Margarita Lecuona. Jamás pensó esta joven compositora, que su número tuviera tanta fama; su éxito debe haber motivado a otros compositores a seguir su huella.

Al parecer lo graba primero el Cuarteto Machín, en New York, V-32115, en marzo 20, 1934; después la Orquesta Lecuona Cuban Boys en las voces de Alberto Rabagliatti y Agustín Brugueras, en octubre 25, 1935, en París, FB-1273, reeditado en Harlequin HQCD-26. Después y a lo largo de los años, lo grabará la propia autora en Lp Montilla FM-19;, Enrique Herrera en LpBonita 115; Orquesta de Félix Guerrero, versión instrumental, Lp Fiesta FLP-1226; Orq. brasilera Namorados do Caribe, inst. en V-RCA-FSP-157; Orq. Pérez Prado, inst. V-MKLA/S-74; Grupo Los Armónicos en Lp Kristal 1112; Grupo puertorriqueño Los Hispanos en Lp Musicor MM-2073, y otros muchos.

Alma, del *África* lejana
Llena mi pecho de candela
El pobre hijo de *esclavo*
Añora siempre las palmeras
Las cosas más primitivas
De dioses misteriosos y de fieras.
Ochún, Ifá,
Obatalá, Changó, y Yemayá.
Tierra del *África* adorada
El río caudaloso, el cielo azul,
Y aquí si el negro
Mira a la hembra blanca
Changó, le quita toda su confianza
Ifá, Changó....
Tabú, Tabú, tabú... (1)

Según el RAE, es palabra de la polinesia para lo que no se puede mencionar o censurar.

Lamento esclavo. Otro lamento, éste de Moisés Simons, y aparentemente parte de su opereta "Le chant des tropiques"estrenada en París en 1936, y lo graba la orquesta de Filiberto Rico cantando Antonio Machín en París en octubre de ese mismo año, HMV-K-7792, reeditado en Harlequin CD-31 y en Tumbao TCD-53

Que triste es ser *esclavo*
Porque nací *moreno*,
Si no podré ser libre
Jamás podré ser bueno.

No habrá piedad de mi dolor
Me miran todos
Como si fuera traidor;
Siempre trabajar,
Nunca descansar
Nada puedo ya esperar   (bis)
Sin un amor
No sé vivir
Con esta pena
Quisiera yo morir
¡Oh qué maldición
Sobre mi cayó!
No hay piedad
De mi dolor.
Desprecio yo la vida
Y tanto estoy sufriendo,
Que de dolor transida,
Mi alma está muriendo.
No habrá piedad, etc
Oh! Que maldición
Sobre mi cayó'
No hay piedad de mi dolor.
Ay de mí moriré,
Ya perdí, todo fue...

Hasta ahora, eran compositores blancos los que cantaban las vicisitudes del esclavo: ahora lo serán negros y mulatos también.

Congo se divierte. Posiblemente de Ignacio Piñeiro, y grabada por su Septeto Nacional, aproximadamente en 1936, reproducido en el Lp Memorias Musicales 586. Es más bien una canción lúdica, hablando del baile, pero se incluye una frase clave: "Ya pasó tiempo de la esclavitud".

Pobre lucumí. Bolero son de Marcelino Guerra (1914-1996), música y Julio Blanco Leonard (1909-1982), letra. Grabada por la Orquesta de Belisario López cantando Joseíto Núñez, en Junio 15 de 1937, V-82125, reeditado en CD Tumbao TC-63.

>Triste es su pasado
>Por lo mucho que ha llorado
>De lágrimas un mar, y de horror
>Ellos prisioneros
>De su patria los trajeron
>Sin pensar en su dolor,
>De la tierra más caliente
>Donde el sol tan refulgente
>Que jamás ya verán.
>Pobre infeliz, *lucumí*,
>De una tribu lejana
>De la selva *africana*
>Que ya no verá más.
>¡Ay mi Dios!
>Lucumí, que en la negra mañana
>Al sonar la campana
>Va la caña a tumbar,
>Con paso lento, con sentimiento,
>Con sufrimiento,
>Va a trabajar, ¡Ay mi Dios!
>*Lucumí*, de una tribu lejana,
>De la selva *africana*,
>Que ya no verá más.

Yo tá cansá, o Ña Teresa. Un tango congo del binomio Guerra-Blanco Leonard, que graba el Trío Matamoros en New York, en marzo 23 de 1937, V-32976. Entre otras grabaciones, está la que hace Abelardo Barroso en su retorno o come back a fines de los 50's con la orquesta Sensación, que fue uno de sus grandes éxitos. Lp Adria 11, reeditado en CD Antilla 11.

>Mmmm Mmmm Mmmm
>Po qué uté quiere Má Teresa
>Que yo vaya al matorral,

Si ya no pueo trabajá
Que cosa va a í a bucá
Que ya no sé que voy hacer
pá que me deje reposar.
Que ya mi cuepo etá cansao
Se etá muriendo sin queré
Mmmm, etc.
Ya yo etá viejo,etá cansá
Y no me pueo ni mové,
Hata la vida se me vá
Y uté no me lo quiere creé
Su uté no quiere que me muera
No me mande a trabajá
Ya yo dí tó lo que iba a dá,
ahora dejeme descansá

(Montuno)
(coro) Ñá Teresa
No pueo trabajá   (bis)
Ña, etc.
Me duele el cueppo
Ña, etc.
Me duelen los ojos
Ña, etc.
Hoy no pueo trabajá
Ña,etc
Me duele la cabeza, etc.

Ecué. De uno de los músicos que con más seriedad asumió el estudio y propagación de la música afrocubana, Obdulio Morales. (1910-1981). Escrita aproximadamente en 1938, Al parecer no fue grabada hasta mucho después, por la cantante puertorriqueña Ruth Fernández acompañada por el autor con orquesta, en el Lp Montill FM 54, mal llamado "Ñáñigo" (porque en él se interpreta música afrocubana, pero ninguna de la llamada "Ñáñiga"); después, lo grabó también Candita Batista en el Lp Maype US-130.

Soy *negra,la negra esclava,*
Nací allá en la selva.
Soy noble, siempre lo he sío,
Trabajo sin descansar

Y trite, yo paso la vía
Y solo río por no llorar.
Ecué...Ecué...
Lo amo tan malo son
Que ni siquiera
Dejan a uno cantá,
Siempre viene pegando
Lo mayoral
Pá que yo nuca puea
Ni descansá;
Ecué, tu me escuchá.
Dame la libetá...   (bis)

Juramento en las tinieblas. Del binomio Guerra-Blanco Leonard es este número, compuesto a fines de los 30's, y grabada por el Cuarteto Caney en New York en abril 18 de 1938, Columbia C05741x y reeditado en Tumbao TCD-38, y también por el Septeto Nacional a principios de los 40's, disco Star 1006, Reproducido en el Lp MM,586.

Región ignota,
Fuente inagotable de congojas;
Silbando el viento
Se oye murmurar un juramento:
 es el *esclavo* infeliz
Que desconoce su fin,
Su vivir entre tinieblas,
De su noche sin estrellas.
Añora el calor de los fulgores,
Del sol y las flores
Del remoto país;
Las fieras
Y el rumor de palmeras
Que se mueven majestuosas
Bajo el cielo azul;
Y llora
Y en su queja implora
Y triste su alma llora
Un poco de piedad
De la cruel humanidad
Soñando en su libertad   (bis) todo

En la jungla. Es un son afro también del binomio Guerra-Blanco Leonard, que graba en New York en febrero 9 de 1939 el Cuarteto Caney, cantando Johnny López y Machito, V-82633

> Lejos de aquí,
> Mi tierra natal,
> En la selva de fuego
> Yo quiero cantar
> Mi cabildo eta ahí (1)
> En el *África* etá
> Y la palma y el río
> Que corren pa'l mar.
> La mulata feliz
> Con mi tambor
> Mi negra *carabalí*,
> Me da su amor
> Y los *congos y mandinga*
> Como yo
> Viven alegre con su *negra*,
> Con su tambor.
> A la jungla
> Mi negra, te quiero llevar
> Mi cabildo etá allí
> En el África etá.

(1) El cabildo es una institución político-social española que los conquistadores traen a América y le permite a los negros libertos que tengan: son sociedades de ayuda mutua, básicamente, y con una base religiosa: tenían que tomar el nombre de algún santo católico. Está mal usado el término por Leonard, justificable por la falta de información que existía a nivel popular, de una gran parte de la historia de Cuba.

Bacosó. Es una guaracha de Bienvenido Julián Gutiérrez (1904-1966). Todos quieren aportar su granito de arena al alegato contra la esclavitud. Posiblemente de ese mismo año, la graba en febrero 27 de 1939 la orquesta Casino de la Playa cantando Miguelito Valdés, V-82647, reproducido en Tumbao TC-54. La conga, como género musical, tiene orígenes africanos, pero no se conoció en África, es una creación cubana. Igual que el caso anterior, hay que pasar por alto esta afirmación del autor.

> Me voy, me voy, me voy,
> A la jungla me voy

> Cuando toca aé,
> Porque mestizo soy.
> Por ahí está mi fe
> Que es la *conga* cubana
> Que ante fue *africana*
> Que es lo que me protegió (¿)
> Me voy, hasta mañana
> Aé, aé, aé.
> Bacosó, aé, aé.
> Tierra de fuego
> *Son lucumí.*
> *Son arará,*
> *Son carabalí.* (1)

(1) Esto de mencionar la posesión de varias etnias africanas al mismo tiempo, aparece en más de una canción: es como el deseo de identificarse mas profundamente con el origen africano. Lo hizo también Arsenio Rodríguez y hasta se hace en tiempos contemporáneos.

Mi África. Conga de Juan Bruno Tarraza. Un compositor blanco se une a esta africanitis aguda. Lo graba la orquesta Havana Riverside, cantando Miguelito Valdés, V-83296, grabado en 5/10/1940. Y con ella iniciamos las grabaciones realizadas en la década de 1940, que como veremos, siguen a un buen ritmo sobre el tema de la esclavitud.

> Lejos está mi tierra natal
> Donde aprendí yo a bailar
> Tierra donde el son nunca se va (1)
> Nunca se va, nunca se va
> Selvas inmensas
> Donde al nacer
> Dio sus tesoros con esplendor
> Ríos que son
> Poco menos que el mar
> *África* es así,
> *Conga negra mi conga,*
> *Negra, de* alla(2)   (bis)

(1) El son no existía en África. Cuando se distribuyen en África los discos del Sexteto Habanero, después de la Segunda Guerra Mundial, se enteran allá del son.
(2) Por mucho que lo repitan, la conga no es de África.

Libre no soy. Afro de Osvaldo Estivil que interpreta con su orquesta, cantando Tito Gómez. Grabado en abril 4, 1940, V-83187.

>Yo quiero salir de esta *esclavitud*
>Prefiero que muete lleve a mí.
>Yo no tiene dinero ni pué comprá,
>Tampoco a mi *África* pueo ir
>Como que soy *congo*
>No sabía hablá bien.
>Amo enseña naitica pa mi.
>Solo trabajo la día
>Y la noche, pá qué
>Siempre esté contento mayorá
>¡Oh Dio!, ¡Oh Dio!   (bis) todo.

En la esclavitud. Es un afro-guajira de Ricardo Ferrera (1905-1986), miembro del Trío Pinareño que con ellos lo grabó en Junio 20 1940, V-83228.

>Al son de la madrugada
>Por orden del mayoral
>Despiertan a tó la gente,
>Los mandan a trabajá
>Uno cogen la machete
>Otros van a guataquear
>Otros van a cortar caña,
>Pero yo me va a fiestá…
>Porque yo soy *negro de nación* (1)
>Que solo forma de revolución
>Y cuando tó el mundo
>Vaa trabajá
>Yo solo me divierto con mi cantar (bis)
>(Cambia a ritmo de tango congo:)
>Poque yo soy *negro congo*
>Que siempre está así
>Divertí porque yo soy *negro*,
>*Negro congo* que siempre está así…

(Continúa hablando de santos, de limpiezas [religiosas] etc.)

(1) Eran los esclavos nacidos en África y traídos a Cuba.

Sanseribó. Bolero- son de Rosendo Ruiz hijo, grabado por la orquesta de Cheo Belén Puig, cantando Alberto Aroche, en diciembre 16, 1940. V-83408

Látigo cruel
Que en mi cuerpo azotó
Cuando el mayorá
Injustamente me castigó
Oh mi Dios, le voy hacer al mayorá
Lo mismo que le hago a mi tambó,
Ello no saben que lo *negro* bueno
No son lo mismo que lo *negro* tonto,
que aunque tenga que al monte juí
y comé jutía carabalí,
Oh mi Dió, le voy a hacer al mayorá
Lo mismo que hago al tambó,   (bis)

El mayorá cuero me dió,
A ese gorronte lo mato yo,
Soy *negro* bueno, ando con Dio
Soy un *negrito* senseribó
El mayorá cuero me dio
A ese gorronte lo rompo yo
Injutamente me castigó,
al mayorá lo mato yo.

Fue en el África lejana. Es un bolero son de una destacada declamadora afrocubana, Eusebia Cosme que grabó primero en marzo 4 de 1941, el Trío de las Hermanas Márquez, Vi 83454 reeditado en Harlequin HQ-62, y días después el 10 del mismo mes, lo grabó la orquesta Casino de la Playa, en la voz de Aurora Lincheta, V-83455, reeditado en CUCD-1704. Y la orquesta de Xavier Cugat, cantando Miguelito Valdés, Columbia 36538.

Fue en el *África* lejana
Donde conocí el amor
Y en América mi *negro*
Donde conoci el dolor (bis)

Yo quiero ir al *África* lejana
Yo quiero ver de nuevo sus palmeras
Y al son de antiguos tambores
Volver a ver nuestro sol   (bis)

En *África* gocé,
Y en América sufrí (bis) 3
Yo quiero ver nuestro sol

Al son de antiguos tambores
Yo quiero ver sus palmeras
Cubriendo nuestros amores.

Lamento de un congo real. Lamento afro de Benito Roncona, que grabó el Trío Servando Díaz, V-83795 en febrero 24 de 1942, reeditado en Tumbao TC-81.

Ay Dio, dende que yo nací
En la tierra *África*
Yo no pasá tanto tranbajo
Como yo pasá aquí, tierra branco
Pero que le vamo a hacé,
Yo voá cantá poquito
Pá divertí mi corazón
Yo soy *negro* que vení
De nación   (bis)
Yo llega en la dotación
Pá trabajá aquí.
Pobre *nego, congo real* (bis)(1)
Me amarrá con lo cepo
Porque yo soy cimarrón
La campana suena bon,
Lo cuatro de la madrugá,
 Ay! Llama *nengo* pá trabajá

Yan, yan yan, yo quié morí
Ay pobre *negro*, yo son *lucumí*(2)
No quiero cuento manigüero,(3)
Yo quié morí
Yan
Ay, pero quítame lo cepo
Que me está herí
Yan
Adiós mi tierra, Mahomí
Ay pero mira Roncona, yo quié morí
Yan.

(1) y (2): Como vemos, la etnia puede variar de congo a lucumí, en el breve espacio de la canción
(3) Según Sánchez Boudy, Manigüero, algo que no sirve, es malo.

Negro muñanga. Afro de Electo Rosell (1907-1984) música y E.Lazo, letra. Grabado por la orquesta Chepín-Choven en Marzo 3, 1942, V-83811, reproducido en Tumbao TCD-51.

Aquí viene *negro muñanga*
Que tira caña en el batey
Y que trabaja como buey
Y come choco de malanga
Y agua bebe de curujey
Toíto lo día etá diciendo
Cuando acabá de tranbajá
Año que viene mayorá
Cuando el ingenio está moliendo
Lo va a comprá su libertá'
(hablado) Je je je yo no sé la mentira
Que usté me etá diciendo..

Negro muñanga está riendo
Toito que dice el mayorá,
Tanto que tanto tranbajá
Cuando el ingenio está moliendo,
Negro muñanga morirá,
Negro muñanga etá reí
Toíto que dice el mayorá (bis)
(Sigue hablando con el mayoral, y repitiendo el estribillo)

Queja africana. Afro de Israel López (Cachao) grabado por la orquesta Casino de la Playa en mayo 4, 1942, V-83884. Canta Antonio de la Cruz.

Cuando del *África* llegué
Yo saqué los caracoles (1)
Ay, me trajeron los españoles
En un barco carabela (2)
Me soltaron en el monte
Como si fuera una fiera
Para que luego fuera
Esclavo, y la gente enriqueciera
Ay Dió, que mundo más traidor
Coro) El amo no quiere
Que yo toque el *tambor*

s) Ay que yo toque el *tambor*
c) El, etc.
s) Miguelito me dice que toque el *tambó* (3)
c) El, etc.

Siguen inspiraciones.

(1) Son los que se usaban para adivinación, como hemos explicado.
(2) Las carabelas fueron las naves primitivas en que navegaron los primeros conquistadores, pero la mayor parte de los esclavos vinieron en naves mayores, posteriores a éstas.
(3) Miguelito es Miguelito Valdés, cantante de la misma orquesta a quien de la Cruz había sustituido recientemente.

Tiempo remoto. Un son afro de Esmérido Bayeu, que graba la orquesta de Mariano Mercerón, en noviembre 30 de 1944, V-23-0289, reeditado en Tumbao CD-64.

Yo acabá tiempo remoto
Y ahora etá, lo tiempo de ahora
Y aunque quieran no van a llegá
Y si llega, lo mismo dá,
En otros tiempo, yo me mandá
Y ahora que libre, me quié mandá
Que no me manda ná   (bis)'
Que yo va dil pa qué,
Me esta obligá
Que yo vaya trabajá
Hoy suena la campana
Yo no escuchá
Tiempo remoto, ya acabó
Porque tu manda a trabajá
Tiempo, etc.
Ahora yo etá libre, etá libre ya
Tiempo, etc
Y la *negra* Pancha no etá eclava ya
Tiempo, etc.
Pa que tu la manda a trabajá.

Aprieta el paso. Parece que hubo un descanso como de cuatro años, pero aparece Marcelino Guerra con esta rumba que le graba en 1948, el Trío Los Panchos.

Aprieta el paso
Que ahí viene el mayoral
Vamo a trabajá
Vamo a chapeá(1)
Mi mayorá
Cuando me digan que ya
Está bueno de tranbajá
Yo voy a tocá la tambó
Pá vení mi *negra* a bailar
Vamo acabá de tranbajá
Vamo a chapeá mi mayoral (bis)

Aprieta el paso, tu vé
Camina tu vente a chapeá
Aprieta,etc
Contigo quiero rumbear
Aprieta etc
Apriétalo un poco más
Aprieta etc
(siguen inspiraciones)

(1) Cortar el pasto, la maleza con machete. Es cubanismo, que ya estaba en Pichardo, pero el DAE no lo reconoce como tal.

Dolor Karabalí. No podía faltar Benny Moré con este afro-mambo que compone y graba en 1949 en México con la Orquesta de Pérez Prado y las Hermanas Gaona, V-23-1533 reeditado en Tumbao TCD-10. Y en CD V-9921-2

Yo *carabalí*
Yo voy a cantar pá ti
Pá que tó lo *negro*
Que perdé su *tambó*
Coro: *Su tambó, su tambó, su tambó*
Mi Dió yo no quiero morí
Mi cueppo no aguanta el doló
Mi *negra* me niega su amó
Porque ella no pué tranbajá
Que doló, que doló.
Cuando yo llega al batey
La gente me está mirando

Que mayorá me está pegando
Que doló, que doló
Que el mayoral me está pegando
Que doló, que doló, que doló
Siguen inspiraciones y el coro contestando
Que doló, etc.

En el ingenio. También Miguel Matamoros se inspira con este son afro, quizás de fecha anterior, pero grabado en La Habana en junio 5 de 1950 para el sello Ansonia, como parte del Lp 1251, luego reproducido en Cd del mismo número. Es uno de los mejores logrados, en esta línea de trabajo sobre la esclavitud. Fíjense en el pensamiento de la última estrofa, que ninguna otra lo tiene.

No hagan ruido
Déjalo que duerma
Tal vez sueña
Con un mundo de ilusión
Pobre *negro*,
Lleva su alma enferma
Sin más salario
que su aflicción
Déjalo que duerma
Hasta mañana
Que la campanada
Le ordenará
Ir al trabajo
En hora temprana
Pues látigo fiero
Lo llevará.
Y así van los *negros*
Muy temprano
Para el batey'

c) Laborando, siempre laborando (bis) 3
Ese *negro* Rafé (qué)
Que dice va a trabajar
Mentira no hace ná
Ná má sirve pá comé

c) Laborando, etc (bis) 3

Cuando venga el mayoral
Te va a amarrá como un buey
Aquí mimo en el batey
Que fuetiza te va a dá
c) Laborando etc

En tu pellejo va a untá
Sal, aguardiente y ají
Luego te vá a preguntá: *Negro*,
Que es lo que tú hace ahí
c) Laborando, etc.

Y así endulzaba su paladar,
El mundo entero que se embriagó
Con trago dulce, sin apurar
Si era suplicio lo que le dió,
Laborando siempre,
El pobre negro, sucumbió
Laborando etc.

Cubáfrica. En su viaje a Cuba en 1960, Armando Oréfiche reunió una orquesta y grabó tres lp's para la firma Panart. Entre ellos, este son afro, incluído en el lp 3081, y reeditado en el Harlequin CD-59. Canta el cuarteto Los Cafros, en realidad Los Rivero con otro nombre, por razón de obligaciones contractuales con otros sello, posiblemente. Debe haberse escrito en la década de los 50's.

Ay, ya la fiesta de los *negros*
Tó lo *negro* están de fiesta,
Tanto trabajar, tanto padecer,
Viva la libertad   (bis)
El pobre *negro lucumí*
Que su *África* ya perdió
Busca alivio a su dolor
En el toque de tambor
Y en Cuba ha de olvidar,
Negro lucumí.

Bóngoro bon guévere
Bon guévere yamba-o

Arsenio Rodríguez: un caso especial

Hemos dejado aparte las composiciones que Arsenio dedicara al tema de la esclavitud y el discrimen, porque su repertorio difiere bastante del resto de sus compañeros. Hay otros enfoques y áreas que ellos no trataron.

Bruca maniguá. Aunque identificado en el disco como conga, no lo es. Quizás lo que después se llamase un son montuno. Es una de las primeras composiciones de Arsenio, que se la da a la recién estrenada orquesta Casino de la Playa, y es la primera grabación que ésta hace. Es una pieza seminal en la discografía de la música cubana. Si hasta aquí la voz se limitaba a imitar la forma de hablar de los negros bozales, aquí esto se mezclará con palabras en lengua conga, básicamente. Esto se había hecho como hemos visto, en algunas de las grabaciones de artistas del Teatro Alhambra, y de trovadores, pero no por las orquestas que hemos analizado en este capítulo.

Fue un gran éxito y abrió la puerta nuevamente a los lenguajes o dialectos afrocubanos en la música cubana. La Casino de la Playa grabaría otros muchos números de Arsenio y otros compositores, con palabras insertadas de esas lenguas. Vamos a usar la versión literal, y la traducción de la misma que hace David García, en su excelente biografía de Arsenio Rodríguez, con la salvedad en cuanto a la palabra "bruca", que el traduce como bruja, estimamos que parece más correcto brujería, y otras pequeñas correcciones. Orquesta Casino de la Playa, junio 17, 1937, V-82114, reimpreso en TCD-03. Entre otros, fue grabado por Cuarteto Caney, Octubre 12, 1937, Columbia 5641x, reproducido en TCD-38; Por la orquesta de Xavier Cugat, cantando Alfredito Valdés, V-25770, reimpreso en HQCD-14 y TCD-23; Toña La Negra 193_? Reimpreso en CD ICREM-05; Malena Burke, Lp Areito 4043, Ray Barreto, Lp Tico 7160, Coro de Camagüey, Lp Siboney 202.

Aé, mi Yeyeo (1)	Ea, mi Changó (Caridad del Cobre)
Bruca maniguá	Brujería de la manigua
Yo son Carabalí (2)	Yo soy carabalí
Nego de nación	Negro del África
Sin la libetá	Sin la libertad
No pueo vivir	No puedo vivir
Mundele cabá	Hombre blanco acabará
Con mi corazón	Con mi corazón
Tanto matratá	Tanto maltrato
Cuepo va fuirí	Cuerpo va a morir
Mundele con biafotere	El blanco con el maltrato

Siempre tan garachá	Siempre está engañando
Etá por mucho que lo dinga	Lo está, por mucho que lo diga
Siempre tá matratá	Siempre me maltrata
Ya ne me cabá	Ya me acabó
Rafioté fuirí	Con su maltrato
(coro) Aé, echele bruca manigua (3)	Ea, échale brujería de manigua
Abre kuton guiri mdinga (4)	Abre las orejas y los ojos
Bruca maniguá, ay mi yeyeo	Brujería de manigua, mi Caridad del Cobre
Coro: Aé, etc	Ea, etc.
Mi lamento sualo sualo	Mi lamento es muy claro
Bruca maniguá, mi yeyeo	Brujería de manigua, mi Changó
Coro: Aé,etc	Ea, etc.
Coge finda derechito	Coge el camino derechito
Bruca maniguá	Brujería de manigua
Coro: Aé,etc	Ea, etc.
A un paso paso de dingueña	Con pasos firmes
Bruca maniguá	Brujería de manigua
Coro: Aé, etc	Ea, etc.
Ya yo rico un mandembo	¿
Bruca maniguá	Brujería de manigua
Coro: Aé,etc	Ea, etc
Combo tiene peremende	Mi mambo tiene maldición (?)
Bruca maniguá	Brujería de manigua
Coro: Aé.etc	Ea, etc.
Está kangando lo mundele	Esta cargando el blanco (¿)
Bruca maniguá, mi yeyeo	Brujería de manigua, mi Changó
Coro: Aé, etc	Ea, etc.
Esa negra a mi me engaña,	Esa negra a mí me engaña
Bruca maniguá, mi yeyeo	Brujería de manigua, mi Changó
Coro, Aé, etc.	Ea, etc.

(1) Esto lo dice Miguelito como una exclamación, sobre la música, antes de empezar a cantar. "Aé" es una interjección, equivalente al "Ea" en español, que nos dice el RAE sirve para animar, estimular, excitar. Recuerden en la conga de La chambelona, de la que hemos hablado, su estribillo "Aé, aé aé La chambelona". Yeyeo equivale en yoruba a Ochún, que a su vez en el sincretismo religioso cubano, equivale a la virgen de La Caridad del Cobre, del santoral católico.

(2) Dice ser carabalí, pero casi todas las palabras que se usan son congas, salvo alguna del yoruba, como vimos. Pero lo importante es que con esta frase, Arsenio inaugura la

identificación de origen de un negro cubano; era normal que un español procedente o hasta nacido en Cuba, se identificase como tal, pero especificando si gallego o asturiano, o lo que fuese; y lo mismo un cubano blanco, indicaría su procedencia como habanero, santiaguero, etc; pero aquí, por lo menos en forma escrita, es donde por primera vez, el negro cubano hace referencia a su lugar de origen africano. Arsenio usará esta identificación en otros números musicales como "Yo son macuá" y otros compositores lo harán también.

(3) Creo hace más sentido a todo el texto usar brujería en vez de bruja; de eso trata toda la canción, de planear echarle, o hacerle brujería al blanco que está abusando del negro.

(4) Kuton es oreja en ñáñigo, de manera que tenemos un tercer idioma de origen africano usado.

No creo que los oyentes de aquello tiempos, e inclusive los de ahora, comprendieran completamente todo el significado, salvo los afrocubanos. Pero algo tenían esas palabras, que conquistaron al público latinoamericano. La gente cantaba alegremente lo que realmente era una canción de protesta de los afrocubanos.

Ven acá Tomá. Un son afro de Arsenio, grabado por la Casino de la Playa y Miguelito Valdés, en la misma fecha que el anterior, V-82121 reeditado en HQCD-51.

Mayorá, Mayora'! (bis)
Kike, ya la tambora vá (1)
Empezá
Y yo me va a trabajá,
Pá pronto va comprá,

Pá comprá cosa bonita
Que a mi me guta poné (bis)
Dime *negro*, ya se va mayorá!

Yo quiere que te acueda
Lo que yo te tá decí (bis)

Mía que yo me va de aquí
Mayorá!
(coro) Kende guá, Tomá (1)
Cara cara oye lemba (2)
Yo ya reí como Mandengo (¿)
Kinko kinko se mi lengua (3)
Anda *negra, dime negra*

Abre kuton, güiri ndinga (4)
(siguen inspiraciones de Miguelito Valdés)

(1) Según David García (obra citada) significa El espíritu está viniendo Santo Tomás
(2) Idem, Hablemos cara a cara
(3) Idem, Suave, suave, es mi lengua
(4) Idem, Abre los ojos y los oídos.

El éxito de estos primeros números, hizo que la Casino de la Playa no tan sólo usara canciones de este tipo de Arsenio, sino también de otros compositores, y así en este y los años sucesivos grabaría otros números "afros" como "La negra Leonor", de Ñico Saquito; "Yo tené un barracón" de Bienvenido Julián Gutiérrez ; "Batamú", de Marcelino Guerra y Julio Blanco Leonard; "Elube chango", de A. Rivera; "Añiñáñara", "Muna sanganfima", y "Guagina yerabo" de Chano Pozo, y "Sin San Sore" de C. González. Pero volvamos a Arsenio.

Yo son macuá. Grabado en abril 12, 1938 V-82404, reimpreso en HQCD-39 y TCD-54. La Casino de la Playa y Miguelito. Macuá es otra de las numerosas etnias africanas que llegaron a Cuba.

Y yo que son *macuá*
No quiere contá
Lo que yo pasá
En la *esclavitud*   (bis)

Mandinga con gangá (idem, etnias africanas)
Tá sentá reí
Y yo ta gueta (esperando)
Y no pué hablá
La verinto (¿) maltratá
Que yo no pué caminá
Tango fuirí ya, ah! (Me voy a morir)
Cuenta tá contá (Mi vida está cumplida)
Sunsundamba y va (La lechuza ya viene)(Se le considera mensajero de la muerte)
Y Macuá la suelo (Y el macuá en el suelo)
Durmiendo como un mbwá (perro)
Abre la verea ndengue(¿)Puede se la prenda o nganga en la religión Palo Monte
Verea ndnengue (Abre mi camino, ndnengue)
Verea ndnengue
Ya es hora.
Siguen inspiraciones.

Adiós África. Otro afro de Arsenio, grabado por la Casino de la Playa en abril 3 de 1939. V-82738, reimpreso en HQCD-39 y TC-37.Orq. Xavier Cugat, cantando Miguelito Valdés, con ambas bandas, Col 36808, reimpreso en TCD-23.

Ahora mimo yo tá llorá
Po que me tá recordá
Como *negro* me traé (Como negro me trajeron)
De *África*
Generemaronca sangra de la ma (¿)
Ay, Dio, Ay, Dio
Y pega tocá la tambó   (Y me pegan si toco tambó)
Vos no me trae mi tarro
Cabildo tá vuele bilongo (En el cabildo preparan un maleficio)
Así yo canta
Y cuando yo tá poné con cuentos
Aquí tá bailá aquí tá gozá
El dice a la mundele adurunmí (El dice al hombre blanco: …¿)
Entonce to mi caravela (hermanos jurados)
Desí llorando ¿A dónde va¿
Y el *negro* contesta: A trabajá
Que malo pie tengo yo (Que mala suerte tengo yo)
Escucha cuento
Ya son la hora
Escucha cuento por eso mismo
Que rabo mono 'mara mono' (Sabía que esto iba a pasar)
Por eso que leka leka nunca (Tiempo bueno no llega nunca)
Escucha cuento, por eso mismo
Que arriba Palo no se juega (Que con los ritos de la religión de Palo Monte, no se juega)
Por eso mismo que arriba palo (Por eso mismo tu palo
Ya no amare (ya no amarra, no tiene potencia)
Ya son las gora(Decide_)
Ahora si que
Casilla agarra coronise (¿)
Por eso mismo yo ndinge ndinge (voy a, voy a)
Camarioca (Pueblo de Cuba)
Escucha cuento muchacho mira
Pasao mañana yo van fuirí (morir)
Caramba!

Güiri, güiri,Güiri- cabeza pa kiyumba (huesos que se usan en la prenda o ganga del Palo Monte).
Escucha cuento muchacho mira
Que lo me llama Kidimbyola (¿)
¡Caramba, mira! En tierra vivo saca mueto
Escucha cuento, que malo pie que tengo yo!

Esclavo triste. New York Lp Tico 135, 1951, reimpreso en TCD-32. A fines de los 40's Arsenio se establece en Nueva York; pero allí persisten sus inquietudes esclavistas:

>Es triste tener que recordar
>Se me desgarra el alma
>Tan solo de pensar
>Que el pobre *esclavo*
>Vive llorando
>Vive implorando su libertad
>Sufre, llora, su fatalidad
>Y van pasando las horas
>Y va muriendo el esclavo
>Y soportando maltrato
>Lleno de pesar, lleno de pesar
>Lleno de pesar.

Como hemos visto, el tema de la esclavitud que se empieza a usar a fines de la década de los 20's, se instala con fuerza en la década siguiente, y aún sigue muy presente en los 40's: tanto compositores blancos o negros, lo usaron; es posible que el éxito de los primeros, invitara a otros a usarlo; eso había sucedido con el pregón, género y tema no muy usado en Cuba, hasta que el éxito mundial de El Manisero, hiciera que muchos compositores incursionaran en el pregón.

Era loable que se insistiera en el tema de la esclavitud, que tocaba muy de cerca a casi la mitad de la población de Cuba, negra o mestiza, y en sentido general a todo los cubanos, porque era una página importante de nuestra historia que debía servirnos de enseñanza para el futuro, para no volver a cometer abusos ni discriminar a una parte de la población. Era también loable que se usase la canción popular no tan solo como vehículo para la danza, o para expresiones amorosas o lúdicas, sino para recordar y aprender de las páginas de la historia. En ese sentido, cada una de las canciones que para ese fin se escribieron, era un pequeño areíto como el que hacían nuestros antecesores aborígenes.

Pero, lo desconcertante, inquietante, es que en la historia de Cuba había eventos coetáneos a la esclavitud y posteriores a su abolición, tanto o más graves que ellos, que sin embargo, no merecieron la atención de nuestros compositores: Estaban los levantamientos de negros esclavos, que hemos narrado en este capítulo, sucedidos a lo largo del siglo XIX, terminados con matanzas, sobre todo la llamada Conspiración de la escalera, en 1844: ¿Quién hizo "lamentos" sobre estos sucesos? Nadie, salvo una velada y breve mención, en un punto cubano de Martín Silveira.

Y ya después, constituida la república, tenemos la masacre de la mal llamada "Guerrita de 1912" de la que sólo queda una mención, bastante críptica, en el título de un son: "Mamá se quema la maya". ¿Quién escribió lamentos sobre la ejecución de decenas de víctimas inocentes, para probar unas nuevas ametralladoras que había comprado el ejército cubano, durante estos sucesos? Nadie.

¿Quien escribió sobre el estado de miseria en que se encontraban los ex miembros negros y mulatos veteranos del Ejército Libertador, porque no había trabajos para ellos, pero en cambio, llegaban millares de emigrantes españoles, a los que Cuba pagaba el viaje desde su país, para "repoblar" (léase blanquear) la nueva república? Nadie. Tuvo que llegar el gobierno revolucionario de 1934, para que se estableciera la ley del 50%, que por lo menos paliase esta situación.

¿Quién escribió lamentos sobre la llegada a Cuba republicana de millares de inmigrantes jamaiquinos y haitianos negros para sustituir la mano de obra negra cubana en nuestros campos, pagándole salarios más bajos? Nadie.

¿Quién escribió lamentos sobre la segregación rampante, en muchas poblaciones de Cuba? Por ejemplo, en los parques de muchas poblaciones los blancos y negros debían pasear en grupos separados; los hoteles de categoría, no admitían a negros, costumbre todavía existente en Cuba en los 50's, en que la famosa artista Josephine Baker, no se pudo hospedar en el Hotel Nacional. O sobre la falta, que afortunadamente ya empezaba a corregirse en los 50's, de ver empleados negros en tiendas, bancos y otros establecimientos de ese tipo. Nadie escribió música sobre esto, que sepamos.

Y ya en el campo de la música, el desplazamiento que sufrieron los músicos negros que hasta la llegada de la república, eran mayoría en las bandas y orquestas populares, pero empieza a disminuir después, y no es hasta la década de los 40's en que esto comienza a corregirse. Tampoco nadie hizo música sobre esto.

No tengo explicación para este vacío.

CAPÍTULO 20
1900-1958: Negritud

Como hemos visto desde casi el comienzo de lo musical en Cuba, lo negro está presente; ya estaba en "El espejo de Paciencia", en el siglo XVII en la figura de Salvador Golomón; muy tímidamente, aparecerá en el título o el contenido de algunas obras del punto cubano, donde sin embargo hasta ahora no hemos hallado mención de la mulata cubana; pero tanto negros como mulatos, de ambos sexos, van a tener abundante presencia, creo que mayoritaria, como personajes, en la guaracha, durante el siglo XIX como vimos en el capítulo 6, que dedicamos a ese género. Ya en algunas de estas guarachas, elementos de esa cultura negra, los lenguajes que usan, sus creencias religiosas, van a ser tema de algunas de esas canciones. Es posible que ya alguno de los compositores o autores fueran negros, pero no tenemos prueba. De aquí en adelante, cada vez que mencionemos negros, incluye negros y mulatos.

Y no se diga en el siglo XX; En las danzoneras, (capítulo 9), de las 23 que reseñamos en nuestra obra Discografía de la Música cubana, 1898-1925, p.25, nueve tienen directores negros, que podamos identificar, pero en cuanto a producción discográfica en este período, 1898 a 1925, los directores blancos grabaron 409 piezas, y los negros, 739.

Si seguimos hojeando en la obra antes mencionada, Discografía de la Música Cubana, 1898-1925, en cuanto al teatro bufo cubano, a juzgar por su entidad más representativa, el teatro Alhambra que analizamos en el capítulo 9 anterior, fue casi absolutamente blanco en cuanto a compositores, libretistas e intérpretes, pero en sus personajes, del trío emblemático de este género, dos de ellos eran el negrito, representado por actores blancos con la cara teñida de negro, y la mulata, cuando era necesario por ser muy blanca la tez de la intérprete, igual, con polvos de color oscuro. Pero los temas de las obras representadas, los diálogos que terminaban en una corta pieza musical, eran en una cantidad muy grande, relativos a situaciones en que estaba envuelto el negro cubano, su cultura, sus costumbres, su vocabulario (incluyendo voces de lenguajes afrocubanos).

Si seguimos mirando en la Discografía antes mencionada, en el capítulo dedicado a la Trova pudimos identificar de los 14 grupos incluidos, que la mitad su directores eran negros. No es posible analizar el total de las composiciones, ya que muchos números no tienen el compositor, y no sabemos la clasificación de muchos de los que aparecen.

Si este estudio se hubiese realizado en 1926, en que estaba la misma información que yo he usado, pero con más detalle y precisión en cuanto a las grabaciones realizadas, los autores de las canciones etc, indudablemente hubiera sido una gran ayuda para los escritores e investigadores cubanos que encabezados por Don Fernando Ortiz, iniciaron en aquello tiempos la cruzada por el reconocimiento de una cultura afrocubana, y su importancia dentro de nuestra cultura general.

Aunque ya hemos visto la negritud presente en muchas obras en los capítulos anteriores inclusive de grabaciones posteriores a 1925, vamos a recoger en éste otras muestras que son también importantes a nuestro juicio, para estudiar este complejo tema de la canción cubana. Seguiremos el orden cronológico, hasta donde nos es posible, al faltar algunas fechas específicas de grabaciones.

La reglana. ca. 11/1927 Co 2963. Guaracha de Eliseo Grenet. Reeditado en CD Alma Latina 04. No es fácil entender a Rita Montaner, sobre todo cuando la acompaña la orquesta, en una guaracha rápida, en que hace dos papeles, la mulata reglana, y el hombre que la enamora. Esto es lo que hemos podido entender:

m) Soy la *mulata* más alegre y pinturera
que ha nacido para el amor;
....
Que yo me encuentre un galán
Bien seductor;
Y cuando..................
Solo cuando voy por ahí,
Todos me dicen:¡ *Mulata*, guapa!
Tu eres de Cuba la más preciosa,
La primorosa flor del pensil

h) *Mulata*, preciosa,
me muero por tu desdén
mulata, ¿ por qué me matas con tu querer?

m) Yo siento dentro del pecho
el renacer la pasión
que en llama por mí encendida,
se puede morir de amor.

h) Por eso quiero yo
mulata de mi vida
cantar las penas
de mi pobre corazón.

m) La reglana está como nadie
ella sabe calmar los dolores
los sinsabores del mal tropical,
la reglana por eso merece
....
h) *Mulata*, te quiero,
me muero de amor,
porque eres mi gran amor
que causastes en mi la pasión

Etc., no se entiende bien el final. Pero es en definitiva, la misma mulata que encontraremos en Cecilia Valdés, etc.

¿Por qué me tratas así? Rita Montaner, tango congo de Eliseo Grenet, 7/1929, Co 4222x, reeditado en TCD-46. Como ven, no siempre la mujer lleva las de ganar.

m) ¿Por qué me tratas así?
Negrito de mis amores,
Si tu sabes que te quiero
Como el rocío a las flores;
Desgarra mi pecho así
Para que veas de tener
El tesoro de cariño
Que yo guardo para ti.
h) También quisiera *negrita*
abrirte el pecho yo a ti,
pá ve que es lo que tu guarda
tan guardao para mí;
no me haga má sufrí

no me haga padecé
mira que yo a ti te quiero
como a ninguna mujer (bis todo)

Vacúnala. Rita Montaner. 8/1928 Co3450x, reeditado como TCD-46. El propio autor, Moisés Simons, denominó este número, "rumba hampona". Como se sabe, en la cultura conga, el vacunao es parte del baile en que la pareja, después de rondarse mutuamente, el hombre logra colocarse frente a la mujer y chocar pelvis con pelvis, en franca representación del acto sexual.

Si una *parda* ves pasar,
Vacúnala.
Si la quieres conquistar,
Vacúnala,
Pues vacunándola así
Tuya será.
Porque con todas las *mulatas*
Eso siempre ha resultao.
El remedio es de lo más barín (1)
Si la quieres vacunar verdá
Porque entonces si le dices ti
Segurete que te dice tá:
¿Ay Dios, por qué será?
Que el cubano de verdad
Es un toro en vacunar.
Si la andoba no se dá,
Sacúdela;
Si se pone con bobá
Sacúdela;
No se podrá resistir
Que la sepas sacudir,
Porque estando oyendo bien
Se acabó el merequetén (2)
Y si quiere redimirte en la coba
No te dejes convencer
Porque terminará la andoba
Y con otro se pué corré
Ay Dios! Por que será?
Que el cubano de verdad
Es un toro en vacunar

Vacúnala, vacúnala,
Sacúdela, Sacúdela.

(1) Bueno, en Sánchez Boudy
(2) El RAE lo trae, pero lo pone como venezolano. El merequetén se acaba, como en este caso, y es llegar a lo mejor, o resolver un problema; pero también le zumba, cuando se trata de un asunto grande, grave, o escandaloso.

La Mulata. Rita Montaner, 8/1928, Co 3235x, reproducido en CDTC-49. Guaracha de Eliseo Grenet.

Soy *la mulata* hermosa
Que se quiere divertir,
Mis labios son de rosa,
Es mi boca de miel.
Como les he nombrado
....
Voy regando la gracia
Siempre al caminar.
Yo oigo siempre a mi paso
A los hombres exclamar
Caballeros, qué cuerpazo
Vaya modo de mirar,
Esta es la *mulata* preciosa
Es la mujer más preciosa
Que se puede imaginar

Miren como su cuerpo se,
Como se balancea
De su paso al compás.

Y yo voy caminando
Con cierto vaivén
Cual si fuera
Un edén.   (bis)

Soy la *mulata*
Soy sandunguera,
con mi sandunga
Y mis caderas.
Voy por la calle

Luciendo el cuerpo
Y por todas partes
Voy repartiendo fuego. (bis)

Espabílate. Rita Montaner 7/1929 Co 3685x reeditado en TCD-46. También lo grabó Bola de Nieve, Lp Montilla FM-62, en 1957, reeditado en CDFM-62. También de Eliseo Grenet, es una "revesina", como género musical; según RAE, es en Panamá "una forma de hablar que consiste en cambiar el orden de las sílabas en las palabras", pero este no parece ser el caso. Eso sí, abundan las palabras raras, como verán. Las que van seguidas de una ?, es que no pudimos descifrarlas.

Espabílate que sansa (?) mi coco
Espabílate,

Sansa mi coco uá
Ecorocorocoro(?) mi canga (?)
Oyeme *china*, embriquina (?)
Tan divina, que monina (1)
Masucamba,(2) biriguamba (?)

Amarina (?)
Espabílate,etc (bis)

Es muy malo recoger
Lo que otro ya no quiere
Porque siempre lo critican
En el mundo las mujeres.
El que piense que el amor
Es una cosa muy buena,
Enamórate pá saber
Que tu mismito te condena
Por eso yo mantengo el vicio
De no vivir con los hombres
Que sirven de desperdicio
Ay, Ay Dios
Espabílate, etc.

(1) Monina es amigo, compañero (Fernando Ortiz)
(2) Masucamba, cierto baile de la gentualla, dice Fernando Ortiz.

Carabalí, o El carabalí. Ronda Lírica Oriental. 12/13/1928 V-46076. Aire africano, así tituló Félix B. Caignet este extraordinario número, reeditado en HQCD 23. Rita Montaner lo había grabado antes, en 8/1928, Co.3227, reeditado en TCD-46. Pero se entiende mejor la letra en la versión de la Ronda. Aquí la música afrocubana se presenta en un talante melódico que no se encuentra en otros números; la melodía predomina sobre el ritmo, aunque claro que éste también está presente. El número estaba inspirado en un antiquísimo cabildo fundado a fines del siglo XIX y existente en Santiago de Cuba, al tiempo de la grabación.

> Oye el *chachá* (1), oye que alegre viene
> Oye el *chachá* que viene con la *carabalí*
> Oye el *bongó*, que acompaña repiqueteando
> La alegre canción de los *negros carabalí*
> Que contentos vienen pa'quí
> Con su baile sandunguero,
> aprepárense a ver bailar
> que aquí está la *carabalí*
> con su traje de tós colores
> y su *tambora*.   (bis)
> Soy *negro* muy *negro* y bailo
> Mi baile *carabalí*
> Y bailo mi baile porque bailando
> Soy muy feliz.
> Soy *negro* muy *negro*
> Y bailo mi baile sin descansar
> Porque bailando hasta me olvido de trabajá
> Oye las *maracas*, oye los *bongoses*
> Oye los *cencerros* que sabroso están
> Ven baila mi *negra*
> Que la vida es corta
> Ven baila mi baile, mi *carabalí*!

(1) El chachá es un instrumento fricativo, especie de maraca grande pero sin palo, sino sujetada por arriba por un asa.

El poeta Nicolás Guillén logró un impacto enorme con sus dos poemarios, Motivos de son (1930) y Sóngoro cosongo (1931); es la voz viva de la cultura cubana negra, es una forma nueva de hacer poesía, que comienza a llamarse poesía negra. Hay en ella además, entre ironías, lirismos, el asomo de lo que llamaríamos hoy una "cultura de resistencia". Pero además, como dijera un escritor venezolano, los versos parecen escritos sobre el parche de un tambor. No es raro que los compositores cubanos musicalizaran muchos de sus versos; así lo hicieron Eliseo y Emilio Grenet, Amadeo Roldán y Alejandro García Caturla.

Búcate plata. Bola de Nieve, Montilla LP-FM62, 1957, reeditado en CD Montilla 62. Emilio Grenet. Hay otra versión por Iris Burguet, Lp Areito 7008, con música de Amadeo Roldán.

>Búcate plata,
>Búcate plata
>Poque no doy un paso má:
>Etoy a arró con galleta
>Na má.
>Yo bien sé como etá tó,
>Pero biejo, hay que comé:
>Búcate plata,
>Búcate plata,
>Poque me boy a corré.

>Deppué dirán que soy mala,
>Y no me querrán tratá
>Pero amó con hambre, viejo,
>¡qué bá!
>Con tanto sapato nuevo,
>¡qué bá!
>Con tanto reló, compadre,
>¡qué bá!
>Con tanto lujo mi *negro*,
>¡qué bá!

Negro bembón. Eliseo Grenet, cantándolo con su orquesta.6/16/1937. V-30821. Reeditado en HQCD-37.Versos de Guillén, música de Eliseo. Versión de Bola de Nieve, Lp Montilla FB-62, reeditado en CDFM-62. Versión con música de Amadeo Roldán por Iris Burguet en Areito 7008.

>¿Pero por qué te pones tan bravo
>Cuando te disen *negro* bembón?
>Si tiene la boca santa,
>¿*Negro* bembón?

Bembón así como ere
Tiene de to;
Caridá te mantiene,
Te lo da to.

Te queja todabía
Negro bembón;
Sin pega y con harina,
Negro bembón,
Majagua de dri blanco(1)
Negro bembón;
Sapato de do tono,
Negro bembón…

Aquí Eliseo hace unas inspiraciones cantando muy rápido, incomprensibles, parecidas a las que hacía Miguelito Valdés con la orquesta Casino de la Playa, por aquella época. Al final, termina con esta cuarteta del poema original.

Bembón así como ere,
Tiene de to;
Caridá te mantiene,
Te lo da to.

Sóngoro cosongo. También se lo conoce por **Si tú supiera**. Versos de Guillén. Eliseo Grenet, piano y canto. 6/16/1932. V-30830 reeditado en HQCD-37. Guaracha. Lo han grabado Omara Portuondo, Héctor Lavoe, puertorriqueño, Septeto Nacional, Barbarito Diez, Orq. de Oscar Calle, Ph-85432, París, 11/1932 y con música de Amadeo Roldán, por Iris Burguet.

Ay *negra*, si tu supiera
anoche te bí pasá
y no quise que me biera
a é tú le hará como a mí
que cuando no tuve plata
te corrite de bachata
sin acoddadte de mí.
Sóngo cosongo,
Songo be;
Sóngoro cosongo
De mamey;

Sóngoro la *negra*
 Baila bien;
Sóngoro de uno,
Sóngoro de tre.
Ae,
Vengan a be;
Aé;
Bamo pa be
Bengan, sóngoro cosongo
¡Sóngoro cosongo de mamey!

Tanto tren. Guillén. Eliseo Grenet, canto y piano. 6/16/1932 V-30825 reeditado en HQCD-56. Rumba. Tanto tren significa darle mucha importancia a una cosa, en este caso, la mulata a su propia persona.

Ya me enteré *mulata*
Mulata, ya sé que dices
Que yo tengo la narice
Como nudo de cobatta
Yo sé muy bien que tú
No eres tan adelantá
Porque tu boca es bien grande
Y tu pasa colorá.
Tanto tren con tus ojos,
Tanto tren;
Tanto tren con tu boca,
Tanto tren;
Tanto tren con tu diente,
Tanto tren;
Tanto tren con tu cuerpo,
Tanto tren;
Tanto tren con tus ojos
Tanto tren;
Tanto tren con tu boca
Tanto tren;
Si tu supieras *mulata*
 la verdá,
que yo con mi *negra* tengo
y no te quiero pa ná
(Repite)

Quirino con su tré. Bola de Nieve, con la orquesta de Chico O'Farrill y los tambores de Giraldo Rodríguez, grabado en México ca. 195_Letra de Guillén, música de Emilio Grenet.

Quirino con su *tres*
Quirino con su *tres*
Quirino con su *tres*
Ay, Quirino con su *tres*.
La bemba grande,
La pasa dura,
Sueltos los pies,
Y una *mulata* que se derrite
De sabrosura,
Quirino con su *tres*.
Luna redonda que lo vigila
Cuando regresa dando traspiés
Jipi en la chola,
Camisa fresa
Quirino con su *tres* (4 b)
Ay, Quirino con su *tres*
Tibia accesoria para la cita,
La madre *negra* Paula Valdés
Suda, envejece, Busca la frita
Quirino con su *tres* (3 bis)
Ay, Quirino con su *tres*.

Yambambó. Bola de Nieve. México 7/16/1976 Victor MKL-1037. Letra de Guillén y música de Emilio Grenet.

Yambambó, yambambé (bis)
Repica el *congo* solongo
Repica el *negro* bien *negro*,
Congo solongo del songo
Baila yambó sobre un pie
Mama tomba serembe?)
Coseremba
El negro canta y se ajuma
El negro se ajuma y canta
El negro canta y se va
A cué memé serembo

Yambambé, serembe seremba
Aé Acue meme serembo
Aé Yambó, aé
A cue me me serembó
Ae acue me serembó
Aé Yambambó, Yambambé
Yambambó, Yambambé
Tamba,tamba,tamba
Tamba del *negro* que tumba
Tumba del *negro* caramba
Caramba que el *negro* tumba
Tamba tamba
Yamba, yambó, yambambé.

La Negrita. Eliseo Grenet, piano y canto. V-30825. España, 6/16/1932. Versos de Guillén y música de Emilio Grenet. También la grabó Bola de Nieve, pero titulándolo "La chiquita". Lp Montilla FM-62, 195_,reeditado en CDFM-62.

La *negrita* que yo tengo,
Tan *negra* como é,
No la cambio por ninguna,
Por ninguna otra mujé   (bis)
Ella lava, plancha y cose
Y sobretó caballero   (bis)
¡Cómo cocina!
Si la vienen a buscá,
Pá rumbeá, pá comé
Ella me tiene que llevá,
O traé
Ella me dice mi santo
Tu *negra* no se te vá
Bucamé, bucamé
Bucamé pá gozá
Búcamé pá rumbeá
Búcamé pá gozá
Búcamé pá comé   (bis)

Tú no sabe inglé. Bola de Nieve, Lp Montilla FM-62, 195-, reeditado en CDFM62. Guillén y Emilio Grenet. También lo ha grabado Pablo Milanés. Con música de Amadeo Roldán, por Iris Burguet en Areito 7008.

Con tanto inglé que tú sabía,
Bito Manué
Con tanto inglé, no sabe ahora
Desí ye.

La mericana te buca,
Y tú le tiene que huí;
Tu inglé era de etraí guan,
De etrai guan y guan tu tri.

Bito Manué, tú no sabe inglé
Tú no sabe inglé,
Tú no sabe inglé

No te enamore má nunca
Bito Manué,
Si no sabe inglé,
Si no sabe inglé.

Calabazun zun zun. Orquesta de Enrique Bryon. La voz que se escucha, parece la de Antonio Machín. 2/21/1931 V-30658. Comparsa, le llama Bryon, su autor. Pudiera ser la melodía que menciona el autor y pintor escocés Walter Goodman en su libro "The Pearl of the Antilles or an Artist in Cuba" publicado en 1873, y donde cuenta de su viaje realizado en 1864, estando en diciembre en Santiago de Cuba le invitan a una fiesta donde con acompañamiento de guitarra, se cantaba algo que decía:

¡Ay! Caridad ; ¡ay! Caridad; ¡ay! Caridad
Cuidao con la luna si te da.
Ca-la-ba-zon! Tú estás pintón

La serpiente se murió
c)Calabazún-zun-zun
Yo mismito la maté
c) Cal,etc
En las selvas africanas
c) Cal,etc
Una tarde la maté
c) Cal,etc
Fue la punta de los pies

c) Cal, etc
Y después yo la maté
c) Cal, etc. ...

La negra lucumí. Danza afrocubana de Ernesto Lecuona, que según JRE, quien nos facilitó la letra, puede haber sido parte de la zarzuela El Cafetal, y también se dice fue uno de los éxitos de la soprano Carmen Burguete.

Aquí etá la *negra lucumí*
La flo, la sal y eso soy yo
Y no hay quien me iguale en el andá
Y en el bailá, mejó no hay
To lo *negro* al ver mi cuerpo gentí
Me dicen así:
Ay *negra*, te daría toitico mi amó
Aquí etá la *negra lucumí*
Yo soy la fló, yo soy amó
Y cuando en la fieta salgo a bailá
Toitico a mí me dicen así
Ay *negra*, ere de fuego, lu y pasión.
Aquí etá la *negra lucumí*
Yo soy la flo, yo soy amó
Aquí etá la *negra lucumí*.

Muéveme tu cintura. Eliseo Grenet, canto y piano. 6/16/1932. España V-32340, reeditado en HQVD-56. Otro homenaje de Grenet a la mulata, o mulatona, término que todavía RAE no trae...

Cada vez que miro a mi *mulatona*
No sé que pasa por mí
No me puedo contener
Y le digo así, y le digo así:
Mi *china*, tienes dulce boca
Una risa loca
Tan divina
Mulata, tienes en la cadera
Una tembladera
Que me mata
Muéveme tu cintura
Nena, mira que me muero

Cada vez que yo pienso
Que es tan *cumbanchera*
Mi *mulata* Encarnación
Me da un vuelco el corazón
Y le digo así, y le digo así:
Mi *china*, tienes en la cintura
Una sabrosura tan divina,
Mulata, tiene tu cuerpo santo
Ese raro encanto,
Que me mata

Muéveme tu cintura
Nena mía que me muero
Muévela suavecito,
Porque así yo te quiero (bis) 3

Mersé. Eliseo Grenet, canto y piano. 6/10/1932, España. V-30821. A diferencia de las otras, no es una canción llena de elogios para la negra o la mulata, sino un pequeño drama pasional con un narrador y tres personajes. También lo grabó Bola de Nieve, Lp Montilla FM62, 1957, reeditado en CDFM-62.

n) Aé la *negrita*,
Aé necesita,
Consultar a Mamita
Pues riñó con José.
m) José me ha pegado,
José se ha marchado
n) y la pobre *negrita*
ya no sabe que hacé
y la *negra* Mamá,
un consejo le da:

M) Mercé, si tu tá namorá
Mercé de mi corazón
Si por el tú llora
ten resignación
pues vendrá la hora
de la reconciliación (bis)

n) También el *negrito*

su queja contó
a la madre *negra*
y así se expresó:
Mire Tomasa,
Lo que me pasa
Ah Ah,
Aé la *negrita*,
Aé necesita
Pa que no se repita
Lo que anoche pasá,
Que yo le de fuete
Pá que me repete
y no vaya con Goyo
Por el cañaveral.
M (hablado): Mersé, tu no ande jugando
Por los cañaverales
Porque hay muchos majases
Que son malos, muy malos, Mersé.
M) Merce, si tú, etc.

Ña Tomasa. Orquesta Armando Valdespí, canta Fernando Collazo. 10/7/1935 V-32605. Reeditado en CDTC-73. Estilo negro, le llamó su autor Valdespí.

Ven que viene la *Negra* Tomasa
Que hoy es día de guasa
Y está que la gente quiere cantá
Y bailar,
Y van a repiquetear los *tambores*.
Con su bata de to's los colores
Porque Ña Tomasa quiere cantá
Y bailar
Con los *negros* del solar,
Y cantar,
Al compás de *güiro y bongó*,
Así a repiquetear los *tambores*
Con su bata de tós colores,
Porque Ña Tomasa quiere cantá,
Y bailá con los *negros* del solá
Y cantar al compás de *güiro y bongó*

> Así, a *repiquetear* los *tambores*
> Con su bata de tós colores porque
> Ña Tomasa quiere cantá
> Y bailar el *bembé*.
> Medié, es el *negro* bueno que
> Va a jugar con bicho, pero
> Ay que mieo mi Diós
> Va tené que ese bicho matá
> Medié si no mata el bicho
> Con la tranca de eta puerta
> Mira, se va,
> Cógelo por el rabo,
> Hasle un garabato, y bota p'allá.

Mulata. Orq. Armando Valdespí, canta Fernando Collazo. 10/7/1935. New York V-32597. Reeditado en TCD-73. Es una "rumba tropical" de Valdespí.

> *Mulata* sandunguera
> Tu cuerpo posee el encanto
> De tu tradición, ay Dios!
> *Mulata sabrosona*
> Tus ojos reflejan el fuego
> De tu corazón.
>
> Tu mirar seductor
> enciende los corazones
> y tu andar tentador
> tiene el embrujo de Changó
> Quien al mirarte no
> Suspira *mulata*
> Quien al besarte no
> Delira mi amor
> Tienes tu, *mulata*
> El ritmo de mi ardiente sol (bis)

Bembé. Autor: Gilberto Valdés. En 1937 lo estrenó Rita Montaner con gran éxito, bajo la batuta del mismo compositor. Ana Cairo: "Bembé para cimarrones" Centro Félix Varela. La Habana, 2005, p. 124. Este libro además contiene magnífico material sobre el tema de la negritud.

Me guta bailá e *Bembé*
Me guta Babalú Allé
Porque en *África* yo nací
Po que soy *lucumí*
Yemayá, Yemayá ae
Oye el ruido de *tambó*
al recordá mi paí
y la negra *lucumí*
como supira de amó
Cuando suenan lo tambó
Oye e ruido de *bongó*
Oye lo *negro* cantá
E canto a Yemayá
Como supira de amó
Al recordá mi paí
como suspira de amó.

Negra Leonó o La negra Leonor. Casino de la Playa cantando Miguelito Valdés. 9/19/1938 V-82500. Reeditado en TCD-54. Guaracha de Ñico Saquito.

Cuando yo llego al solá
Y veo a la *negra* Leonó,
Yo no sé lo que pasa en mi cueppo
Y yo me pongo a bailá,
Y porque el *negro* Simón
Cuando me ve llegar
 Arrebata un *cajón*
Y se pone a tocar.
Y la *negra* Leonor, no se puede aguantar
Cuando siente un cajón se alborota.
Entonce el *negro* Simón
Se alborota también,
 se acarrancha(¿) la bemba
y se pone a cantá
Acuñémbere caú
Acuñémber ca   (bis) 4
Que le pasa al cajón?
Que no lo siento entonar?
Y así no vale Simón,
Mira *negro* que la *negra*

Leonor, está alborotá.
No pare Simón, ay mamá
No pare por Dios,
Mira *negro* que la *niche* Leonor
Está alborotá…
Yo va a pará, yo tá cansá,
Yo va a pará, Leonor,
porque está cansá!

Sensemayá. Septeto Cauto 193_ Varsity 3013. Conga de Julio Gutiérrez.

Oye *negra* ven pa acá
Aprovecha la ocasión
Cuando la *conga* se va
Entristece el corazón.
Allá en lo lejos se oye un rumor
Rumor de seda, rumor de mar,
Canto de viejo en el *tambor*
Ay Fabelo ven pácá
Pá que goce este *rumbón*
Pué cuando se que rumbea
Se rumbea hasta el *cajón*
Allá,etc (repite)
Sensemayá, quema nené
la *conga* va buscando el *congo*.

Mulata, tu me va a matá. Máximo Sánchez "Bimbi", y su tíio Oriental. 12/6/1938. V-82558, reeditado en TCD-56. Un bolero son del propio Bimbi.

Anteanoche fui a la playa
Que manera de gozar   (bis)
Estaba la *mulatona*
Que me gusta de verdad   (bis)
Enseguida le guiñé
Y la convidé a bailar   (bis)
Que manera de dar cintura
Que manera de gozar   (bis)
c)*Mulata,* tú me va a matar (bis) 4

Mulatona de mi vida
Por Dios tenme compasión   (bis)
Espera un momento y entona el ritmo,
Que ahí viene el son
c) *Mulata*, etc (bis) 4

Mulatona, mulatona,
No me mortifiques más
Deja quieta la cintura
Porque tú me va a matar
c) *Mulata*, etc (bis) 4

Mulatona eres candela
Cuando te aprieta al bailar
Tengo que decirte espera
Porque me siento acabar
c) *Mulata*, etc (bis) 4

Yo tené un barracón. Orq. Casino de la Playa, cantando Miguelito Valdés. 4/3/1939 V-82717. Un son de Bienvenido Julián Gutiérrez. El barracón era la vivienda comunal de los esclavos. Habla obviamente un esclavo, que hace amplio uso de las lenguas, sobre todo ñáñigo, al parecer. Lo grabó también el Cuarteto Caney, cantando Machito y Doroteo, y también el Conjunto Moderno, cantando Doroteo.

Mi barracón
Va trabajá
Que corta la caña,
Que ya está moliendo
Que por el ingenio La Soledad.
Cucha la cuero del mayorá   (bis)

En Pueblo Nuevo
Yo tené un barracón,
Yo tené un barracón
Yo tené onza de oro,
 Yo tené un tinajón   (bis)

Efié muñangué
Efié muñangué ecó
En etc. (bis)

- 200 -

Endiso mi   guaraguá
Enyeya yumaré
En etc, (bis)
Ecó enñere monina
Son ecobio .

En, etc. (bis)

Negro de sociedad. Casino de la Playa con Miguelito Valdés. 4/3/1939. V-82669. Reeditado en TCD-37. Son afro de Arturo R. Ojea. Interesante número en que el autor plantea irónicamente el cambio social del artista negro, que a través de la música, va mejorando su status social. Fue muy popular, la grabaron también la orquesta América, el Conjunto Rumbavana, la orquesta de Enrique Jorrín y la de Billo's Caracas Boys.

Ya no soy el *negro congo*
Que bailaba en el manglar,
Ahora soy el *negro* fino
Que ingresó en la sociedad;
Mis modales han cambiado
De manera radical,
Y al hablar ya no digo
La suidad, por la ciudad.

No *negrita* no,
Mira que soy de sociedad;
Porque si me ven,
Bailando como en el congal (1)
Toda mi argumentación de *negro* fino
Se me va a caer   (bis)

(1) Lo lógico es que dijera manglar, y creo que así hacen otros intérpretes. Según RAE, congal en México es prostíbulo. Igual, Miguelito hace otros cambios al final, cuando hace el bis, termina las dos últimas líneas diciendo:
        No mi maye no,
        No me tientes más.

Negro mandinga. Orq. Casino de la Playa con Miguelito Valdés. 4/3/1939. V-82706. Un afro-cubano, de Facundo Rivero.

Negro mandinga soy yo,
¡*Negro mandinga*!
Ecuche uté el canto
De lo negro *mandinga*, si señó.
Mi nación no son *gangá*,
Tampoco son *arará*,
Con un toque de *tambores*
Pá decí que soy negro mandinga
Poque el toque de *tambó*
Etá recordá cuando yo
Baila la *rumba*,
Negro mandinga
Mira; viene con el machete
Para cortar mucha caña (sigue hablando muy rápido)
Coro: *Negro Mandinga*
Que yo no son *arará*
Que yo no son *lucumí*,
C: *Negro mandinga*
Mi recuerda en el ingenio
Mi mamá me llama y me dice
Miguelito, ñato feo,
Corta caña, muchacho
Co: *Negro, etc*
Hablado: Señores voy a contarles
Y no crea que son mentiras
De un verraco que yo ví (1)
Que era de Vueltarriba
Para ese solo verraco
El dueño tenía un potrero,
Cien caballerías de tierra (2)
Mayorales y cien monteros
c) *Negro mandinga*
Y también tenía arrieros
Con ciento cincuenta mulos
Y como se encontraba en apuros
Porque no tenía dinero
c) *Negro mandinga*
Se lo vendió a un extranjero
En 70,500 duros
Cuando la muerte le dieron

A ese famoso verraco
Vino el rey, vino la reina,
Y todos lo de palacio
c) *Negro Mandinga*
y el dueño pide su plazo
para poderlo freir
y el rey muerto de risa
dice, yo quiero mangarlo
c) *Negro Mandinga*
A Francia manda a pedir
10,500 franceses
Que estuvieron treinta meses
Para poder concluir
c) *Negro Mandinga*
De manteca nada más
Dio 30,000 pipas
Sin contar lo de la tripa
Que dio 30,000 más/
c)*Negro mandinga*
Las patas fueron tasadas
En un precio moderado,
Y se lo vende a un hacendado
Casi por un central
c) *Negro mandinga*
Mia mai,
Que yo no son *lucumí,*
Que yo no *arará*
c) *Negro mandinga.*

(1) Verraco es otro nombre con el que se conoce el cerdo en Cuba.
(2) Caballería es una medida de superficie en Cuba, equivalente a 134,202 metros cuadrados.

Yo son moruá. Casino de la Playa con Miguelito Valdés. 6/27/1939. V-82787 reeditado en YCD-37. Un afro de Osvaldo Estivil e Ignacio Piñeiro. Moruá es uno de los dignatarios de la sociedad abakuá.

Yo son moruá,
Yo vá a cantar todas las penas
Si abasí monina eribó
Yo quiero ya olvidá to, ecué

(La canción sigue mezclando el deseo del moruá de cantar y olvidar, y palabras en lengua, que es difícil hilvanar. Y como esta hay muchas otras, como **Maembe,** de la orquesta de Chepín Choven V-82829, 7/10/1939 reeditada en TCD51, en que se desvirtúa el verdadero objetivo, en pos del éxito comercial, y por eso no la hemos incluido.

Blen Blen Blen, **Blen Blen.** Casino de la Playa y Miguelito Valdés, 1/15/1940 V-82977. Fue grabado también por Machito y su orquesta. Es una rumba afro de Chano Pozo, que comienza con el Blen blen blen pero continuando con textos en que se maneja, sin mucha lógica, el español con lenguas afrocubanas. Pero lo incluímos por una razón musical. En realidad el título debía ser Blen Blen, Blen Blen Blen, porque en realidad la primera frase melódica de este número, lo único que hace es repetir la llamada clave del son, tres notas, separadas por un tiempo de otras dos. Parecería que con el mismo efecto, pudiera haberse nombrado Pa, Pa, Pa, o algo parecido, pero no es así.

Como sabemos, la clave del son se llama así, porque es el patrón rítmico que producen las dos claves, esos dos palitos de madera, el instrumento más pequeño de la orquesta. De esas dos claves, una la llamada macho, es un poco más pequeña que la llamada hembra; y se tocan, sosteniendo firmemente y mirando hacia arriba la clave hembra en una mano, y golpeándola con la otra clave. Tres golpes separados por un breve silencio, y otros dos, más rápidos. Cada uno de esos golpes, produce, por simple ley física, dos sonidos, el de la clave macho chocando contra la hembra, y otro más atenuado, el de ésta contestando inmediatamente, aunque más suave, el golpe recibido.

El oído no puede precisar la diferencia, pero hay algo que nos dice que no fue un solo golpe seco. Chano Pozo no usó un bisílabo, como Be, Be, Be, o Pa Pa Pa; ¿Por qué? Porque necesitaba reflejar ese contragolpe que su oído sentía cuando chocaban las claves. ¿Y por qué Blen, y no otro trisílabo con otras vocales o consonantes, de los miles que posiblemente pudiera haber usado?

Sencillamente, porque ese es el que suena mejor, el que más fielmente traduce el sonido que esos dos palitos producen cuando entrechocan... Prueben con cualquier otro trisílabo, a ver si suena igual...

La negra Florinda. Trío Antillano. 3/18/1940. V-83048 Reeditado en HQCD-62. Aunque no con tanta frecuencia como las orquestas, los tríos como vimos con el Oriental, de vez en cuando entraban en el tema de la negritud, como en esta conga de Eliseo Grenet, música y Ramiro Gómez Kemp, letra.

De *las negras* de La Habana Vieja
Es Florinda reina del *danzón*
Su cintura sin igual refleja
Todo el ritmo del ardiente sol   (bis)

Hay que linda la *negra* Florinda
Cuando sale a la calle a pasear
Todos los *negros* le dicen: ¡Qué rica!
Esa *negra* no tiene rival.

Esta noche allá en el *guateque*
La gran bronca se me va a formar
Pues los *negros* al verla tan linda
Todos con Florinda querrán *cumbanchar.*

Mulata que pasa. Casino de la Playa y Miguelito. 4/5/1940 V-83189. Reeditado en HQCD-63. Es una guaracha rumba de Ramiro Gómez-Kemp. Va mermando el uso de los términos en lengua, aún en la gran fabricante de ellos, la Casino de la Playa.

Mulata que pasa,
Mulata que es lo que tienes
Que yo te noto tan entristecía;
Mulata que pasa
Que tú no estás en la comparsa
Que sale por Jesús María.

Desde que tu *negro* a ti te dejó
Ya no te alegra el *bongó*
Y a solas siente *arrollar el bembé*,
Olvida a tu *negro* que ya se fue.

Mulata vente a arrollar al bembé
Olvida a tu *negro* que ya se te fue
Vamos a *arrolla*r, vamos a gozar,
A olvidar las penas en la *comparsa.*

Mujer negra. Orq. de Enrique Bryon, canta Miguelito Valdés. 4/18/1940. Es una guaracha de Bryon. Y hay que seguir anunciando los instrumentos de la música cubana.

Mujer *negra* que se alegra
Con las *maracas y el güiro*
Mujer *negra* que no sabe
Del gemir de los rugidos

Mujer que goza el placer
Del *güiro y la tambora*
Mujer *negra* arrolladora, mujer .

Y cuando en la madrugá
Con tu piel toda sudá
Vuelve la *negra*, qué bella,
Parece una estrella
Y sin escrúpulo ninguno
Besa a la *negra* la mano
Y le pone la chancleta
Mujer, (bis).

El negro del solar. Enrique Bryon y su conjunto, canta Miguelito Valdés. 4/18/1940 V-83050. Un son de Bryon.

No sé que pasa señores
Que no se que pasando está
Que la *rumba* de los *negros*
Ya no se baila en el solá (bis)

Que la *rumba* de los *negros*
En el mundo entero está
Por eso yo, no pertenezco al manglar
Y no soy *negro* de solar,
Vivo en apartamento
c)Mientras el cubano baila el *son*,
el americano baila *el fox*

s)Mientras que en Cuba no se baila *fox*
ni el americano baila el *son*
 (y continúa la letra, sin nada más trascendente)

Negra te quiero. Trío Habana. 7/22/1940. V-83200. Reeditado en HQCD 62. Un son de E. Serrano, que parece haber sido un precursor del movimiento "Black is beautiful" y del "African look".

El día que yo me case
Si he de casarme algún día,
Será con una *negrita*
Nacida en Santa Lucía.

Que no se ponga chancletas
Que no sepa cocinar
Y que no tenga la melena
Como chiva de cogote (¿)
Ha de ser ensortijado
Como ha de tener el pelo
Pues no me gusta el ondeao
Y el largo casi es feo
Lo que ha de ser mi costilla
 A quien le dé el corazón
Que tenga la cabeza
bien llenita, bien llenita
de picazón
Cuando me vaya
Pá la finca tras ella
Tendré una yegua
Linda y veloz,
Que sea feliz con el trote
A donde es que vamos
Mi *negra* y yo
Cuando me bese
 con pasión en el cogote
Y me alegre y me gustó,
Freno la yegua, casi al trote
Y a mi *negrita* la beso yo
Ay mi *negrita* linda
Esa *negra* bandolera
El día que yo, etc. (bis)

Como suena mi guitara
(Ahí entra un fragmento del danzón Almendra, una intertextualización que no tiene explicación, como sucede muchas veces)

El día que yo, etc.

Señorita chichí. Orq. Havana Cuban Boys. 1/21/1941 Reeditado en HQCD-85 Grabado en Argentina. Una rumba de Armando Oréfiche, que como director de la Lecuona Cuban Boys, expandió la negritud cubana por Europa a fines de los 30's e hizo lo mismo en los 40's con su orquesta Havana Cuban Boys.

Yo tuve una *mulatica*
Que la llamé Chichí
Y no sé lo que es amor
Desde que se fue Chichí
Ay que mina caballero (1)
Reina de la sabrosura
Para pedirle besitos
Yo le cantaba así
Chichí, Chichí, Chichí,
Mírame, quiéreme
Como yo a ti
Chichí, Chichí, Chichí,
Muñequita preciosita
Linda florecita de abril

Chichí, Chichí, Chichí,
Por ti me siento morir
Chichí no seas así
Mi vida es para ti,
Chichí, Chichí, Chichí,
Bésame, bésame
Como yo a ti   (bis)

(1) Mina es mujer, en la Argentina.

Negro Ñañamboro. Orq. de Mariano Mercerón. 8/22/1941 V-83606. Un afro de Mercerón cantado por Camilo Rodríguez. Por cierto, este disco salió también en una serie doméstica de la Victor con el número 27650 ¿Estaría la Victor explorando las posibilidades de esta música en el público norteamericano, o mas bien en el afronorteamericano?

Yo me salgo de la *conga a arrollar*

Porque adentro me pisan los pies
Y después no podrá caminar
Ni tampoco *arrollar* como é,
Yo sentir la *tambó*,
Yo salí a *arrollá*,

Me quito la camisa,
Me quito lo sombrero,
Me quito lo zapato

Y *arrollar* como es
Me quito, (bis)
Aunque se me rompan los pies.

c) *Negro* ñañamboro está arrollando como es
s) Pá que me vea la gente
arrollando como es
c) *Negro* etc
(Siguen inspiraciones)

Mulata de la sabrosura. Casino de la Playa, canta Antonio de la Cruz. 11/17/1941. V-83736. Reeditado en TCD-17. Una guaracha de T. Ramírez.

Esa *mulata* que se derrite de sabrosura
Cuando bailamos la *rumb*a alegre
Como no hay dos
Vamos a gozar
Porque yo bailo la *rumba* así
y ella la baila con frenesí
Rumba que mi alma siente
Yo quiero siempre
Gozarla así.
Ven *mulata* a bailar
La *rumba* caliente

Ven mi *china* a gozar
La *rumba* caliente
Vamos todos a gozar
La *rumba* sabrosa. (bis)

Choncholí se va pa'l monte. Trío Servando Díaz. V-83763 1/12/1942, reeditado en TCD-81. Guaracha de Ñico Saquito.

Prieta te estoy mirando
Descomponía
Prieta te estoy mirando
Muy alborotá,
Por mala espía
te estoy mirando
que estás embullá

y ahorita exploto
como una bomba
porque tu *prieto*
creo que se vá

Choncholí se va pa'l monte
c) Cógelo que se va   (bis) 6

Prieta, prietecita linda
Oye un consejo
Que un *negro* viejo
Te quiere dar
Mira que el brinco
Mira que el salto
Essas son cosas
Que se critican
En cantidad
Oye, no estés jugando
Con la candela
Que si te quema, yo va a explotar
Cuida tu *prieto*
Porque *tu prieto*, creo que se va

Choncholí, etc. (bis) 6

Prieta, te estoy mirando
Que está chiflá
Prieta te estoy mirando
Que no te luce
Prieta te estoy mirando
Pa que no cruce
Prieta te estoy mirando
Que está embullá
Y ahorita exploto como una bomba
Porque tu *prieto* creo que se va

Choncholín, etc. (bis) 8

Y se mencionan los miembros del trío, Portal, Servando y Mendoza, que también se van para el monte…

Mesié Julián. Havana Cuban Boys, cantando Bruguera. 5/26/1942 V-39618 Argentina. Reeditado en HQCD-85.Canción, letra y música de Armando Oréfiche. La misma orquesta lo grabó con la voz de Coco Fernández en España, 1957, Lp Montilla, y con Bola de Nieve cantando en La Habana, en 1960, Lp Panart 3079, la mejor versión. También lo ha grabado Bola de Nieve acompañándose al piano, Ramón Calzadilla, y Conjunto Típico Habanero.

Yo, soy *negro* sociar,
Intelectuar y chic
Y yo fui a Nova Yol,
Conoco Brodwey, París
Soy artita mundial
Y no digo más, chachá
Yo, que un día bailé
El french *cancan*
Como acabó en Brodwey
Mi *bongó*
Y al vorver al solar
Me han de llamar, Mesié
Yo, me llamo Julián,
Martínez Vidal y Ruiz
Y se me hasta olvidó
Que en Cuba yo yo fui, totí!
Fui el gran yentleman
De blondas allá en París
Y hasta en Joli wú
Yes, yes, oui oui

Yo soy, Mesié
Pero mesié Julián, (bis)
Martínez, Vidal, y Ruiz.

No quiero mas trabajá. Havana Cuban Boys, cantando Rita Montaner. 9/14/1943. V-60-0210 Buenos Aires. Son-afro de Armando Oréfiche

En la pueta de la casa
Quise pensar, y no se me ocurría
Nada de ná
Miedo yo, ¡que va!

Yo temblá, por qué?
A la noche silenciosa le pregunté
Que lo que me dijo cielo, lo cumpliré.

Miedo yo, que va!
Yo temblá, por qué?
No quiero má trabajá,
Poque hace mucho caló
Que vayan los vagos
Y los sin trabajo
Pues yo me rajo
Como un señó
¡No quiero má trabajá!
 Eso de moda pasó
Y yo buco un dueño bonito
Tierno como una flor
Así lograré tranquilo viví
Yo al mundo he venío pá reir
No quiero má trabajá
Que hace mucho caló,
Que trabaje Rita,
Que es la *negrita*
Más rebonita
Que quiero yo

(Siguen inspiraciones)

Ñaña Rubé. Conjunto Casino, cantando Alfredo Valdés. 7/27/1944. V-23-0264 Son de A. Boloña. También los conjuntos usaron como las orquestas, el elemento de la negritud.

c) Ñaña (1) rubé,
araña pelú picá (bis) 3
s) Yo no me caso con pollo,
lo pollo no valen ná

c) Ñaña, etc
s) Si te casa con blanquita,
sale crucificá

c) Ñaña, etc.

s) Oya yo ya yo, araña pelú picá

c) Ñaña, etc.

(1) Por lógica ñaña debía ser araña peluda, y rubé, picar, pero según Lydia Cabrera en su Diccionario de ñañiguismos ñaña es el Íreme o diablito, ¡y no existe el rubé!

Mi negra sí trabaja. Orquesta Chepín Chovén. 8/29/1945 V-23-0393. Una guaracha- son de Pablo Cairo. Es curioso que en más de una canción, se menciona la laboriosidad de la negra, pero no aparece ese atributo, en ninguna de las dedicadas a mulatas, alabadas por otras razones.

Yo tengo mi *negrita*
En el barrio del Pilar
La más trabajadora
De las *negras* del solar
Me cose la camisa
Me plancha la corbata
Me limpia los zapatos
Me lava el pantalón;

Pero qué *negra* yo tengo
Es un tesoro señor   (bis)

c) Mi *negrita* sí, trabaja como es
como lava, como plancha
s) Hace un congrí con tasajo
que da gusto saborear
c) Mi, etc.
s) No es chismosa ni bretera
ni le gusta bembetear
c) Mi, etc.
s) Y el que traiga aquí un cuento
en el cuarto no puede entrar
c) Mi, etc.
Pero mi *negra*, mi *negra* santa
Sí que sabe cocinar
c) Mi, etc.

Negra Triste. Orquesta Tropical, canta Vicentico Valdés. 1946, Peerless 2414. México. Un afro de Teté Vergara.

Eh….está triste
La *negra* que cuando llegaba al solar
toitica la gente tenía que exclamar
llegó quien te dije
y ahorita el *guateque* se forma
Eh, está triste
Porque su marío no la deja bailar
Ya no se le ve reir
Ya no son sandunguera
Ya no se le oye cantar
No hace más que pensar
En su *tambó*.
Eh..pobrecita está enamorá
Del *negro* que está botá
No la deja gozar
Y esto es mucho sufrir
Llora, llora por *su tambó*
Ay, ya no llora ya no llora más
c)Pobrecita la *negra* que está llorá

(Siguen inspiraciones)

Ñenguere ñengue. Orquesta Julio Cueva, cantando Cascarita. 10/29/1946. V-23-01716. Una guaracha de Julio Cueva. El diccionario de Lydia Cabrera, tampoco trae estas palabras. Parece que los compositores cubanos asumieron que toda palabra que empieza con ñ, tenía que ver con el ñañiguismo…

Arrancancancan (1)
Ñenguere ñengue (bis) 4
De las mujeres
Por ser *negro* viejo
Yo conozco bien
Ñenguere, etc
Después te dicen
Yo soy tu amor,
Gocen gocen
Ñenguere, etc
Sábanas blancas, colchón de plumas,
Cadenas de plata, aretes de oro
Para siempre piden todas las cosas,

> Reloj pulsera, un calobar (2)
> Gocen, gocen,
> Ñenguere,etc.
> (siguen inspiraciones)

(1) Tampoco existe esta sonora palabra en los diccionarios. Quizás tenga que ver con arrancar, una de cuyas acepciones es empezar, y esto está al comienzo de la canción.
(2) La usan en singular, y esta palabra se usaba para los lentes oscuros para el sol que se pusieron de moda en esta época era posiblemente una marca de fábrica norteamericana, pero se usaba en plural, como se dice los espejuelos o los lentes.

Será la negra. Benny Moré con la orquesta de Pérez Prado. 5/31/1948 V-23-1266 México. Reeditado en TCD22 . Una guaracha de Justi Barreto.

> Oye mi hermano
> Qué niña más linda
> Y los muchachos
> Se irán a la riña
> Cuando quieran con ella guarachar
> Será la *negra* más bonita del solar (bis)
>
> Nada importa que digan que no
> Que en la *rumba* no puede gozar
> Cuando sé que al mirar su dolor
> Con la *negra* tendrá que gozar
> Oye,etc, (bis)
> Mi *negrona*, como le gusta *guarachar*
> c)Será la negra más bonita del solar
> s)Ay, mira *negrita* bonita que le gusta *cumbanchar*.

Negro bonito. Conjunto Tropical de Humberto Cané cantando Vicentico Valdés. 1949. Peerless 2737.México. Una guaracha de Silvestre Méndez. Tambíen los negros tenían derecho a ser bonitos. Y le tomó a los afronorteamericanos muchos años más hasta poder declarar Black is beautiful!

> Yo sí soy *negro* de verdad (bis)
> Yo baila la *rumba* y bailo *batá*
> Soy negro bonito hijo de Babá (1)
> Yo soy el *negro* más fino
> En la calle de San Juan (2)
> Así me decían todas las chamacas al pasar (bis)

c) *Negro* bonito
s) Yo soy el *negro* más rechulo
que pasea por la calle de San Juan
c) *Negro*, etc
s) Ay mira todas las chamacas me dicen,
Pipi, ven acá nené.
c) *Negro*, etc
s) Ay mira mama linda, *negro* bonito caballero
c) *Negro*, etc
(Siguen inspiraciones)

(1) Puede estar usando Babá como abreviatura de Babalú.
(2) La calle es una de las más importantes de la ciudad de México.

Negrita. Trío Hermanos Rigual 6/23/1950. Decca 21321. México. También grabado en en 1950 por el Trío Los Panchos, en México. Un bolero de Marcelino Guerra.

c) *Negrita* por tu madre
no me hagas padecer
s) No mi *negra* linda
no mi *prieta* santa
c) *Negrita*, etc
s) No más llorar, no más sufrir
c) *Negrita*, etc
s) Mira *negrita* por Dios,
no llores más no
c) *Negrita*, etc
s) *Negrita*, negrita
no seas así
yo quiero que sepas
que sufro por ti
c) *Negrita*, etc
s) *Negrita*, ay mi *negrita*
si yo fuera feliz
toda mi vida daría por ti
c) *Negrita*, etc
s) No mi *mora linda*, mi *puchunguita*
c) *Negrita*, etc
s) No más, no más sufrir
pero no más llorar

c) *Negrita*,etc
s) Mira *negrita* por Dios,
no llores más, no
c) *Negrita*, etc
s) *Negrita, negrita, negrita*
Toda mi vida daría por ti
c) *Negrita*, etc.

Negra mala. Trío Oriental 195. 195-. Tropical 232, New York. De Zoila Armbruster.

Negra mala, cómo te extraño
Y como te añoro lejos de ti   (bis)

Los besitos que tú me dabas
Y aquello ratos *negra*, tan feliz.

Tus caricias incendiaron mi vida
Y tus besos requeman mis labios
Yo sin ti soy barco sin timón
Juguete del mar de una ardiente pasión
Negra mala, no es posible
Negra mala vivir tan lejos de ti.   (bis)

Negra mala quiero que sepas
Que no puedo vivir sin ti
Que te espero porque presiento
De que muy pronto volverás a mi

Tus caricias,etc
Negra mala, etc.

A mí qué. Conjunto Rítmico Cuba.195_ Coast 7005. Una guaracha de Jesús Guerra.

A mi qué, a mi qué (bis)
Decía Juana Tripita
La negra más rutinera (1)
c) A mí,etc
s) Yo soy Tripita en La Habana
y conmigo lo que sea   (bis)

c) A mí, etc
Si vieras como meneaba
Tripita su cinturita
Toda llena de palucha (2)
Solita se divertía
Y decía se acabo, a mi que!
c) A mí, etc

Yo soy Tripita en La Habana
Y vivo como quiera
Lo mismo cojo un jalao
Y empato una borrachera
Conmigo sí se acabó!

c) A mí, etc

Yo soy Tripita en La Habana
Conmigo no se meta
Y vivo como yo quiera
Corriendo una motoneta
Conmigo si se acabo!

c) A mí, etc

Ven mi negrita. Bimbi y su trío Oriental. 195_ Tico 10-077 New York. De la inspiración de Bimbi.

Ven mi *negrita* mi cariñito,
Que mis besitos yo te daré
Tienen sabor de piña dulce
Son muy ricos, ven mi **negrita**
Y verás que sabroso es.
Ven mi *negrita*, a mi casita
Mi *negrita* ven, no seas malita
No seas bobita
Allí bailaremos y gozaremos
Vamos al parque, vamos a pasear
Mi *negrita* vamos a gozar
No tengas miedo, no seas bobita
Que nada te va a pasar!

Ven mi *negrita*, mi *puchunguita*
Que mucho yo te daré
(Siguen inspiraciones)

Burundanga. Celia Cruz con la Sonora Matancera. 6/15/1953 Seeco 7299. "Bembé" de Oscar Muñoz Bouffartique.

Songo le dió a Borondongo,
Borondongo le dió a Bernabé
Bernabé le pegó a Muchilanga
 le dió a Burundanga
le huelen los pies

¡Monina!
Mabambelé, repica el amor
Defiende el amor
Porque era entre hermanos
Se vive mejor,   (bis)
Y no sigas con:
Songo le dio, etc.

¿Por qué fue que Songo
Le dio a Borondongo?
¡Porque Borondongo le dio a Bernabé!
¿Por qué Borondongo le dio a Bernabé?
¡Por que Bernabé le pegó a Muchilanga!
¿Por qué Bernabé le pegó a Muchilanga?
¡Porque a Burundanga le huelen los pies!
¡Que lío!

Santiaguera. Tito Gómez con la orquesta Riverside. 1955. Panart 1716 reeditado en TCD-52. Son-montuno de Ramón Cabrera Sánchez.

c) Santiaguera no sé
que es lo que tienes tú
que desde que te vi
no te puedo olvidar
dame tu corazón
para poderte amar   (bis)

s) Santiaguera, *mulata* preciosa
canela sabrosa,
serás para mí
Dondequiera, que estoy te recuerdo
Y tus besos guardo
Muy dentro de mí.

c) Santiaguera, etc
s) Que yo no quiero a otra mujer
que no sea como tú

c) Santiaguera, etc siguen inspiraciones.

Cabio sile yeyeo. Conjunto Chappottin, canta Gina Martín. 1950. Lp Puchito 594.

Al compás del *tumbador*
Yo te canto una *rumba*
Y este lindo omelenkó
Y si te gusta el *tambor*
Yo te canto en *arará*
Y en *lucumí*.
Cabioi sile, yeyeo
Cabiosile, mabó
Ocuntara yeyeo,
Ocuntara mabó
Dicen que yo te canto
Esta *rumbita*
Al compás del *tumbado*r.

CAPÍTULO 21
Religiones afrocubanas

En Cuba, las primitivas creencias religiosas que pudieron haber tenido sus habitantes, se perdieron completamente; por no estar escrituradas, por no haber sido objeto de estudio y plasmación en escrito por parte de los cronistas, y por el proceso de exterminio de los indígenas por parte de los españoles, se perdió, si es que hubo, cuales fueron sus creencias religiosas.

De manera que de la primera religión que podamos hablar como existente en Cuba, documentada, es la católica, que era la de los conquistadores.

Pero no duró mucho tiempo su exclusividad. Como casi inmediatamente después de la conquista comienza el comercio de esclavos negros en Cuba, éstos traen las diversas creencias y rituales de sus respectivos pueblos, y logran mantenerlas pese al proceso de reeducación al que son sometidos, y la sumisión a la religión católica a la que tienen que adaptarse.

Pero por la naturaleza misma de la esclavitud, en que lo importante es lograr del esclavo la mayor cantidad posible de trabajo, no hay mucho tiempo para enseñar y practicar la fé católica, sobre todo en el caso mayoritario de los esclavos que trabajan en labores agrícolas o rudimentariamente industriales en el campo. Apenas los ritos externos de persignarse, arrodillarse, ante los estímulos de la campana de la iglesia, o la presencia de autoridades eclesiásticas.

Por otra parte, para los esclavos que no viven en áreas urbanas, sino en los barracones de las explotaciones agrícolas de la caña, el café, etc., hay oportunidad de conocer en las noches y el breve tiempo concedido los domingos, y de labios de los sacerdotes y personas más mayores de sus respectivas etnias, el corpus de creencias, rituales, e idiomas de sus respectivas religiones. En forma parecida, a través de los cabildos, sociedades que los españoles permiten que funden en las poblaciones los africanos esclavos o no, hay oportunidad de realizar la misma labor de catequizar.

Es todo un proceso, que iniciado desde el comienzo de la esclavitud, siglo XVI, se mantendrá en crescendo en la medida que se va fomentando la agricultura y la ganadería en Cuba, y se hace necesario aumentar la presencia de esclavos, hasta llegar a su clímax en el siglo XIX. Todo esto va a producir determinados fenómenos culturales muy importantes:

En los barracones, y aún en los núcleos poblacionales van a convivir por primera vez, muchas etnias africanas muy diferentes, hasta entonces desconocidas unas de otras, salvo en contadas ocasiones de nexos comerciales o bélicos; aquí, no les queda otra alternativa que convivir; no todas estaban en la misma etapa cultural, había pueblos más adelantados que otros, y lógicamente las culturas más complejas, se impusieron y absorbieron a las otras, imponiendo sus idiomas, costumbres y religiones. En términos generales, predominaron además las etnias de las que mayor número de esclavos arribaron a Cuba. A grandes rasgos, congos, yorubas o lucumíes, como se les conoció en Cuba,ararás, y calabares, llamados en Cuba carabalíes.

En todas las religiones o creencias procedentes de África, en sus rituales la presencia de la música y el baile es esencial, es más, sin ella no existe prácticamente el ritual. Se puede dar una misa católica sin música, y generalmente es lo más usual; pero no se puede dar un toque de orishas, sin tambores, u otro instrumento que los sustituya.

La religión católica, como la mayoría de las grandes religiones universales, es excluyente: no se puede tener otra religión si se profesa ésa. Otra característica de las grandes religiones es tener un corpus escrito que contiene la historia de esa religión, sus creencias y leyes, sus rituales, etc. Tienen además todas ellas una organización jerárquica en que los sacerdotes u oficiales de cada una de ellas, responden a sus superiores hasta llegar a una autoridad suprema, colegiada o no, como es el caso de la católica, sometida al Papa.

Básicamente, las tres grandes doctrinas religiosas que se desarrollan en Cuba, son la de la etnia yoruba, llamada la regla de Ocha, y conocida popularmente, como la santería; de la etnia conga, la regla de Palo; de la etnia arará, lo que en Haití se conoce como vodú, y que no tuvo tanto desarrollo en Cuba; y por último de la etnia de los carabalí, no sale una religión, sino una especie de institución parecida a la masonería, una sociedad secreta llamada de los abakuá o popularmente, de los ñáñigos. Pero a los efectos prácticos, hablaremos de ella como otra religión, pues se comporta como tal en muchos de los fenómenos que vamos a analizar.

Tienen las cuatro ciertas características, muy distintas a las de las grandes religiones conocidas en el resto del mundo:

1- No tienen un corpus de doctrinas escritas: La transmisión de los conocimientos es oral, del sacerdote (o dignatario en el caso de los abakuá) de cada una de ellas, transmitiéndole a sus discípulos esos conocimientos. Claro que a partir de mediados del siglo XX, se han ido escribiendo textos que recogen esos conocimientos, pero no era así antes, quizás a fines del siglo XIX algún sacerdote o babalao, en el caso de la Regla de los Orishas, podía tener una simple libreta con apuntes de ceremoniales, oraciones, etc

2- Como era en la religión católica con el latín, cada una de estas religiones o crencias tienen su propio idioma, trasmitido igual, en forma oral, por no existir textos escritos hasta la fecha que señalamos antes.

3- Al parecer, este fenómeno de transplante religioso, solo se produjo en Cuba y Brasil, precisamente los dos países en que fue mayor la presencia de esclavos africanos, por el sistema de plantación instituido en ambos, que requería mucha mano de obra.

4- Al no existir un texto escrito, una jerarquización sacerdotal, estas religiones han ido variando en el transcurso de los años, y aunque aún tienen vínculos comunes, difieren bastante en muchos aspectos, en los lugares básicos en que se siguen practicando, y sobre todo en el caso de la regla de Ocha, que ha crecido extraordinariamente en su área de presencia, hasta cubrir muchos países de la cuenca caribeña y ciudades norteamericanas con presencia grande latina, como Miami, Nueva York, New Jersey, Los Angeles,etc

5- A diferencia de casi todas las religiones del mundo, éstas no son exclusivas, en el sentido de que el creyente, lo puede ser de otra u otras religiones. De hecho, muchos babalaos o sacerdotes de la Regla Orisha, no admiten a personas que no estén bautizadas por la iglesia católica.

7- En la Regla de Ocha, y en la de Palo Monte, parte del ceremonial común es el proceso de adivinación, que varía en cuanto a instrumental usado, en ambas religiones, pero la finalidad es la misma: indagar los problemas que tiene el consultante, y su posible solución. Si por confesión del consultante, éste parece culpable de determinada acción, o viceversa, para salir de una situación desfavorable en que se halla, el sacerdote no le impone una penitencia o contribución per se, sino le trasmite la que los medios de adivinación le han dictado de parte del orisha o santo; que pueden ser penas pecuniarias, modestas, y más bien, obligaciones de ofrendas de animales, plantas o comestibles, a ciertas divinidades. Este aspecto de adivinar los posibles problemas del iniciado y poder recetar soluciones para los mismos, es lo que hace estas dos religiones muy atractivas. Las otras religiones ante el evento negativo, solo pueden ofrecer esperanza de que se sobrelleve con la oración y meditación, y en caso contrario, dar la resignación mediante la fe al feligrés, de que su sacrificio será compensado en otra vida.

7- En el caso de las dos Reglas ya citadas, no hay iglesias como tales, es la propia casa del sacerdote, donde sí hay un espacio en que se erige un pequeño templo. Tampoco hay ceremonias obligadas como la misa dominical; el creyente acude a solicitar la ayuda del sacerdote cuando la necesita, y éste a su vez, le invita algunas actividades que periódicamente pueden celebrarse, como la fecha onomástica de algunos de los santos u orishas, etc.

Todas estas características explican en parte el éxito de estas formas religiosas en Cuba y Brasil, originalmente, y ahora en otras muchas partes de América, e inclusive en España. Por su parte, la Iglesia católica enfrentaba en América un gran problema: una gigantesca población indígena, con creencias propias, con sus idiomas, con sus costumbres, con sus culturas. Era imposible catequizar completamente aquellas grandes masas humanas, ni estaba en las prioridades de los conquistadores, que lo que buscaban era en una primera etapa, oro, plata y piedras preciosas. Salvo en el caso de las grandes Antillas, en que el problema se solucionó con la extinción por genocidio de prácticamente toda la población indígena, la Iglesia tuvo que transigir con sus nuevos adeptos: tratar de hacer coincidir las fechas religiosas, con aquellas que los indígenas dedicaban al culto de sus creencias, etc; aceptar la Pacha Mama, como una forma de la Virgen María, o por lo menos, que así lo aceptasen los indios, etc.

Cuando empezó la presencia africana, se siguieron reglas de juego parecidas. En Cuba además, facilitó en mucho esta especie de negociación, un elemento de la religión católica que cautivó a los africanos: la representación antropomórfica de los santos. Esas figuras o imágenes que representaban a los santos, y hasta el mismo Dios, a su hijo Jesús y a su madre, la virgen María, les impresionaban vivamente; su imaginería religiosa era muy limitada frente a este desfile de figuras policromadas, brillantes. Hubieran quizás preferido que fueran negras, pero con todo, las aceptaron, las hicieron suyas, y lo que es más, empezaron a renombrarlas en función de determinados orishas de su religión: así, al deambulante y maltrecho San Lázaro, con sus muletas, se le bautizó Babalú Allé, un orisha que en alguno de sus "caminos" o vidas, había sido también un pobre mendigo como éste; por alguna razón, emparentaron a Changó, un orisha de vida tormentosa, con "caminos" o vidas a veces de mujer, y otras de hombre, con Santa Bárbara, quizás por aquello de la espada que le acompaña en algunas de sus representaciones pictóricas; a Ochún, una orisha de vida amorosa bastante complicada, con la virgen de la Caridad; y así sucesivamente. Fue provechoso para ambas partes; la religión de los orichas adquirió una imaginería que no tenía en su país de origen, y que le facilitaría ampliar su feligresía en los siguientes siglos; y a la iglesia católica, entrar en sus archivos a millones de feligreses, haciéndose un poco de la vista gorda.

Siglos después, Don Fernando Ortiz bautizaría muy propiamente este fenómeno, como sincretismo cultural.

Pero cabe preguntarse, ¿Cuándo salieron del secreto de los barracones y cabildos, estos binomios de santo católico y orisha africano? ¿Cuál fue el primer babalao que se atrevió a poner una imagen de la Caridad del Cobre, o de San Lázaro, en el modesto altar de su casa? No pudimos contestar estas preguntas en nuestro libro "Los contrapuntos de la música cubana" (Ediciones Callejón, Puerto Rico, 2006). De la página 79 en adelante hablamos en él de la música religiosa en Cuba, que es primero tan solo la católica, pero a la que después se le agregan las de las religiones afrocubanas. En la página 83 de dicho libro señalamos todas las presencias de la música de origen ñáñigo en discos, algunas de las cuales hemos mencionado antes, pero en éstas no intervienen los orishas.

En realidad las primeras grabaciones en que se usa la dualidad sincrética antes descrita, es en las grabaciones que hace la Panart en 1947 y 1948: En 1947, lanzan cuatro números, dos cantados por Celia Cruz, **Changó** y **Babalú ayé**, Panart 1140, y otros dos, **Ochún** y **Yemayá**, cantados por Merceditas Valdés, Panart 1170, todos aparecen como toques de santo, sin autor, y les acompaña el coro dirigido por Alberto Zayas, y los tambores batá de Jesús Pérez, Virgilio Ramírez y Trinidad Torregrosa. Posteriormente se le agregan a estas grabaciones otras cinco: dos dirigidas por Obdulio Morales, hechas en 1954, cantando Caridad Suárez, **Ogún** y **Ochosi**, ambas toques de santo también, Panart 1665, otras dos cantadas por Merceditas Valdés con los tambores de Eugenio de la Rosa, Panart 2048, **Rezos a Obatalá y Yemayá**, y la otra cara **Rezos a Changó y Ochún**. Éstos, con otro número que no es rezo a un orisha, se publicaron a fines de los años 50's en el Lp Panart 2060. Pero notarán que en los títulos no se establece la dualidad con el santo católico correspondiente, aunque claro que gran parte del público las sabía; donde sí se establece la dualidad, es en dos grabaciones que hace Merceditas Valdés en 4/4/1949, **Madre de la Caridad**, subtitulada **Illa Ochún**, V-23-1222, y por la otra cara, **San Lázaro**, subtitulada **Babalú Allé**. En la propia fecha graba otros dos números en V-23-1244, **Reina de las aguas (Oh mío Yemayá)**, que no hemos escuchado y por tanto no se sabemos si se refiere a su pareja, la Virgen de Regla, pero es posible se mencione en el texto que no hemos escuchado, y lo mismo sucede con Saludo a Changó **(Cabio sile Changó)**, donde igual es posible se mencione a Santa Bárbara.

Estando este libro listo para imprenta, debemos agregar una nota mencionando los trabajos realizados por el músico e investigador norteamericano Barry Cox, a los que hay acceso en el sitio blog http://esquinarumbera.blogspot.com, de grabaciones de Chano Pozo, Filiberto Sánchez, Silvestre Méndez y otros músicos cubanos, coetáneas a las antes mencionadas, en que puede haber cantos religiosos afrocubanos mezclados con otros números de carácter laico. En algunas de esas investigaciones fue asistido por el conocido actor cinematográfico Matt Dillon, a quien tuve el gusto de conocer personalmente, y para sorpresa mía es un profundo conocedor y admirador de este tipo de grabaciones, así como las realizadas por los primeros sextetos cubanos.

Al conjuro de estas grabaciones, y frente a las victrolas instaladas en cabarets, bares, bodegas, lupanares de toda Cuba, o en las casas a los cuales llegó a través de la radio, bailaron creyentes y no creyentes, porque estos toques son para bailarlos, son bailables, y saltaron así del humilde y pequeño hogar del babalao, a la corriente poderosa de la música bailable cubana.

De ahí en adelante, las grabaciones de este tipo de música, fueron muy numerosas. Merceditas Valdés siguió grabando, sobre todo después de 1959; Celia Cruz, inmediatamente, ya acompañada de la Sonora Matancera, y mezclando los ritmos de toque de santo, con otros más comerciales, como el son o la guaracha, grabó: **Baila Yemayá**, mambo-conga de Lino Frías, Seeco 7100, 4/9/1051; **Elegua quiere tambó**, un afro de Luis Martínez Griñán, Seeco 7134, 9/15/1951; **Yembe Laroco**, guaracha de Rafael Blanco Suazo, Seeco 7151, 10/30/1951, reeditada en TCD-91; **Oyá, Diosa y Fé**, afro de Julio Blanco Leonard, Seeco7396, 4/1/1954, reeditado en CDTH-136; **Plegaria a Laroye**, lamento-afro de E.Varela, Seeco 5707, 10/12/1954 reeditado en CDTH-136; **Palo mayimbe**, bembé de Javier Vázquez, Seeco 7625, 5/3/1956 reeditado en CDTH-136; **Changó tá vení**, guaracha de Justi Barreto, Seeco 7805, 2/6/1958;

Baho kende, guaguanzón de Alberto Zayas, Seeco 7809, 2/6/1958, reeditado en THCD-136; **Óyeme agallú**, lamento negro de Alberto Zayas, Seeco 7872.11/1/1958, reeditado en CDTH-136. De 1959 en adelante, Celia siguió grabando este tipo de canciones, tanto con la Sonora como con otras orquestas con que grabó hasta su muerte.

La otra gran creadora de este tipo de música, es Celina González, cantante y compositora de origen campesino que junto a su esposo Reutilio Domínguez, forma un dúo en que logra conjuntar elementos de la música guajira cubana, con la raíz afrocubana, para crear un repertorio en que lo mismo domina el ambiente guajiro, que las distintas religiones afrocubanas, además el espiritismo, y algunas creencias de origen haitiano.

Como su obra más importante se desarrolla durante la década de los 50's, casi toda está recorrida en lp's que luego se pasaron a CD's; por ejemplo el CDBis-106, acompañada por el Conjunto de Obdulio Morales, contiene un grupo de sus grabaciones más importantes en esta modalidad :

Santa Bárbara o Que viva Changó, su creación más importante; **A la Virgen de las Mercedes**, como la anterior de su inspiración y de Reutilio; **Ritmo Cordonero**, ritmo espiritual de Obdulio Morales, todas las demás, si no se menciona otro autor, son de Celina y Reutilio. **A la Caridad del Cobre**, guaracha; **San Lázaro**, guajira de Sixta Patricia Aguilera; **El hijo de Elegua**, merengue; **Papá Bocó**, guaracha de M. Sánchez.

El CD Ansonia HGCD-1392, contiene: **A Francisco**, rezo guaracha; **Rezo y canto pá mi Aché**, guaracha de Senén Suárez; **Assoyí Assoyí**, rezo afro de A. Dihigo; **Agallú solá**, afro de G.O. Madrazo.

Y podemos señalar de algunos de sus lp's, como Suaritos-Meca 103, **Flores para tu altar**, de July Mendoza, **A la reina del mar**, afro, **María de la Luz**, afro; **Defiéndeme Santa Bárbara**, afro de Dagoberto Acosta; **A la virgen del Carmen**, afro; **Antonia Gervasio**, afro. En fin, otros muchos. Vease también el libro "Celina González: Una historia de amor" de Mireya Reyes Fanjul, Cuba, 2011, que contiene su biografía y discografía.

El Congo Ramón. Celina y Reutilio Lp Suaritos S-103. 195_.

> Caballero es bobería
> Hay que tener simpatía
> Para vivir como quiera
> Al son de la santería.
> Me invitaron a una fiesta
> A *Changó y Yemayá*
> Como no podía bailar,
> Me pusieron a cantar.
> c) Ayumí, ayumí,
> Llegó el congo lucumí (1) (bis)
>
> Yo sí que trabajo bien,
> Yo soy *congo lucumí*
> c) Ayumí, etc
> Yemayá, madre divina,
> Yo soy *congo lucumí*
> c) Ayumí, etc
> Trabajo con siete rayos,
> Yo soy congo lucumí (siguen inspiraciones)

(1) Congo y lucumí son dos etnias diferentes, puede ser que uno de sus progenitores fuese congo, y el otro lucumí.

San Miguel. Celina y Reutilio 195_. Las combinaciones que canta Celina a veces son surrealistas. Aquí San Miguel, santo católico, baja a la tierra con el permiso de Elegua y otros orishas…

Cuando San Miguel
Baja a la tierra
El baja a la tierra,
Es para vencer   (bis)

El vence lo malo,
Vence la traición
El lo vence todo
En nombre de Dios
El baja con su romana
Y su espada vencedora
El baja del infinito
Y baja para vencer
Hab) Adié papá, tó los días   (bis)
c) El divino San Miguel
todo me lo vencerá
s) San Miguel baja a la tierra
con permiso de Elegua
c) El divino,etc
s) Con el permiso de Olodde
el me vence la maldad.

Cabiosile pá changó. Celina y Reutilio, America 928, 195_. De su inspiración. Las simbiosis que hacía Celia, con elementos de la religión católica y la santería, eran increíbles.

Cuando tu sientas tronar,
Persígnate de verdad
Pide la misericordia
Por lo que pueda pasar.
Aquí hay una artillería
Que ha acabado de llegar,
Adelante vino Changó
Con su traje militar,
Cabiosile pá changó
Cabiosile, rey del mundo.
Cabiosile a mis oyentes
Cabioisile para todos
Si tiran yo desbarato

Sé quien son mis enemigos,
Voy a ver si con Changó,
A ver quién puede conmigo.
Cabiosile pá Changó
El rey del mundo es papá Changó
Hab) Cabiosile papá, tó los días   (bis)
c) El rey del mundo es papá changó
s) El en su ceiba lo tiene tó
c) El rey,etc
s) Cabiosile pá mi Changó
c) El rey etc.
s) El con su espada lo vence tó
c) El rey etc.

Tambó africano. Celina y Reutilio. Lp Suaritos 103. 195_. Una guaracha de Julio Blanco Leonard, que también fue grabada por Caridad Cuervo con el conjunto de Yoyo Casteleiro, Panart 2185, 1958, reeditado en TCD-709, y por Rey Caney, Lp Discuba 569.

Cuando siento los tambores *africanos*
Con su ritmo misterioso de *arará*
Hierve toda la sangre en mis venas
Y a mi santo una oración quiero cantar
Santa Bárbara que escuchas desde el cielo
Oye el ruego de esta mística oración
Dame siempre santo mío tu consuelo
Y salud para alegrar mi corazón   (bis)

c) Para mi santo yo soná
s) para mí, o mi yemayá
c) Para,etc
s) Canto pá changó
c) Para, etc
s) Oh mi Yemayá
c) Para,etc
s) Agua pá mi Ochún.
c) Para etc.

Y hubo otros cantantes que grabaron esta modalidad, como Gina Martín, Candita Batista, el propio Benny Moré, etc. Hasta ese momento, la música religiosa que no fuese clásica, o la tocada en grandes órganos de catedrales, no tenía mucho acceso al disco, por lo menos en Cuba, y creo que la situación no difería mucho en otros países.

De vez en cuando, alguna canción dedicada a una virgen. Y en el seno de comunidades católicas o de iglesias cristianas de otras denominaciones, modestas ediciones generalmente en casetes, de obras religiosas. El auge que ahora tiene la música religiosa en muchos países, sin ir más lejos, en Puerto Rico donde resido, posiblemente tuvo su antecedente en ese boom de música religiosa afrocubana bailable, que se produce en la década de los cincuenta. Pero tuvo precedentes, examinemos algunos.

Ibana Moró. Orquesta de Enrique Bryon. 2/21/1931, V-30658. Ritmo afro de Rosendo Ruiz, padre. Una súplica bien sencilla.

    Yemayá, te ruego a ti,
    que me concedas mi santo,
    lo que tanto te pedí   (bis)
    ya no me quiere mirar,
    la tendré que perseguir   (bis)
    Vamo a mirá,
    Ibana Moró   (bis)
    Estoy sintiendo morí,
    Estoy sintiendo un ebbó   (bis) (1)

(1) Ebbó o embó, es un hechizo, un "trabajo" de brujería hecho a una persona.

Babalú. Orq. Casino de la Playa, cantando Miguelito Valdés. Son-afro de Margarita Lecuona. V-82634 2/27/1939. Una de las canciones que hicieron rápidamente famosa a esta orquesta, y a Miguelito le cambió el nombre: de ahí en adelante sería conocido en E.U. como "Mr. Babalú". La grabaron también Toña La Negra, la orquesta de Enrique Madriguera, la misma autora con la orquesta de Federico Ojeda, la de Machito, Ima Sumac, Carlos Ramírez y después de 1959 otras más.

    Babalú, Babalú
    Babalú ayé, Babalú ayé,
    Etá empezando lo velorio
    Que le hacemo a Babalú,
    Dame diecisiete vela (1)
    Pá ponela en crú
    Y dame un cabo de tabaco, mayenye
    Y un jarrito de aguardiente

Dame un poco de dinero, mayenye
Pá que me dé la suerte.
Yo quiero pedí
Que mi *negra* me quiera
Que tenga dinero,
Pa que no se muera
Yo le quiere pedí a Babalú
Una *negra* bien santa como tú
Que no tenga otro *negro*,
Y que no se muera
Ay Babalú, Ay Babalú Ayé
(Siguen inspiraciones).

(1) Las 17 velas corresponden a la fecha en que se celebra el onomástico de San Lázaro, 17 de diciembre.

La bata de Ollá. Casino de la Playa, cantando Miguelito Valdés. 4/3/1939. Reeeditado en HQCD-30 y TCD-37. Guaracha de Bienvenido Julián Gutiérrez. También la grabó Carlos Díaz con la misma orquesta, en 1960. Guaracha de Bienvenido Julián Gutiérrez.

Chancleteando salió
Con su bata de Ollá
Y el aplauso alcanzó
Como nadie jamás.
Todo el cuerpo tembló
Mi *rumbera* al compás
De los hombros y *bongó*
Como nadie jamás   (bis)

Revivió el barracón
Desde tiempos atrás
Con su vuelta al compás
Y su paso burlón. (bis)
Aé, eá, mi Yemayá
Changó, Oyá,
Eleguá, Ochún
Revivió, etc.
Concón, cuanta son
Siete y siete son catorce
Más con siete, veintiuno

Cuenta Cololo,
Cuenta Andresito
(siguen inspiraciones)

Yo va dí pá la fiesta. Orquesta Hnos. Palau, canta Rita Montaner. 1942 V-83953, Reeditado en TCD-46. Afro de Rafael Blanco Suazo.

Yo tá oí, yo tá oí
Los toques de Changó
Que él es mi padrino
Está en casa de-----
Ay Yemayá
Seguro está bajá
Pá que yo etá mirando
porque etá santiguá
Pa ye ye
Ay, lo tambó soná
Pá que negro sentá
Gozá a..........
Ay nunca más
Gozá de la vida
Y cantá la cosa gangá
Yo va dí, yo va vé
(Sigue hablando en lengua)

Vamo a tumbá lo coco. Orq. Chepín Chovén. 3/3/1942 V-83845 Reeditado en TCD-51.

Vamo a tumbá lo coco (bis)
Mira muchacho que yo tengo
Que hacer un ebbó
Con piedra de imán,
Con un pelo de gato
Vamo a tumbá, vamos a tumbá (bis)
A tumbar los cocos
Que nos manda el mayoral
Que son buenas noches
Que buenas noches
Dice Tata Pancho
El pase es mío

> Si señores,
> Rumbero que vamo a tumbá
> Los cocos, ya
> E como llama lo mundele
> Por la noche ya
> A tumbar los cocos
> Que nos manda el mayoral.

Virgen de Regla. Uno de los pocos danzones con parte cantada, de Pablo O'Farrill, que grabó la orquesta Almendra con las voces del Trío de Luisito Plá y Dominica Verges, V-23-5991 en 10/25/1951. También lo grabó la orquesta Aragón en 1958. Otro de los pocos casos de grabaciones fuera de la liturgia de las religiones africanas, como lo es también Veneración, dedicado a la Virgen de la Caridad del Cobre, del que ya hemos hablado.

> Virgen de Regla
> Compadécete de mi, de mi. (bis) 2
>
> Son mis cantares
> Lamentos del alma
> Una mujer
> Trocó mi existir
> Si señor, como no,
> Dame la calma
> Que alegra mi alma
> Y no moriré.

Un trabajo más serio lo realiza Mongo Santamaría en la Habana en 1952, con la colaboración de Merceditas Valdés, y otros músicos cubanos, para el album LpSMC-592, "Tambores afrocubanos" donde mezcla números instrumentales editados antes en un Lp de 10" SMC-535, con los siguientes cantos: Changó, Ochún, Eleguá, y Yemayá.

En Nueva York se reunen Mongo Santamaría y Silvestre Méndez en 1955 para hacer el Lp Tico 1149 "Changó drums and chants" Hay discrepancias sobre este album, que pueden ver en mi discografía, bajo Santamaría, Mongo. Lo cierto es que entre los números grabados hay varios de la autoría de Silvestre, como **Yroco, Ochún, Abacuá ecu sagare,** que corresponden a este capítulo. Después de 1958, Mongo volvería a la Habana a grabar temas religiosos.

Changó ta vení. Grabado por su autor, Justi Barreto en Nueva York, V-23-5983 en 12/23/1952. Canta Antar Daly con Justi y Yayo el Indio de coro. Lo grabó también Machito y sus afrocubans, también en New York, en 1953, y ya dijimos que lo grabó Celia Cruz.

> Changó tá vení (bis) 3
> Con el machete en la mano,
> Tierra va a temblá
> Sarabanda malungo
> Ea,
> Changó,etc
> Sarabanda, Changó etá vení
> Cuini cuini
> Con siete rayos
> Sarabanda changó eh,
> (siguen inspiraciones)

Silvestre Méndez, radicado en México, también volvería al tema religioso en su album "Oriza", Lp Seeco CELP426, en 1955 en que su nuevo ritmo oriza, dedicaría números a **Babá, Yemayá** y **Cabiosile Changó.**

Hasta Los Compadres grabaron un tema religioso **"Saludo a Changó"**, Sonoro-137 grabado en 1955, reeditado el TCD-91.

Un toque de bembé. Se lo escuchábamos por radio a María Teresa Vera a mediados de la década de los cuarentas. Grabado por Laíto y su conjunto en 1956, Lp Puchito 595, reeditado como Antilla CD595.Celia Cruz lo grabó después de 1959.

> Un amigo me invitó
> A ver un toque bembé
> Cuando sonó el omelé (1)
> Cuando sonó el omelé
> Mi cuerpo se estremeció
> En esto bajó Changó
> Con un guerrero oyá
> Para empezar un ebbó (2)
> Para alegrar a su dios
> Que estaba bravo verdad
> Y cuando el coro rompió
> A cantar con melodía
> un canto que así decía
> O cunileo, aré, aré
> Arroyó Yemayá
> Cabo noriza, yeyeyo

> Arroyó Yemayá
> Aé, eá,
> Oguntá seremeyeo,
> Cabo noriza, chococó nilé
> Cabo no quiere
> Cabo o ni, lebó, Cabo o ni, lebó
> E, eyío mordé, eyío   (bis)
> E, eyío mordé mordé (bis)
> Metángala, metángala
> E, eyío mordé, eyío mordé eyío (bis)

(1) Es un tambor.
(2) Trabajo o conjuro religioso.

También en forma humorística, la orquesta Aragón graba en 1957, V-23-7313, **Espíritu burlón,** de Miguel Jorrín, un son montuno que narra una interesante sesión espiritista

Papá Ogún. Orq. Siboney de Vicente Sigler. Co 6168x 194_. Rumba afro de Sigler. Ogún es el orisha de la guerra, de los metales. El tema debe referirse a la Segunda Guerra Mundial, posiblemente en sus inicios.

> Ya lo mundo grita de doló
> Po que la genta está peleá
> Y papa Dóo etá digustá
> Ya la fosa e tierra está cavá
> Porque toitico etá sufrí
> Y no hay quien puea trabajá
> Y si la cosa va a seguí
> Yo no se que va a pasá
> Ya lo santo etá llamá
> Papa Ogún
> Tó tus hijos etá llorando
> Porque mundo va acabá
> No lo deje sufrí má
> Papa Ogún
> Olilé Papa Ogún
> Tá sufrí tá llorá
> Porque mundo va acabá.

No creo en brujería. Orq. Mariano Mercerón 2/9/1940 V-23-0131. Son afro de Mercerón.

Brujería, brujería, brujería (bis)
Un paquete de amarrá
c) Amarrá
y puerta tirá
c) Oh tirá
con lo pelo parao
y lo cuerpo erizao
y los ojo agrandao,
Yemayá, Obatalá y Changó,
Yo te rezo eta oración
Chancha maña calaoro,
Pero quítame este embrollo
Que me ha puesto la vecina,
Yo soy hijo de Tambán Vaca
Que son Dió de lo negro
Y ya me dio mi Tambán Vaca
Siempre me está resguardando
Y yo no creo en brujería
Y yo no creo en brujería (bis)

Timoteo. Guillermo Portabales. 2/10/1941 V-83539. Puerto Rico. Reeditado en TCD-84. Canto congo de Roberto Moya. Recuerda en la letra y música a **Tata Cuñengue**.

A ese Timoteo yo lo va a enseñá
Como matá pollo pa' santiguá
Cota la pescuezo, luego desoyá,
Saca sangresita, que má?
Ya pué santiguá de verdá
Canta lo rosario, baila cangrejito
Y todo bendito, la rueda formá
Yo mismitico te voá curá
Con la pezuña del alacrán
Con un pollito pá santiguá.
 Cota pescuezo, pá Batalá
Batalá, Batalá, Batalá
Un panape baila contigo
Un panape
Lleva a la playa
Junta la leña
Pá cociná

Batalá, Batalá (bis)
Una lenguita pá cociná
Pá que tu puea alimentá (bis)
Batalá, Batalá, (bis).

Enfurruñao. Orq. Mariano Mercerón. 8/22/1941 V-83606, reeditado en TCD-64. Afro de Ramón Cabrera.

Cucha *negro* que yo va contá
Una cosa que a mí me pasá
Cucha *negro* que yo vá desí
Ayer yo va a una reunión
A casa de un pirindinga (1)
Pá que me dieran un pase
Y me quitaran los chinos (2)
Que yo creo que tené
Yo tá casi morí
Cuando montaron un congo (3)
Que me miraba con ojo
De carnero degollao
de la cabeza a lo pié
y me dijo enfurruñao
y con los ojos virao
oye negro ponte duro
ponte duro de verdá
con ese muerto cesá
que te tiene enfurruñao
¿Qué tiene ese *negro*?
c)Que está enfurruñao
¿Que le queda a ese *negro*?
c)Que,etc
Que le pasa a ese *negro*
c)Que,etc
Que tu está salao, mijo
c)Que,etc
En casa de un pirindinga
c)Que etc.
(Siguen inspiraciones)

(1) No hemos encontrado explicación para pirindinga, creo recordar era alguien insignificante.
(2) Tener un chino (o más de uno) en la espalda, quiere decir tener mala suerte.

(3) Que un orisha se ha apoderado del cuerpo de una persona, en este caso un congo, y por boca de él da consejos al que se está consultando.

Un brujo en Guanabacoa, o El brujo de Guanabacoa. Trío Servando Díaz. 2/25/1941 V-83848. Reeditado en TCD-81. Un afro de Hermenegildo Cárdenas, que fue muy popular, antes había sido grabado por la Orq. Havana Casino cantando Oscar López, en 9/16/1940, y después lo fue por el Cuarteto Caney en 12/13/1941, De-21231, reeditado en TCD-05 ; y por la orquesta puertorriqueña de Pepito Torres, cantando Cascarita, en 1/2/1942, reeditado en HQCD-119. Y por la orquesta Sensación cantando Abelardo Barroso en 1956, reeditado en CD Antillas 579.

Me boté a Guanabacoa (1)
A casa de un babalao
Pá que mirara mi casa
Y a mí que estaba salao.
Me cobraron uno cinco (2)
Yo sólo pagué la mesa
Los patos, gallo y palomas (3)
No entraron en esa cuenta
c) cuenta, cuento
Me empezaron a mirar (4)
Con siete pedazo e coco
Que tiraban para arriba
Y empezaban a saltar
Mientras yo invocaba a Orula (5)
A Changó y a Yemayá
Pá que digan la verdá,
No lo vayan a engañar
Hab: Entonce el brujo me dijo:
Ten cuidao con esa vieja malojera
que te tira buche de café,
nunca manda la brujería
pá rompe, eh Macalunga
Mira que lo blanco inventan! (6)
Usté me trae un gallo gordo
Me trae manteca de cacao,
Me trae maíz, miel de abeja,
Ah! y cuatro setenta y cinco
Que ya se me había olvidado

s) Me boté a Guanabacoa
A casa de un babalao
c) Y 4.75, etc.
Pá que mirarara mi casa
Y a mí que estaba salao
c) y 4,75, etc.
Te echaron la brujería
Y te han puesto jorobao
c) Y 4.75, etc.
Hazte un limpieza yijo
Con un gallo pelao
c) Y 4.75,etc
Para que cambie la suete
Porque tú está salao
c) Y 4.75, etc.

(1) En este caso se usa como ir a un sitio.
(2) Un peso cinco centavos, eran los honorarios del brujo o babalao.
(3) Esos eran los animales que había que sacrificar.
(4) Mirar significa, tratar de adivinar a través de los pedazos de coco.
(5) Orula es un orisha.
(6) Este dicharacho era muy usado en Cuba por blancos y negros.

Los derechos del brujo. Orq. Casino de la Playa, canta Antonio de la Cruz. 5/4/1942 V-83937, reeditado en HQCD-63. Un son-afro de Oscar Espinosa, especie de continuación a "Un brujo en Guanabacoa".

Tú te fuiste hasta Guanabacoa
A casa de un babalao
Porque tu estabas salao
Ten cuidao, no juegues con babalao
Por eso estás tan salao
Porque tu tiene que decí tó el mundo
Derecho que tu tiene que pagá
¿Como tu cree que el brujo va a comé?
¿Como tu cree que el brujo va a viví?
c) El derecho que le paga al brujo.

Sala malekum (1)
Malekum sala (2)
(Sigue el brujo hablando en lengua)

(1) Salutación, y (2), contestación a la misma.

Ocanasordi. Bienvenido Granda con la Sonora Matancera. Seeco S-867 5/8/1950, reeditado en SCCD-9364. Un guaguancó de C. Kessell. A diferencia de Celia Cruz, su compañera en la Sonora, Bienvenido al parecer sólo grabó un número en este tipo de canción. También lo grabó Ñico Saquito y su grupo, en 1956, Panart 1798.

> El otro día yo fui a casa de un babalao
> c) De un babalao, de un babalao   (bis)
> para que mirara mi cuerpo
> porque yo estaba salao
>
> Me dijo son uno cinco
> Que ya te voy a mirar   (bis)
> Le letra que a ti te salga
> El tablerito te lo dirá (1)   (bis)
> Ocanasordi la letra
> Oriza guayo la bella auré   (bis)
> (Siguen hablando en lengua)

(1) Otra de las formas de adivinación más usada por los babalaos, es el tablero de Ifá.

El brujo. Alfredito Valdés y su conjunto. V-23-5603 11/20/1957. Un guaguancó de su propia inspiración.

> Tú me dice que tú está por Leonó,
> Me lo dijo un babalao
> Por eso tú está hinchao
> Y te está matá el doló
> *Negra* mira que tú eres criminal
> Si yo soy contigo bueno,
> ¿Por que tú me echa veneno
> Pá quererme reventá?
> Ya etá *negro* como borra e café
> Ese mismo polvo e sapo
> Que el otro día tomé
> Ay, eta *negra* mala que
> Me quiere reventar
> c) Ah, ah, ah, Castígala Yemayá
> (siguen inspiraciones).

Ya en el último año del período en estudio, 1958, Miguelito Cuní graba un hermoso son de Bienvenido Julián Gutiérrez, **Los tres Juanes**, LP Gema reeditado en CD Rumba 55508, que narra la aparición de la Virgen de la Caridad del Cobre a tres jóvenes. En realidad, más que un canto religioso, es una canción protesta:

> Virgen que a los tres Juanes
> Apareciste
> Aplacando la furia
> Del elemento
> Por el niño que llevas
> Te ruego triste
> Calma virgen del Cobre
> Mis sufrimientos   (bis)
>
> En el mar de mi Cuba,
> Madre mía
> Poco a poco la barca
> Se va hundiendo
> Faltándonos el pan
> de cada día
> sin que oigas la voz
> de un pueblo hambriento.
> Virgen que a los tres Juanes
> Apareciste,
> Por el niño que llevas
> Te ruego triste
> Calma Virgen del Cobre,
> Mis sufirmientos.

Esta es sólo una breve muestra, complementada además por otras canciones de este tipo que hemos incluído en otros capítulos, y no pretenden exponer las inmensas complejidades de esta música religiosa, sino solamente su presencia muy frecuente dentro del cancionero popular cubano, hasta convertirse en algo cotidiano.

Del 1958 en adelante se siguieron usando estos temas y otros nuevos, inclusive fue uno muy frecuentado por orquestas salseras.

CAPÍTULO 22
1925-1958: Político-social

Como hemos ido analizando las canciones de contenido político-social primero por siglos, después nos detuvimos en el siglos XX, analizándolas a veces por el género musical o por los compositores y/o intérpretes de las mismas, pero han quedado un número de ellas importantes que hemos agrupado en este capítulo dentro del cual trataremos de mantener el orden cronológico.

Himno del desterrado. Mencionado en uno de los primeros capítulos de este libro de Federico Arcés, fue grabado por el dúo de las Hermanas Martí, e incluido en el lp "Canciones Revolucionarias, cien años de lucha" editado por el sello Areito en 1968, donde se incluyen también otras canciones mencionadas antes, **La Bayamesa** de Castillo, Fornaris y Céspedes, cantada en terceto por Esther Borja, Ramón Calzadilla y Armando Pico; **Mi patria**, de Marín Varona, cantada por Armando Pico; **A Martí**, de Alberto Villalón, posiblemente de 1895, cantada por las Hermanas Martí; **El Mambí**, de Luis Casas Romero, cantado por Ramón Calzadilla y Armando Pico; **En opuestas regiones** de José Sabín por las Hermanas Martí, y una no mencionada antes, de los tiempos del machadato, de José Obelleiro Carvajal cantada por Armando Pico, y que incluimos ahora, **Canto Rebelde**.

> Rebelde,
> Porque sé querer
> El divino suelo
> Que me vió nacer
> Rebelde,
> Porque sé llevar
> Enhiesta la frente

Que no sé doblar.
Mis ansias de liberación
Son prendas de supremo amor
Rebelde,
Rebelde he de ser,
Mientras que mi patria
Deba defender.
Desde que esta tiera regó con su sangre
La raza de Hatuey
Desde que el esclavo sintió en sus espaldas
El látigo cruel.
Desde que los llanos blandiendo el machete
Cruzara el mambí
La voz del rebelde fue un himno viril.
Si el ardiente cando de rebeldía
Pudo conseguir
Quebrar las cadenas, destrozar el yugo
Y el látigo vil
Si la voz valiente fue el máximo impulso
De la libertad
No vive pecando quien vive luchando
Por un ideal.
Rebelde,
Rebelde he de ser
Mientras que mi patria
Deba defender

Pobre mi Cuba. Esta canción la trajo a nuestra consideración Jose Ruiz Elcoro. Según él, es una canción o clave de Rosendo Ruiz padre que cantaban en un disco antiguo María Teresa Vera y Rafael Zequeira. Pudiera ser "Ay mi Cuba bella" de ese autor e intérpretes, Co C-3008 ca. 1918, pero no lo hemos escuchado. Además la similitud del tema, y el título, la acerca mucho al famoso Lamento cubano de Grenet, que comienza con una frase parecida: ¡Oh Cuba hermosa! Que usamos como título de este libro.

Llora mi Cuba al ver sus hijos,
Al ver sus hijos que tristes están
Como mi Cuba ¡ay! cuántas madres,
¿Ay cuántas madres no lloran hoy?

Triste me siento, patria querida,

Triste me siento al contemplar
Tus desventuras, cuándo mi Cuba,
Tus desventuras
Cuándo mi Cuba feliz será.

¡Oh Cuba hermosa! Otra canción con el nombre de Cuba, también traida su letra a nosotros por JRE, ya que aunque teníamos su ficha discográfica, V-46223, 12/13/1928, no la habíamos escuchado. Es una criolla de Moisés Simons interpretada por su orquesta con las voces de Mercedes Menéndez y María Elósegui. Curiosamente su título, que aparece casi al final de la canción, es sin embargo el primer verso del Lamento cubano de Eliseo Grenet, compuesto años después. A primera lectura parece una canción amorosa, pero precisamente los últimos versos la hacen lucir como una muy sutil canción patriótica.

En el fondo de esmeralda
De tus sabanas
Que con besos de fuego
El sol abrasa,
Las palmeras esbeltas
Cual vírgenes indianas
Sus penachos románticos
Altivas alzan.
Y en la soledad del campo
Eternamente en flor
Vibra una canción
Como una queja de dolor
La canción de la guajira
Sentimental en el cantar.

Son las notas dolientes
De la guajira
Con el ritmo de un alma
Que ama y suspira
En las sutiles redes
Del Dios amor cautiva
Lanza al aire las quejas
De su alma herida.
También las palmas
Tienen penas y dolores
Y celos y amores.

El rozar de la brisa
En sus anchas hojas
Es susurro, es queja
Llanto y congoja.
Y es porque tienen
Las mujeres y las palmeras
Iguales almas
¡Oh Cuba hermosa!
Y adorada patria mía
Tuya es mi vida,
Tuyo es mi amor
Es para ti mi canción.

Negrita. Rita Montaner Col3225x, 1928, reeditado en el CD Alma Latina 04. Danza de Ernesto Lecuona. También la grabó Juan Pulido, V-81265, 5/18/1928, New York. Como el caso anterior, parece una simple canción, pero las dos últimas estrofas pueden referirse a la situación de 1928, ya con una oposición popular en contra del gobierno de Machado.

Negrita, si tú me dijeras
Que ha sido del suave arrullar
De hamacas bajo las palmeras
Y de aquel amor de feliz recordar.
Negrita, por qué no me cuentas
De los tiempos felices de ayer
En los que en calesas y amantes
se hablaban de amores,
de dicha y placer.

Ay, mi niño, naitica sé
De lo que uté me etá hablando
Si toitico ahora etá como etá
Y de aquello ya no hay ná
Mi Cuba etá cambiá
Su cielo ya no e lo mimo
El sol, no alumbra iguá
Y hasta e mentira el amó

Negrita, que cruel desencanto
Debe ser tu existencia hoy

En que todo aquello ha volado
Dejando solo su amargo dolor.
Negrita, ahora en tu pena
El recuerdo de un tiempo feliz
Y en el que tu amita hechicera
Por su fiel galán sabía morir.

Mi patria. Esta es la letra de la canción de Marín Varona grabada por Armando Pico, antes mencionada

Oh mi patria infeliz,
Cuántas torturas
El verte libre nos está costando
Cuántas noches de insomnio
Van cruzando por mi vida
De amargas desventuras
Que no han faltado.
Pero no importa, no
Me sobra aliento
Para seguir sufriendo resignado
Y la victoria de Cuba está anunciada
Y próximo a llegar está el momento.
En nuestros campos libres
El grito aquel que engrandeció esta tierra
Sobre las vidas que dejó la guerra
Mis hijos brindarán,
Ya Cuba es libre al fin.

Con picante y sin picante. Rita Montaner Co3983 7/1929. New York. Un pregón de Moisés Simons, que está aquí por las alusiones a Machado y a Carlos Miguel de Céspedes, su secretario de Obras Públicas, en un año en que ya la situación política era muy tensa.

Pica lo tamale, pica (1)
Quieto muchacho
Pruébalo, pruébalo
El tamalero se va.
Las diez son ya,
Vamo a cená
Oyeme pregonar

Los tamales, cocinados están
Pruébalos y verás,
No lo piense más.
 Con picante y sin picante
 Rellenito con pollito
Chicharrones de pellejo (2)
Bien tostao,
La carne de puerco frita,
Bien dorao
Niña linda, por Dios oye
Vá a quedarte sin comer,
Tú va a ver
Yo te juro por Machao
Que vas a cenar sabroso,
Cómete un tamá,
Pruébalo y verá
No lo piense má
Ay, pero vamo a cená
El tamalero se va, ay Dios.
Pica lo tamale, pica,
Llevo aquí productos nacionales
Trágalo, trágalo,
Ay, como es de Cuba
Hay que comer tamales (3)
Por un real nada más
Tamalito de puerco verdá
 ya me voy a cantar,
 en vuelta del Parque Central.
Ni Carlos Miguel se atreve a tumbar
Los tamaleros del Parque Central
Por un real nada más
Tamalito de puerco verdá.

(1) Ese era el pregón de los tamaleros: picaban, porque tenían picante.
(2) Chicharrones eran trozos de la piel del cerdo frita
(3) Rita habla de productos nacionales, y hay que comer tamales; tenía que ver con la política proteccionista que trataba de llevar a cabo Machado, para proteger la producción nacional.

Yo no tumbo caña. Eliseo Grenet y su grupo V-32340 6/16/1932. España. Reeditado en HQCD-56. Un son del propio Eliseo, piano y canto. Aquí no hay contenido político, pero si social. Siempre es el negrito el vago, el que no quiere trabajar. Grenet vuelve a tocar el tema en su famoso Facundo, del que ya hemos hablado. En realidad el son es de fecha anterior, y ya vimos que el Sexteto Habanero usó su música y parte de la letra, pero obviando la referencia al negro.

> Mi *negrito* me decía
> que es vago de profesión.
> Como no doblaba el lomo
> Me daba esta explicación:
> Convéncete mi *mulata*
> Que no debo trabajá
> Porque me llamo Domingo
> Y soy para descansar.
> Y con tal razón
> Seguía cantando, seguía cantando,
> Este dulce son:
>
> Yo no tumbo caña
> Que la tumbe el viento
> Que la tumbe Lola
> Con su movimiento   (bis)
>
> Que no te lo explicas, dices
> Pues te lo voy a explicar
> yo no tengo inconveniente
> De ponerme a trabajar
> Si yo me llamase Ulises,
> Bernabé por no gozar,
> Pero como soy Domingo,
> yo no debo trabajar.
> Y con tal razón seguía cantando,
> seguía cantando este dulce son:
>
> Yo, etc. (bis) 6

Ya se fue. Orq. Enrique Bryon, cantando Pedro Berríos. V-30922 8/25/1933. New York. Un son de Fernando Collazo, grabado en el mismo mes de la caída de Machado, pero seguramente escrito antes, en espera del suceso. Sergio Santana nos señala que fue grabada por el Gran Combo en 1979 con el título de Oprobio, y como de la autoría de Rafael Hernández, con letra distinta, dedicado a una mujer, y también la grabó Juan Luis Guerra en su disco Fogorate de 1994, como de la inspiración de Rafael Hernández. Seguimos investigando, y encontramos que la había grabado primero que Bryon, el Cuarteto Machín, también con el nombre de Oprobio, en octubre 15 de 1931, V-30595, reeditado en TCD-15, también como de Rafael Hernández. Parece que a Bryon "se le olvidó" señalar que en realidad era una parodia del número de Hernández...

Ya se fue, ya se fue,
El tirano que tanto dijo
Que no se iba,
Y la República que tanto
la oprimía,
Gracias a Dios que se fue
Gran opresor.

Adiós bandolero
c) Adiós
Adiós achacoso
c) Adiós
Adiós fascineroso
c) Adiós
Adiós carnicero
c) Adiós

Si te vas adiós, si te vas, adiós
Donde quiera que te metas
Te cogerá la carreta
Goodbye, adiós
Adiós malagente
c) Adiós
Adiós tiranuelo
c) Adiós
Caimán con pañuelo
c) Adiós
Viejo intransigente
c) Adiós
Si te vas, adiós, por doquiera que te vayas
Te gritarán solavaya,
Goodbye, adiós,
Adiós viejo zorro
c) Adiós

Que te echen a lo hondo, pá los tiburones
c) Adiós
Con tus orejas de cerdo
c) Adiós
Ibas con Pepito Izquierdo(1)
Goodbye, adiós.
Adiós cara de sapo
Te estás consumiendo
Si tú eras tan guapo,
¿Por qué andas huyendo?
c)Adiós
Si te vas adiós viejo gotoso,
Estás tuberculoso,
Goodbye, adiós.
Adiós bandolero,
Adiós achacoso,
Fascineroso
Adiós carnicero
c) Adiós
Adiós viejo loco
Adiós mala hierba
c)Adiós
Aquí no te quieren
Ni fuera tampoco
Si te vas adiós,
Mas nunca vengas a La Habana,
Cuba es libre y soberana.

(1) Uno de sus adeptos.

Cayó el tirano. Chago Rodríguez, puertorriqueño y su grupo. V-30941 9/11/1933 New York. Son-rumba, letra de Mariano Viamonte y música del argentino Terig Tucci.

Hay muertos que no hacen ruido
Otros mueren sin pesar,
Pero en política amigo,
Todo se sabe a pesar
Machado fue un gran tirano
Que a Cubita le tocó
 pero ahora que él ha caído

Ni un recuerdo se quedó. (bis)
El traidor Machado
Ya se cayó, ya se cayó,
Y todo lo suyo
Se derrumbó, se derrumbó,
Logró un aeroplano
Para Nassau, para Nassau,
Debió irse para el cajón.
Una porra hubo en La Habana
Que a todo el mundo apaleó
Pero al primer bravo pueblo
A la Porra la corrió.
El Vaspa(¿) y los patriotas
Llenos de muy gran valor
Como a perros los mataron
Y a la cárcel los echó   (bis)
La traidora Porra
Ya se acabó, ya se acabó
Toda su venganza
No existe hoy, no existe hoy
Cuba ya es libre
Bendito Dios, bendito Dios,
Y un nuevo día, alumbra el sol.
Como toda cosa buena
El ABC nos salvó (1)
Porque el que nace patriota
Lo mandan de picaflor (¿)
Si hay en el mundo justicia
Esto sirva de lección
Para los otros tiranos
Que arruinan una nación. (bis)
El traidor Machado,
Ya se cayó, ya se cayó,
Y todo lo suyo se derrumbó
Cogió un aeroplano,
Para Nassau, para Nassau,
Que lástima grande,
no se estrelló, no se estrelló.

(1) Organización revolucionaria que combatió a Machado.

Al vaivén de mi carreta. Es de 1936, pero la graba Guillermo Portabales en 1939, V-82802 8/29/1939. Reeditado en TCD-84. Es una guajira de Ñico Saquito. Uno de los mejores números de protesta hechos en Cuba. Lo grabaron también, Los Guaracheros de Oriente, La India de Oriente, Manolo Fernández, el Dúo Cabrisas-Farach, Roberto Torres, el Trío Nodarse, y otros; después de 1959 Grupo Mayohuacán, Charlie Palmieri, etc.

Eh, se acerca la madrugada,
Los gallos están cantando,
Compadre están anunciando
Que ya empieza la jornada… bien
Eh, trabajo de sol a sol
Y cada día estoy peor, compadre, ¡que desengaño!

Cuando llegaré,
Cuando llegaré al bohío   (bis)

¡Eh! trabajo pá no se quien (1)
Que refrán más verdadero
Sudando por un dinero
que en la mano no se ve, ya ve

Trabajo de sol a sol
Y también de enero a enero
Y que poquito dinero
Me pagan por mi sudor, ya ve (2)

Triste vida la del carretero
Que anda por esos cañaverales
Sabiendo que su vida es un desierto
Se alegra con sus cantares.

Cuando, etc.

(1) En el original dice "Trabajo para el inglés", con lo que hace sentido el siguiente verso, pues es en realidad un viejo proverbio cubano.
(2) Esta estrofa no está en la versión de Portabales.

Echa un pie. Trío Justa García V-82000 4/16/1937. Guaracha de Bienvenido Julián Gutiérrez. La letra es un poco extraña.

Lo necesité.
 No me quiso hablar (bis)
Como alma en los pies
Por ruta central
Y ahora se le vé
Como vive ahí
En el manigual,
Sembrando maíz.

c) Ya tú ves que el que nace para uno, (1)
¿No es verdad?, pero nunca llega a tres.

Abran paso que llegó
El que siempre es dueño de ella
Que el diablo tun tun le dio
Un apoyo de botella. (se le ve) (2)
c) Ya, etc.
El cuento del tripartismo (3)
Son tres que luchando van
Por un pedazo de pan
Para engordarse a sí mismo. (se le vé)
c) Ya, etc
Justa y Ramón quien diría
Pasaron su vida en brete,
Mientras Miguel se reía
Por medio de un gabinete. (qué Miguel)
c) Ya, etc
Ramiro el apuntador
En Mazorra y en presencia
Y le da gracia al señor
Por el bando con licencia. (se acabó)
c) Ya, etc
Simón el enterrador (4)
Hace público deseo
Si lo dejan sin empleo
Que lo entierren de favor.
c) Ya, etc.
Boloña ahora que me acuerdo,
Ya no sé lo que me pasa
Le dijo a Antonio y a Felo

Que pasaran por su casa (echa un pie) (5)
c) Ya,etc
Mientras Menéndez volaba
Mi *negrito* me obligó
Que a Sevilla fuera yo
Volando todo a la brava (no pué se)
c) Ya,etc.

(1) Parece ser otra versión del dicho "el que nace para real nunca llega a peseta". Aquí, el que nace para uno no llega a tres.
(2) estas palabras entre paréntesis se incluían como un comentario a la frase anterior, por otra voz.
(3) No sabemos si el tripartismo se refiere a algún pacto entre tres partidos, en un año como ese en que hubo muchos cambios en los partidos políticos existentes.
(4) Una intertextualidad. Simón el enterrador era una canción que se había hecho muy popular en Cuba en la voz de Angelillo, un cantante español.
(5) Puede ser un chiste entre artistas: Boloña debe ser el director del Sexteto del mismo nombre, y los otros citados, artistas también.

Don Ramón. Trío Justa García. V-82000 3/25/1937. Una guaracha de Bienvenido Julián Gutiérrez, captando una estampa solariega.

Ya no se puede vivir
En el maldito solar
No se oye más que decir
A los vecinos "perdón"
Por haberlo molestado
¿Pero me puede prestar
Si no le es muy pesado
Una cosa Don Ramón?   (bis)
¿Tendrá un fosforito?
c) Don Ramón
¿Un poco de sal?
c)Don Ramón
¿Me presta un tubito?
c)Don Ramón
¿Usted tiene un real?
c)Don Ramón
A cada momento un rollo,
Un chisme, una discusión,
Una pelea por los pollos

Y otra por el cinturón.
¿me dá un vasito?
c) Don Ramón
Olor a cafecito
c) Don Ramón
Me uno al buchito
c) Don Ramón
Ahí va la tacita
c) Don Ramón
Vecino estoy bien salao
No adivino una chará
Cuadrilla a lombriz he jugao,
Y me han tirao majá.
De parte de Pancha
c) Don Ramón
que le mande dos ajos,
c) Don Ramón
Que le preste la plancha
c) Don Ramón
Me tira a relajo
c) Don Ramón
Hay que darle a Don Ramón
me dicen un buen maestro
con la derecha en acción
mientras doy más adentro
¿Me da un cigarrito?
c) Don Ramón
¿Qué quiere ese hombre?
c) Don Ramón
No llores chiquito
c) Don Ramón
Cámbiame el nombre
c) Don Ramón
Y ahora para terminar
Este teatro cubano
Mañana me voy a mudar
Para el Palacio cubano
No se mueve el chino
c) Don Ramón
Por Dios que lo siento

Me voy, me voy
c) Adiós Don Ramón.

La ley de alquileres. Bimbi y su trío Oriental. V-82498 9/15/1938. Reeditado en CD Alma Criolla 803. Una guaracha de Ñico Saquito.

Ayer fui a alquilar un cuarto
Y oigan bien las condiciones
Caballero, que mal rato,
Me salieron con sermones
Hay que pagarle dos meses
Porque es su ley la que manda
Un mes que le pertenece
Y otro para la demanda. (bis)

Si no hay ley pá los caseros,
En La Habana yo me muero   (bis)
A mí no me lo alquilan
Porque les molesta el ruido
hay días que en la pila,
el agua allí no ha salido
Respetar al encargado
Y no andar en camiseta
Limpiar bien lo ensuciado
Y no quiero cantaleta.
Si, etc.
No quiere grupo en la puerta
Ni de uno ni de tres
La luz la apaga a las diez
Y no hable porque molesta.
Si, etc.
Quiere recomendación
De uno que mande y sea fuerte
Y para tenerme presente
Cuando llegue la ocasión.
Si, etc.
Cuando me fui a mudar
No pude entrar en el cuarto
Mi mujer se fue de parto
Y no me quiso alquilar.

Si, etc.
Después de tantos sermones
Y andarme con tanta treta,
Lo mandé pa la retreta.
Hab) Hiciste muy bien Sánchez
Por lo menos se ilustra
Y oye tocar los saxofones.

Llora campesino. Miguelito Valdés con la Orq. Casino de la Playa. V-82670, 3/30/1939. Reeditado en CUCD-1704. Es una guajira de Miguelito Valdés y Anselmo Sacasas. Marcelino Guerra y Carlos Suárez le hacen coro a Miguelito. Es un tema inusual en esta orquesta, más bien orientada en lo lúdico, o en el tema negro. Aquí Miguelito no improvisa con palabras de lenguas afrocubanas.

Ay como sufro por ti
Cuba mía.
Quiero cantar,
La soledad, la tristeza,
Tan sumida en la pobreza
Al ver los campos desiertos
De mi Cubita querida;
siendo mis hermanos muertos,
Sangre roja de mi vida.
Llora, llora campesino (bis)
Campesinos, hermanos míos
Lucharemos con denuedo
Para encontrar un remedio,
Un remedio a este dolor
Que extermina sin razón,
Todo es quebranto y pobreza,
Sufren los campesinos cubanos
Y es peor en su tristeza
Porque lo vive su hermano.
Demos todos hasta la sangre
Por lograr la mejoría
De la tierra de mi madre,
La linda Cubita mía.
c) Llora campesino
s) Tú trabajas desde niño

c) Llora campesino
s) Trabaja el pobre guajiro
c) Llora campesino
s) Y nadie te brinda cariño
c) Llora campesino
s) Tú trabajas desde niño
c) Llora campesino
s) Trabaja el pobre guajiro
c) Llora campesino
s) Trabajas tú, hermano mío
c) Llora campesino
s) Trabajas tú, hermano mío
c) Llora campesino

¿Y tu abuela…a onde etá?. Bimbi y su trío Oriental. V-82917 11/29/1939. Reeditado en TCD-56. Este poema, uno de los más conocidos de la poesía afroantillana, es del puertorriqueño Fortunato Vizcarrondo, y Bimbi lo musicalizó en este son afro. Es la fuente de inspiración para Ñico Saquito de su son, "Yo no escondo a mi abuelita". Y fue uno de los grandes éxitos del recitador cubano Luis Carbonell, que lo grabó también. Lp Kubaney 102, 195_, reeditado en CD.

c) ¿Tu abuela, donde está
aonde etá aonde etá
tu abuela, aonde eta?   (bis)

s) Ayer me dijiste *negro*
y hoy te voy a contestar:
Mi mae se sienta en la sala;
Y tu abuela, ¿aonde etá?
Yo tengo el pelo de caíllo
El tuyo es de danamá;
Tu padre lo tiene bien lacio
Y tu abuela, ¿aoende etá?
c) Tu abuela, etc.

Tu color te salió blanco
Y la mejilla rosá,
Lo labio lo tiene fino;
Pero y tu abuela, ¿aonde etá?

Como tu niña es blanquita
La saca mucho a paseá
Y yo con gana de gritarte
Y tu abuela, ¿aonde etá?
c) Tu abuela, etc.

Dices que mi bemba es grande
Y mi pasa colorá
Porque yo me la perfumo
Con manteca oxigená
Y dices que soy muy feo
Como un mismo orangután
Pero por linda no tienes
A tu abuela arrinconá
c) Tu abuela, ¿aonde etá?

A ti te gusta el foxtrot
A mi Bruca maniguá
Y tu orgullo de ser blanco,
Y tu abuela,¿ aonde etá?
Tu eres blanquito enchapao
Que dentra en la sociedad
Temiendo que se conozca
La mamá de tu mamá.
c) Tu abuela, ¿aonde etá?

Ayer me dijiste *negro*
Queriéndome abochornar;
Mi abuela sale a la sala;
Y la tuya oculta está.
La pobre se está muriendo
Al verse tan maltratá
y hasta tu perro le ladra
y hasta la sala ella no va
c) Tu abuela,¿ aonde etá?

Muy bien que yo la conozco,
Se ñama siñá Tatá;
La escondes en la cocina
Porque es *prieta* de verdad

Aquí el que no tiene dinga
Tiene mandinga, ja ja (1)
Y por eso te pregunto:
Y tu abuela, ¿aonde eta?
c) Tu abuela, ¿aonde etá?

(1) Dinga y mandinga son dos etnias negras, y lo que indica este dicho popular, es que todo el mundo puede tener presencia negra, biológica o cultural en Puerto Rico. En Cuba, y creo lo hemos señalado antes, existía un dicho parecido para señalar la misma situación: "De San Antonio a Maisí, el que no tiene de congo, tiene de carabalí".

Yo no escondo a mi abuelita. Ñico Saquito y su conjunto, y de su inspiración (y la de Vizcarrondo) Canta Bimbi. Lp Panart 2093 ca. 1958.

Que mi abuelita es una *negrita*
No lo niego ni la escondo
Porque ella me trajo al mundo
A mi santa madrecita.
Que vete a verla en mi casita
Que siempre en la sala está
Porque ella es la princesita
De su nieto y su mamá.
c) Eso de tu abuela donde está
eso no va conmigo, que va, que va (bis)

Hay quien tiene a su abuelita
Sentadita en el salón
Pero si llega visita
Se la llevan a un rincón
Y si se entera la visita
Que su abuela es una *negrita*
Se enferman del corazón.
c) Eso etc

Yo tuve dos abuelitas
Y a ninguna la escondí
Y las dos eran *negritas*,
Más *negritas* que un totí
c) Eso,etc,

Mi abuelita es una *negrita*

No la niego ni la escondo
Porque ella me trajo al mundo
A mi santa madrecita
c) Eso, etc.

La guajira Micaela. Cuarteto Caney canta Manolo Suárez. De 21137 9/13/1940 New York. Reeditado en TCD-38. Hasta el Cuarteto Caney establecido en New York, grabó una canción, protesta, esta guajira de Hermenegildo Cárdenas.

Por un sendero florido
Colmadito de azucenas   (bis)
Tarareando unas canciones
Para mitigar sus penas   (bis)
Porque su Cuba querida
Con su suelo tan fértil   (bis)
Estará bien maldecida
Porque tus hijos no te quieren,
Que no te dejan vivir   (bis)
Esos tiempos de bonanza
Cansada estoy de esperar   (bis)
Pues todos me ofrecen mucho
Yo los veo y escucho
Pero no acaban de llegar   (bis)
Busquen pronto un remedio
Y no la traten tan mal   (bis)
Porque si sigue sufriendo
Y con zozobra viviendo   (bis)
De seguro morirá .   (bis)

Sol de libertad. Marcelino Guerra y su conjunto. Verne 179, 1940 New York, Afro-lamento de Marcelino, música y Julio Blanco Leonard, letra. También lo grabó con su Trío Criollo, Varsity 3018, New York.

Angustia de la tierra mía,
Lamento que me hace llorar
Y vas por el mundo
Sonando el mensaje
Tremante por diafanidad
y es un clamor

tragedia maldecida
que me hiela el corazón
pero la intriga maldita
no puede tapar el sol,
y mi canción,
honda cual abismo
rogando va por la libertad,
viviendo la ilusión
de un sol de libertad
resiente el corazón
aurora de igualdad.
Sumido en el sopor
Te canto mi penar
Quien tenga la razón
el tiempo lo dirá.

La mundo se tá cabá. Esta conga de Chano Pozo, aparentemente nunca se grabó. Aparece en un cancionero "Radiocine"de 1941, como del repertorio del Trío Servando Díaz. Y debe haber muchas creaciones así, que no llegaron al estudio discográfico, pero que en su momento se escucharon en la radio, o en otros medios, e influyeron en el ambiente musical.

La mundo se tá acabá, mayorá, (bis)
Machete no quié cotá la caña
Lon gallo no tá cantá madrugá   (bis)
Lon gueye ya no quié ará mayorá
La tierra se tá tragá la carreta
La tierra se tá cabá, mayorá (bis)

Coro: Mayorá.
Inspiraciones:
Mira ventolera como tá
Si me muero quien me va a llorar
Ya lo gallo no pué cantá
Y el ingenio ya se ta cabá
Ya lo río etá desbordá
Y mi casa ya está mojá
Y lo mundo se tá cabá, mayorá.

No se puede decir. Trío Servando Díaz. V-83418 2/25/1941, reeditado en TCD-81. Esta guaracha de Hermenegildo Cárdenas comenta con humorismo el acontecer, cuando Batista, después de tomar posesión como presidente, viajó a los Estados Unidos en octubre de 1940, para gestionar un préstamo para Cuba; el 6 de enero llegó a La Habana el presidente del Export-Import Bank para tratar sobre el préstamo que se firmó en noviembre por 11 millones de dólares. A raíz del viaje, los aduladores le decían a Batista "El mensajero de la prosperidad" (Enciclopedia de Cuba Vol 9, p.642) Hay otro número titulado "Cuando vengan los millones" que también tocó el tema.

> Yo le dije a mi mujer (¿que le dijiste?)
> Cuando vengan los millones
> Te compraré seis sillones
> Y una máquina de coser.
> Te compraré dos vestidos
> Y una manta de burato (1)
> Y botarás las chancletas
> Porque ya tendrás zapatos.
> Botaremos el bastidor
> que tiene treinta agujeros (muchos bichitos)
> la lámpara y el reverbero
> y también el colador
> y botaremos el latón
> y también la palangana (2)
> porque a mi me da la gana
> y porque tengo dinero.
> Como tengo tres jabaos (3)
> Que casi los tengo encueros
> Les compraré mucha ropa
> Aunque se acabe el dinero.
> Y al despertar la quimera
> No, mejor llamarle sueño,
> En eso llegó (¿quien?) En eso llegó,
> No se lo puedo decir (bis)
> ¿Para qué son los millones
> Para enriquecer a los hombres?
>
> c) No, no se lo puedo decir
> ¿Quién ampara los millones,
> Ustedes saben su nombre?
> c) No, etc.
> Y ofrecieron mucha agua (4)

Y no acaba de llegar (era de coco)
c) No, etc.
El reparto de las Yaguas (5)
Todavía existe allí
c) No, etc.
Cuando vengan los turistas
Que vergüenza para mí.
c) No, etc.
Yo esperando los millones
Y no acaban de venir
c) No, etc.

(1) Según RAE, es un tejido de lana o seda.
(2) Está describiendo los utensilios de los hogares pobres: lámpara, seguramente de luz brillante, reverbero y colador de los que ya hablamos, y latón y palangana para traer y usar el agua en la humilde vivienda sin agua corriente.
(3) Jabao es el mulato con rasgos blancos, por ejemplo pelo rubio u ojos claros. Aceptado por DAE
(4) Parece se había prometido un nuevo acueducto para La Habana, que no tuvo hasta muchos años después.
(5) Las Yaguas, como Llega y Pon y otros, eran barrios de indigentes de La Habana, con viviendas muy precarias, sin servicio eléctrico ni de agua ni alcantarillado.

El chuchero. Bimbi y su Trío Oriental. V-83532 5/14/1941. Una guaracha de Hermenegildo Cárdenas. Eran los tiempos de la Segunda Guerra Mundial, Cuba le había declarado la guerra a los países del Eje, y se estableció el Servicio Militar Obligatorio, que tuvo opositores como éste y defensores como Matamoros, como vimos en el capítulo dedicado a él. O sea, la canción popular se convertía en un foro donde democráticamente podía haber opiniones opuestas.

Ya no se llaman Rubén (1)
Ahora se llaman chuchero
Que portan la tela chévere
Y siempre tienen dinero
Para botar con los socios.
Cuando se presenta un bonche (2)
Por la tarde o por la noche
Y su fama de tenorios
no se les podrá caer.
El servicio obligatorio

No se hizo para él;
Porque se casa enseguida (3)
Y va luego y deja la mujer.   (bis)

Que peleen los gallos finos
Que yo soy gallo machorro (4) (bis)
Si ellos formaron el rollo
Y no contaron conmigo (bis)
Que le lleven como juez
O si no como testigo
Que peleen, etc.
Cuando ellos comían perdiz
Yo comía calabaza
Y ahora que comen metralla
Quieren mandarme a mí.
Que peleen, etc.
Yo tengo debilidad
Y será por la canina (5)
Aunque mi casa está en ruina,
No quiero nada de allá (6)
Que peleen, etc.
Yo nunca fui peleador
Ni he presumido de guapo (bis)
Déjenme aquí, es mejor
Si me obligan yo me mato.
Que peleen, etc.   (bis) 4

(1) Esta es una referencia a una guaracha de Corona, muy popular cuando la Primera Guerra Mundial que incluimos en el capítulo de los trovadores: Óyeme bien Rubén.
(2) La acepción aplicable a este caso, es de reunión de gente para celebrar una fiesta, que acoge el DAE.
(3) El servicio militar solo llamaba al enganche a los solteros; era fácil casarse para evitarlo y después abandonar la mujer.
(4) Según RAE, macho estéril. No hace mucho sentido como lo usa el autor.
(5) Es una forma apocopada de hambre canina, que RAE traer como hambre muy violenta.
(6) La única forma de entender este verso y el anterior, es que "casa" se refiere a Cuba, y "allá" a los Estados Unidos, que presionaron a los países latinoamericanos a que declarasen la guerra al Eje.

La chismosa. Rita Montaner, con la orquesta de Enrique González Mantici. V083589 8/1/1941, reeditado en TCD-46. Una guaracha de Juan Bruno

Tarraza que tuvo mucho éxito, y que después se usaba como tema en un programa con el mismo nombre, donde se criticaba duramente al gobierno.

No me lo crean,
Yo no lo dije
Qué va mi vida,
¿De cuando acá yo soy chismosa?
Porque Cundina,
La *negra china*
Que por desgracia me encontré
En la esquina,
Ella me dijo que le dijeron
Que por ahí dicen
Que tu vives con un *chino*
Y que en tu casa comen harina (1)
Y un día al año ven la gallina.
Dios me perdone
Esta malalengua,
Tú bien sabes que yo,
No soy chismosa
Y aunque te digan
Que yo dije lo que dije
Es mentira, fue la idea
De esa *negra*
que toitico me lo contó.

Mejor que me calle
Que no diga nada
Que no sé si tú sabe
De lo que yo sé   (bis)
Me dicen que la vecina
Esa que vive en la esquina
Deja al marido de noche
Pasear en un viejo coche
Con su amiguita Rufina;
Y yo juro, por mi madre,
Que después vino el compadre
Tripulando su buen carro
Para pagarle los jarros
Que rompe la comadre.

Mejor, etc. (bis)
Y a mí decirme chismosa
Porque el marido de Rosa
Le dio una mano de palo,
Como si fuera un regalo,
Rompiendo no sé que cosa;
A mí decirme chismosa
Porque dije que dijeron
Que decían que se fueron
Juanito y Linda Sosa
Y que al llegar al hotel
Para su luna de miel
Ella le dijo amorosa:
Yo tengo pá ti una cosa
Mas sabrosa que la miel:
¡Y le dio una pomarrosa! (2)

Mejor, etc. (bis)

(1) En las grandes crisis económicas de Cuba, sobre todo la de fines de los años veintes, el alimento de sustento básico era harina de maíz cocinada con un poco de manteca y sal.
(2) Fruta tropical de sabor parecido a la manzana.

Si yo fuera presidente. Hermanas Márquez. V-83706 11/10/1941 Afro de José Claro Fumero. Desgraciadamente el plan de trabajo de este posible presidente bozal, se parece mucho en la realidad, a varios de los que tuvo Cuba.

Si yo fuera presidente
Yo toitico lo arreglá
Enseguía yo mandá
A cerrá boca a la gente
Enseguía yo etá piensa
A manejá mucho dinero
Yo tené una lista extensa,
Atromóvil a montón,
Amores que no se diga,
tené llena la barriga
y hacé truco en la elección
siempre iré de pesquería
en lo yate o lo vapó
Eto solo pienso yo,

Lo demá son bobería (bis)
c) Tan tan tan, yo seré presidente
s) Si yo fuera presidente
c) Tan,etc
Yo arrreglá toitico el mundo
c) Tan,etc
s) Mandá cerrá boca a la gente
c) Tan, etc.

Quiero ser militar. Orquesta Mariano Mercerón. Canta Camilo Rodríguez. V-83988 10/2/1942. Reeditado en TCD-64. Es una guaracha de Mercerón, con fina ironía, está aludiendo sin decirlo, a la "carrera militar" seguida por Batista y otros de sus compañeros del ejército, con el golpe del Cuatro de Septiembre. Además, como dato interesante, quizás como protestando de lo que dice la letra, en varias ocasiones se ejecutan algunos de los "toques de corneta" del Ejército cubano, muchos de los cuales proceden del Ejército Libertador durante las guerras de independencia de Cuba.

Yo quiero ser militar
Y en Oriente me quiero alistar, (bis)
 pues si mal no me he enterado,
fue Oriente quien dio
los mejores soldado
lo dice la historia
y por eso yo quiero ser soldado.
c) Yo, etc.
s) Yo quiero ser militar
y de cabo me han de nombrar
c) Yo, etc.
s) Y sargento yo puedo ser
c) Yo, etc.
s) y a teniente puedo llegar
c) Yo, etc.
s) Si me dejan seré Capitán
c) Yo, etc.
s) Comandante o Coronel
c) Yo, etc
s) A teniente quiero llegar
c) Yo, etc.
(hab) Un momento compañero, ¿hasta donde?

Siembra para comer. Orquesta Hermanos Palau, canta El Morito. V-23-0053. 8/30/1943. Una guaracha de Ramón Espigul, que parece escrita por Julio Cueva. Eran los tiempos de fines de la Segunda Guerra Mundial, y había escasez de alimentos etc.

(Comienza con música marcial)
Señores, hay que pensar
En Cuba bella
Pá comer hay que sembrar
La tierra es bella
Cubanos a trabajar
Cuando tu fértil tierra
Con conciencia de guerra
El machete hace brillar   (bis)
Vamos a hacer un ajiaco
Entre tres o cuatro, entre tres o cuatro,
El uno pone la yuca
Y el otro pone el boniato,
Y aquel que no ponga ná
No comerá;
No, no, no, no, no, no.
Yo pongo la yuca
c) tú come aquí
También el boniato
c) tú come aquí
la calabaza
c) tú come aquí
Yo no pongo nada
c) tú no come aquí
etc, siguen inspiraciones.

Camaján. Orq. Hnos. Palau. Canta El Morito. V-23-0048 9/7/1943 Es una guaracha de Guillermo Rodríguez Fiffe. ¿Porqué siempre el vago tiene que ser negro? Esta canción iba bien, pero al final tiene que decir que el camaján es niche.

c) Camaján, camaján, camaján (1)
No seas tan haragán
Busca trabajo, so camaján

Hay un tipo popular
En el barrio de Belén
Que le gusta vivir bien
Y no quiere trabajar.
c) Camaján, etc.
No sabe más que picar
Al amigo y al pariente
Y está hecho un indigente
Por no querer trabajar.
c) Camaján, etc.
Vive de lo que le dan
Con el cuento y la rutina
Cuando lo ven en la esquina
Todos gritan: ¡camaján!
c) Camaján, etc.
Y por ser tan haragán
En el barrio de Belén
Le gritan cuando lo ven
A trabajar, ¡camaján!
c) Camaján, etc.
Ese *niche* no quiéhacer ná
Vive del cuento y la rutina
Vive de lo que le dan,
Y total no quiere hacer ná
c) Camaján, etc.

(1) Según DAE se usa en Nicaragua por holgazán, pero en Cuba también.

Figurina del solar. Orq. de Julio Cueva, canta Cascarita. V-23-0128 2/24/1944. Reeditado en TCD-83. Música de Félix Chappottin, letra de O. Pérez Cánova. Un poco cruel esta amonestación social.

Figurina del solar (1)
No formes tanto alboroto
No te puedes presentar
Con ese vestido roto.
La cabeza sin peinar
Los zapatos revirao
Y en lugar de un lindo chal
Un pañuelo colorao.
Cuando dan un festival

Te apareces muy campante
No sabiendo que vas mal
Piensas que vas elegante
Y pretendes alternar
Con la juventud galante
No comprendes que al final
Eso no es lo de tu alcance.
c) Figurina
Por qué no te peinas
c) del solar
No forme alboroto
c) Figurina
Tu tienes la culpa
c) del solar
Pero no compres zapatos
c) Figurina
No seas tan bailosa (2)
c) del solar
pero no vaya a la fiesta
c) Figurina
no,no,no, no vayas
c) del solar
Pero no compres vestidos
c) Figurina
No vayas, no vayas
c) del solar.

(1) Figurina no esta en el RAE, pero figurín si, en el sentido de lechuguino, lo que nos deja en las mismas. En Cuba era el que presumía de vestir bien, y me parece que debemos admitir la forma femenina.
(2) No existe, pero es obvio que se está usando en el sentido de muy bailadora. Yo la admitiría. Si nos ponemos exigentes, le tumbaríamos la mitad del vocabulario al Quijote.

Mujeres pobres mujeres. Conjunto de Gelasio Delis. V-23-0405 8/2/1944. Una guaracha de Pablo Cairo muy valiente. No son los líricos párrafos de Agustín Lara en "Aventurera" o "Cada noche un amor", sino un retrato bastante certero y cristiano de la prostituta.

Ver que brindan amores
Como acto comercial,
Que cantan, ríen y bailan

Para tratar de alegrar.
Mujeres, pobres mujeres
Sin cariño y sin hogar
Ocultando sufrimientos
Que a nadie han de importar.
Alegran con sus sonrisas,
Con los gestos y demás,
en cambio le dan la espalda
Sin recordarlas jamás.
Riendo siempre riendo
Ocultando su dolor.

En cambio mueren a solas
Como la marchita flor   (bis)
Cantan, bailan, ríen y dan su amor (bis)
Ocultando sus sufrimientos
En las garras del dolor
Cantan,etc
En cambio mueren a solas
Como la marchita flor
Cantan etc.
Olvidadas del cariño
En las garras del dolor
Cantan etc. (bis)

La amistad. Joseíto Fernández y su orquesta V-23-0413 10/10/1945. Reeditado en CUCD-1709. La faceta moralista de Joseíto está bien acentuada en esta guajira de su autoría.

Guantanamera, guajira Guantanamera (bis)
Hay quien brinda una amistad
Con aires explotativos (1)
Y con fines lucrativos
Simula amabilidad,
 esta es la especialidad
Que en ese sentido tiene
Que sin que nada le apene
Le hace a cualquiera un desprecio
Cuando ve que a su comercio
Esa amistad no conviene.

Mientras tiene la ocasión
Reptilmente de vivir (2)
Se deja hasta maldecir
Por tener la explotación,
Soporta la humillación
Y el cubanismo grosero
Y hasta se halla lisonjero
Con aquel que lo ha vejado
Solo porque está pegado (señores)
A un ser que tiene dinero.

Se presta perversamente
sin que le cueste desvelo
de instrumento maquiavelo
y muy canallescamente
estando el metal presente
no hay desgracia que lo espante
a quien le pongan delante
un patíbulo inhumano
no hay esfuerzo sobrehumano
que su decisión aguante.

Con el velo de amistad
Vive su vida de Yago (3)
Haciendo daño marcado
A toda la humanidad.
Se sacia con la maldad.
Injusto y sin valentía,
Sin ver que su fechoría
De cruel rufián y villano
No es de sentimiento humano:
El Rey de la melodía.
Guantanamera, etc.

(1) Explotativo no existe, si acaso explotadores, pero eso no rimaba con lucrativo, que es lo que necesitaba Joseíto.
(2) No sé si existe este adverbio.
(3) Aquí si la acertó, con el personaje del drama de Otelo.

Coge pá la cola. Casino de la Playa, cantando Cascarita. V-23-0395 11/27/1945. Reeditado en TCD-03. Guaracha de Iván Fernández, tratando al estilo de Julio Cueva, de inculcar una lección de urbanidad. También lo grabó en México el Grupo Lobo y Melón.

Que los que son, son, son,
Y los que no, pá la cola   (bis)
Pá que tu te pones adelante
Si tu eres de los de atrás   (bis)
Ocupa tu puesto, descarao
Y no discutas más   (bis)

Camina, camina
Camina pá la cola,
Cambia el tumbao.
Tú toma la leche con mantecao,
Cambia el tumbao
Camina Juan,
Camina Juan Pescao,(1)
Cambia el tumbao
Mira que tu eres un descarao,
Cambia el tumbao
Apru…no, no, safa!
Cambia el tumbao
Pero camina, camina,
¡Camina mimi! (2)
Cambia el tumbao
Coge cola
Hasta Marianao
Cambia el tumbao.
Oye Manolo,
El mango está botao
Cambia el tumbao
(Siguen inspiraciones)

(1) Intertextualidad, hay una pieza con ese nombre, "Camina Juan Pescao"
(2) Mimi: Otra forma cariñosa y familiar de dirigirse a la mujer.

Facundo. Libertad Lamarque con la orquesta Cosmopolita. V-23-0546 5/9/1946. Hablamos de esta canción afro de Eliseo Grenet en el capítulo dedicado a Miguel Matamoros, pero parece justo incluyamos la letra completa. Lo único que le sobra a la letra, es la palabra negro en la canción.

El cielo se ha puesto feo, Facundo,
La tierra tá abandoná
Ya no hay nadie que la cuide,
Facundo, la tienen abandoná.
Porque casi todo el mundo
Se ha dío pá la ciudá
Déjate de cuentos *negro* Facundo
Que el cuento no te da ná
Si buscas una peseta Facundo,
Y tienes necesidá
No vaya a casa de nadie, Facundo
Naide te la dará,
Porque casi todo el mundo
Buca su interé no má
Déjate de cuento *negro* Facundo
Que el cuento no te dá ná.
Trabaja *negro*, trabaja
Trabaja pá tu provecho
Pá que no te digan vago
Por la calle,
Y pá que no viva siempre
Tan estrecho
Ay, ay, ay,
Si quieres llegar a viejo
Facundo, ay ay,
Apréndete este consejo:
Trabaja, Facundo
Que así lo manda Dios
Hay que cultivar la tierra
Para ganarnos su bendición
Trabaja *negro*, trabaja
Y vive de tu sudó
Porque el pan que así te come
Tras la faena sabrá mejor
¡Facundo!, ¡Facundo!

El jaleo. Los guaracheros de Oriente V-23-0564 10/15/1946 reeditado en CUCD-1702 ; grabado también por el conjunto de Ñico Saquito, cantando Ramón Veloz, Pan 1491, 1952. Es de la inspiración de Ñico Saquito y Bimbi.

La parte de contenido político está al final, es corta, pero contundente. Puede ser también una protesta velada al Facundo de Grenet.

Adonde quieren llevar al *negro*,
miren que el *negro* se está cansando (bis)
Tó el mundo está no más jalando
Como si yo fuera un maniquí

Ay jaleo p'a qui
c) Ay jaleo pállá
El *negro* páquí
c) el *negro* pállá
Maniquí páquí,
c) maniquí pállá
Jaleo
c) Jaleo

Señore aguanten que me mareo
cojan a otro de maniquí   (bis)
porque si siguen con el mareo
el *negro* pronto se va de aquí.
Ay jaleo, (bis)
Jalea el lechero, jalea la vaca
Y el motorista jala el control   (1)
Jaló Dalila por ser bonita
Y le arrancó los pelos
Al pobre Sansón.
Ay jaleo, (bis)
Jala el pocero el agua del pozo,
Jalan los niños su biberón,
Y como jala el politiquero
Cuando clava el diente al jamón.
Ay jaleo, etc. (bis).

(1) jalar está usado en el sentido de halar, tirar de algo. El motorista es el del tranvía, que tira de la palanca para frenar el vehículo.

El maquiavelo. Otra estampa moralista de Joseíto Fernández con su orquesta. V-23-0178 11/11/1946. Reeditado en CDCU-1709. Es una "melodía guajira" de su inspiración.

Hab) A ti guajira yo te brindo mi canción,
Es que te llevo muy dentro de mi corazón.
c) Hay seres que haciendo el mal
se sienten tan satisfechos
que si no como despecho
a las penas del mundanal,
que tal profesión bestial
que no miran un instante
en el plano repugnante,
altamente bochornoso,
denigrante y asqueroso,
en que lo ve el semejante.

Es tan sucio el egoísmo
Que tu conciencia atesora
Que está presto a cualquier hora
Para cualquier canallismo (1)
Desconoce que es civismo,
Es la joya colosal
El valor trascendental
Que no posee todo humano
Es mirar como cristiano
El brillo de lo moral.

Y no solo en el bajo mundo
Habitan estos dañinos,
Hay muchos de aspecto fino
Que son reptiles profundos
Que no piensan un segundo
Al cometer la maldad,
Que con más capacidad
Y entero conocimiento
Denigran su sentimiento
Con mayor facilidad.

Dá la impresión su egoísmo
Propio de la baja esfera
Que se graduó en la carrera
De odioso maquiavelismo.
Que es el oportunismo,

Lo inmortaliza por día,
Es doctor en fechoría
y aunque en un plano elevado
Es mal visto y repudiado,
El rey de la melodía.

A ti guajira, si te brindo mi canción
Es que te llevo muy dentro, del corazón.

(1) Joseíto sigue inventando palabras; pero si hay egoísmo,¿por qué no canallismo?

Se cansa uno. Bienvenido Granda con la Sonora Matancera. Panart 1080, 1946. Es una "estampa callejera" de José Antonio Méndez, en realidad una guaracha.

c) Se cansa uno
s) De legislar (1)
c) Se cansa uno
s) De laborar
c) Se cansa uno
s) De trabajar
c) Se cansa uno
s) Se cansa ya,
que después de tanta lucha
no consiga ná
que pasan todos los días
y siempre está igual,
y que pasa la semana y ni ná ni ná
c) Pero se cansa uno
s) pero espero que la cosa
pronto ha de cambiar
que la faja de padrino
no me apriete más
pero ya que invento *negro,*
¿pá no trabajar?
c) Se cansa uno
s) Pensando, craneando na más (2)
c) Se cansa uno
s) Facundo, vamo a trabajá (3)
c) Se cansa uno
s) Trabajo, legislo, y no hay ná

        c) Se cansa uno
        s) Alabao tía, ¡que jelengue! (4)

(1) Es un cubanismo por pensar, razonar, que trae el DAE en la p.1278, pero mal escrito: pusieron "legiar"
(2) Según DAE en Cuba y otros países es pensar profunda y detenidamente sobre algo, Van mal; eso es legislar: cranear es pensar, pero fantaseando.
(3) Una cita intertextual al famoso Facundo de Grenet.
(4) Es fiesta, o desorden. La trae el DAE. Pero creo que además hay una cita intertextual, había un número musical con ese nombre, me parece, "Que jelengue"

Sin azúcar no hay país.Los guaracheros de Oriente. V-23-0658, 5/23/1947. Aquí el autor, Ñico Saquito, convirtió en guaracha lo que era un apotegma nacional: No se concebía a Cuba sin su industria azucarera. El disco que usamos está gastado, y algunas partes, no pudimos copiarla. Pedimos disculpas.

        Sin renombre y con maña
        .... Facundo   (1)
        Han comprobado que el mundo
        Ni vive sin la caña
        También .... raíz
        En Cuba la cosa extraña
        Desde los tiempos de España
        Sin azúcar no hay país.
        c) No hay país, no hay país
        sin azúcar, no hay país.
        s)Cuando el azúcar se vende
        en mercado a buen precio
        .... progreso
        Por toda Cuba se extiende
        El que siembra su maíz y
        Y si no podía comer,
        Siempre que lo dé a entender
        Que sin azúcar no hay país.
        c) No hay país, etc.
        El cubano que se engaña
        Que revise su cocina
        Verá que tiene caña
        Con zapatos nuevos
        Y azúcar candy
        Con su movimiento el representante

Y si tu lo comprendes mejor pá ti
Y la dulce caña, mejor pá ti.

(1) Tenía que relucir el pobre Facundo...

Rebeldía de un guajiro. Guillermo Portabales. Aparece fechada en 1948, y comienza con una parte hablada, al parecer de un programa radial.CD (doble) Tumbao "50 Aniversario del Triunfo de la Revolución-Las voces que cantaron a la libertad del pueblo cubano".

Hab: La tierra debe ser de quien la trabaja. Muchas veces estas criollas Pinceladas Colgate han recogido este justiciero lema de verdadera nacionalidad.

Can) Soy un rebelde guajiro
Que condena la impiedad (la impiedad)
La ambición y la maldad
Que a mi lado siempre miro
Por la redención suscribo
Del guajiro que se aferra
A obtener cuanto se encierra
En nuestro suelo divino,
Y digo que del campesino
Debe ser nuestra tierra.

Vivir triste y explotado
Por malditos y ambiciosos (ambiciosos)
Son motivos poderosos
Para estar amargado.
El guajiro maltratado
No es feliz como quería.
Si dueño fuera algún día
De la tierra que cultiva
Y por eso mientras viva
Cantaré su rebeldía.

Tristeza del carretero. Ñico Saquito y sus guaracheros V-23-1181 2/19/1949. Reeditado en TCD-94. Es una guajira-son de Celia Romero.También lo grabó el Trío La Rosa, Pan P-1480, 1952.

Cuando asoma la mañana
Con mi carreta y mis bueyes
Por trillos y por sabanas
Me acerco hasta los bateyes.

Cargando la dulce caña
Que siembro allá en el bajío
Caña para gente extraña,
Que triste destino el mío.

Todo está muerto en la sabana,
Muerta la fé en el guajiro
Hay tristeza en las montañas
Y en el alma del guajiro.

Allá dejé en el bohío
La que al romper la alborada
Me dice guajiro mío
Hay que empezar la jornada
Ella comparte conmigo
esta triste situación
Y yo en la carreta sigo,
Mi triste desolación.
Todo etc. (bis)

Al trino de los sinsontes
La luz del alba aparece
Y en la cumbre de los montes
El nuevo día se mece
El nuevo día que avanza
Iluminando el camino
De ideales y esperanzas
Para el pobre campesino.
Todo, etc. (bis).

Sin reservas. Daniel Santos con la Sonora Matancera Pan 1138, 1949. También lo grabó el Conjunto de Luis Santí cantando Celio González, Panart 1527, 1953. Es una de las mejores canciones patrióticas que escribiera Pedro Flores, dedicada a Puerto Rico. Pero su inclusión aquí, con dos versiones de orquestas cubanas, es una prueba más que uno de los intereses mantenidos por el pueblo cubano, es su preocupación por la otra ala del pájaro. Recuerdo cuán populares fueron canciones como ésta y "Sin bandera", en el favor del pueblo cubano. En 1952, al concedérsele a Puerto Rico el status de "Estado Libre Asociado" se permitió el uso de la bandera, que hasta entonces estaba proscrito. Tiene la misma conformación y colores de la bandera cubana, pero invirtiendo los mismos: el triángulo es azul, y las barras, rojas. También por este motivo, escribió José Obelleiro Carvajal una canción, **Bandera de Puerto Rico**, en el mismo año.

Sin reservas,
Sin rencor, odio ni celos,
Cuantas veces,
Yo le doy gracias al cielo
Porque tengo
casi todo lo que anhelo;
Para mí, para mí
De la vida,
Dios alumbra mi sendero
En amores,
Tengo la mujer que quiero
Y una patria,
Que no hay otra bajo el cielo
Para mí, para mí,
Que pena que haya tantos que no quieran
Que tenga mi bandera
Y desplegarla al sol:
Que tenga uno que ser americano
En vez de ser boricua
De sangre y corazón.
Sin reservas,
Sin rencor odio ni celos,
Quizás un día
Yo le dé gracias al cielo
Porque tenga
La bandera que yo quiero
Para mí, para mí.
Que pena que haya tantos
Que no quieran
Que tenga su bandera
Y desplegarla al sol
Y no es por odio a los americanos
Es que yo soy boricua
De sangre y corazón
Y por eso,
Yo la estimo necesaria

La bandera
De la estrella solitaria
Que otra cosa,
Es lo mismo que ser paria,
Para mí, para mí.

Si la envidia fuera tiña. Mirtha Silva con orq. de Julio Gutiérrez. V-23-1450. 11/22/1949. Es una guaracha de Guillermo Rodríguez Fiffe, pero el título es el primer verso de una cuarteta muy escuchada como dicho popular en Cuba todavía en la tercera década del siglo pasado:

Si la envidia fuera tiña,
Cuantas tiñosas hubiera,
Subiendo las escaleras
Para ver al padre Viñas.

El padre Viñas era un sacerdote admirado por sus aciertos en sus pronósticos sobre los ciclones que amenazaban a Cuba. La canción está dedicada al fenómeno social de la envidia, que en este caso puede ser la misma artista que lo canta.

Yo qusiera saber por que motivo
Tanto se ocupan de mí
queriendo saber como yo vivo,
lo comenta por ahí.
Que soy mala cantadora,
Que mis maracas no suenan,
Que para colmo de penas
Soy muy mala bailadora   (bis)

Que si la envidia fuera tiña
Mucha tiña hubiera aquí;
Viven en departamento
Con gran lujo y esplendor
Pero al pobre cobrador.
Lo tienen en un tormento.
c) Si la envidia fuera tiña
mucha tiña hubiera aquí

s) Ellos gozan criticando

que yo no sé ni cantar
y no saben ni bailar,
mientras yo gozo cantando.
c) Si, etc

Eso es cosa del destino
La suerte no es siempre igual
Com lo suyo cada cual
Que a mí me importa un pepino.
c) Si,etc.

Himno y bandera. Daniel Santos con la Sonora Matancera. Panart 1168. 1949. De la inspiración de Daniel este otro tributo al hermano país. Es de señalar que posterior a la canción, Los Estados Unidos le concedieron a Puerto Rico en 1952 un status especial, llamado Estado Libre Asociado, con uso de himno y bandera, pero no la independencia.

¿De qué me vale pisar mi tierra
Si los que rigen no son de alli?
Si los que pueden, no dicen nada
Y los que quieren, temen decir
Que nos permitan tener un himno,
Una bandera y un porvenir
Que todo pueblo en el mundo entero
Tiene derecho para exigir.

¿Por qué a mi patria
Que ha sido noble
Bajo un mandato de años mil
No le conceden lo que ha pedido,
Con el anhelo de ser feliz?
Que nos permitan tener un himno
Una bandera y un porvenir
Porque los hombres que no son libres
Deben morirse: ¿Por qué vivir?   (bis)

Loor a Santo Domingo. Los Compadres, ca, 1950 Lp Discolandia 06. Autor(¿) No siempre las canciones que tienen que ver con otros países son laudables. Los compadres viajan a principios de los 50's a República Dominicana, y graban este lamentable número.

>	Escucha Santo Domingo
>	Esta sentida canción
>	Que nace del corazón
>	Y orgulloso te brindo
>	Santo Domingo, no te puedo olvidar
>	Trujillo, un ………..
>	Y de fueros prestigiosos
>	Eso es símbolo triunfal
>	Que es un partido glorioso
>	Por eso quiero entonar,
>	 mi canto que es placentero
>	Para con él saludar,
>	A tan digno caballero.

(Sigue una relación de provincias y poblaciones del país, y termina diciendo:)

>	Santo Domingo,
>	Traigo saludos para ti
>	Nacidos en lo más profundo
>	Del corazón,
>	Como la rosa blanca de José Martí
>	Cultivada en mi tierra con amor.
>	Un abrazo te doy, un abrazo sincero
>	Esta tierra tuya, Trujillo, tesoro de América
>	De su pueblo en la historia
>	Eres un héroe,
>	Que alumbraste del nuevo mundo,
>	El sendero.

Mi bandera. Bienvenido Granda con la Sonora Matancera. Seeco 866 5/8/1950. Granda, Calixto Leicea y Lino Frías unieron sus talentos para crear este bolero-guajira.

>	Es mi bandera cubana
>	La diosa de mis amores
>	Para ella son mis flores
>	Y mis canciones cubanas.
>	Se enarbola soberana
>	Porque es libre y muy gloriosa
>	Como la mano dichosa

De Narciso que la izó
Y en ella se reflejó
La fuerza para el cubano
Que es tan libre y soberano
Como en el mundo no hay dos   (bis)

Pobre guajiro. Co 6489x 1950. México. Trío Los Panchos. Tonada guajira. También la grabó Portabales.

Aburrido de la faena
Se acerca por el camino
Un guajiro que el destino
tiene colmado de pena.
Cansado y pesaroso
Lamenta su suerte impía.
Que triste es la vida mía,
Ni un momento de reposo,
Sigue apaleando en el lodo,
De un lado a otro se agita,
Iracundo el pobre grita
A los bueyes de este modo:
Hab-Artillero, Artillero,
Cuando llegaré al bohío
Comandante, eche pálante
Cuando llegaré al bohío
sufriendo su desventura
por el angosto sendero
así pasa el carretero
sumido en sus amarguras
llevando desde la sierra
los frutos hasta el mercado
que más de la propia tierra
son de su vida arrancados.
La lluvia cae a torrentes,
La carreta se ha atascado,
El pobre desesperado
Maldiciendo está su suerte
Hab) Artillero, etc
Cuando llegaré al bohío
¡Ay pobre guajiro! (bis) 4

El ratoncito Miguel. Olga y Tony Panart P-1735 1950. Este es un caso especial. Se trata de una canción infantil escrita por Félix B. Caignet. Reynaldo González ("El más humano de los autores" Ediciones Unión, 2009, p. 36) Estrenada en 1932 en Santiago de Cuba, una emisora radial la populariza ese año, época de plena lucha contra Machado: El pueblo, cambiando solamente una palabra de la letrade la canción, donde decía "casa", por "cosa", como verán más abajo, y se convierte en una canción de protesta contra Machado.

Con el tiempo, la gente se olvida de la canción. Para 1955, la pareja de cantantes Olga y Tony la agregan a su repertorio en su programa radial familiar que goza de extraordinaria audiencia y donde de vez en cuando, incluían una canción infantil, como ésta, pero ya con la letra cambiada. El pueblo retoma la clave oculta ahora en su lucha contra Batista, y llueven las peticiones pidiendo que se repita la canción. Maravillas de la intuición y sabiduría popular.

El ratoncito Miguel, el ratoncito Miguel
Aquí ha venido muy contento a bailar,
Porque el gato Micifuz
Dormido en la casa está
Sin sospechar esta fiesta de hoy.
Silencio no hay que gritar
no se vaya a despertar
Bailemos sin alborotar
Porque también el ratón
Suele tener corazón
Para cantar, para reir, para bailar

La "cosa" está
Que horripila
Y mete miedo de verdad
Y usted verá
Como de hambre
Un ratón se morirá.
No hay queso ya
Y mucho menos
Una lasca de jamón.
Vamos a ver,
Quien va a arrancarle
A Micifuz el corazón.
La cosa, etc. (bis)

El Madrugón. Trío Servando Díaz. Panart PS-100. 1952. Guaracha de

Luisito Plá. El 10 de marzo de 1952, Batista dio un golpe de estado derrocando al presidente Carlos Prío Socarrás, que fue inmediatamente bautizado por los medios, y aceptada esta frase por el pueblo, como "El madrugón". Ya para septiembre de ese año, la Revista de la farándula "Guión", publicaba la letra de la canción, como "La canción del mes".

Y efectivamente así era de popular. Tiene cierta ambivalencia esta guaracha; aparentemente en tono festivo, habla del suceso; y en ese sentido la tomaron los partidarios del golpe, y la hicieron suya; pero no era humor, sino amarga ironía por la reacción aletargada del pueblo ante el golpe; pronto empezaron a interiorizarla y hacerla suya; y en cuanto al madrugonazo, a la primera reacción pasiva, comenzó a sustituirla una reacción de rechazo, que llevó mucho tiempo y costó muchas vidas, pero terminó con la derrota de la tiranía.

>Aquella noche, la noche del golpe,
>¿Qué pasó?
>Yo estaba durmiendo muy tranquilito
>Cuando mi esposa me dijo bajito
>¡Levántate chico que dicen que el hombre
>Se metió en Columbia! (1)   (bis)
>¡Ay compay, que susto pasé!
>En seguidita yo pensé
>Se me cayó el altarito (2)
>Y corriendo fui al "cola de pato" (3)
>A cambiarle la chapita,
>La chapita que decía:
>"Pá presidente Fulanito"
>En la república entera
>Se formó la cambiadera
>Y yo también me cambié
>Porque si sigo comiendo bolita (4)
>Y no digo ¡Viva!
>c)¿Que viva quién? (bis)
>Me tumban el rabo y figúrese usted
>¡Ay compay!
>Que susto pasé
>¡Ay compay!
>Figúrese usted
>¡Ay compay!
>Anduve ligero
>¡Ay compay!

Otra vez en la chupa
¡Ay compay!
Yo también madrugué
¡Ay compay!
Porque si sigo comiendo bolita
Y no digo que "Viva"
c) Que viva quien   (bis)
Y no diga que viva
Me tumban el rabo y figúrese usted.

(1) El cuartel de Columbia era el centro de operaciones del ejército cubano, desde el que se controlaba todo el país.
(2) Este cubanismo lo trae Sánchez Boudy. Es la reputación. La posición social y/o económica de una persona o institución.
(3) El DAE trae una complicada explicación de este cubanismo. Es sencillamente como se les llamaba a los modelos del Cadillac de aquellos años, que traían los guardalodos traseros con los focos elevados en su punta, como la cola de un pato.
(4) Pensando en tonterías.

Así canta el cubano. Trío Yara. Son los mismos componentes de Los Guaracheros de Oriente. V-23-5775 6/17/1952. Reeditado en el CD 50 Aniversario del Triunfo de la Revolución, 2009, Editado por la Egrem. Es una guajira de Félix Escobar. También en tono festivo es este número, pero fíjense en los cuatro versos que hemos puesto en cursiva.

La mujer una y mil veces
Al trono mayor la subo
Porque una mujer me tuvo
En el vientre nueves meses.
La mujer es quien merece
Del hombre el mayor placer,
Por qué, voy a darte a conocer
Para que estés advertido
eres hombre y has nacido
Del vientre de una mujer.

Ya usted verá
la Patria libre y soberana
Y la bandera cubana
anunciando libertad. (bis)

Una tarde fui a pasear

y en un cementerio entré
y lo que allí me encontré
claro lo voy a explicar.
Yo me puse a contemplar
El llanto y el desvarío,
Ví rodar los huesos fríos,
Ví el cielo y ví la luna
Y dije sin duda alguna
Así han de rodar los míos.
Ya usted, etc.

Dicen que van a matar
Todo el que toma aguardiente
Buena cosa van a hacer,
 Dejar Cuba sin gente.
Ya usted, etc.

Ay pobre Cuba. 1952. No sabemos donde se editó originalmente este lamento guajiro de Carlos Puebla cantado por Ramón Veloz, pero fue reeditado en el CD 50 Aniversario del Triunfo de la Revolución, editado por Tumbao en 2009. Ya aquí el tono es otro.

Traigo una pena en mi son
Una pena que me aterra
De ver a mi pobre tierra
Tratada sin compasión
c) Pobre mi Cuba, pobre mi Cuba
Me tomo un trago y me tomo
La amargura en que me pierdo
No nos ponemos de acuerdo
Tan poca gente que somos.
c) Pobre etc.
Traigo una pena sin nombre
En este son de amargura
Dolor de mi patria oscura
Y oscuridad de los hombres.
c) Pobre, etc.
Palpita en mi honda pena
El saber que los cubanos
No parecemos hermanos

En esta tierra tan buena
c) Pobre, etc.
Aquí falta según veo
El nuevo gesto mambí
La palabra de Martí
O el machete de Maceo
c) Pobre, etc. (bis)

Que viva mi bandera. Evelio Rodríguez con el conjunto de Ñico Saquito. Panart 1517. 1953. Reeditado en TCD-108. Era el año del Centenario de la bandera cubana. Y un buen momento para recordar la poesía martiana, que son las líneas en cursiva. La música y los versos restantes son de Evelio, que antes que lo hiciera Orbón, usa versos martianos con música guajira cubana.

Yo quiero cuando me muera
Sin patria pero sin amo   (bis)
Tener en mi tumba un ramo
De flores y una bandera.

Cantemos todos,
Cantemos todos de esta manera,
Que viva mi patria libre
Y que viva mi bandera,
y que viva mi bandera.

No me pongan en lo oscuro
A morir como un traidor (bis)
Yo soy bueno y como bueno
Moriré de cara al sol.
Cantemos todos,etc

Cultivo la rosa blanca
En junio como en enero (bis)
Para el amigo sincero
Que me da su mano blanca.
Cantemos,etc

Cinco franjas y una estrella
En un triángulo se posa   (bis)
Es la insignia más hermosa
Que tiene mi Cuba bella

Cantemos, etc

Pues entonces, Cuba hermosa,
Que viva la independencia.

Como cambia el tiempo. Trío Servando Díaz. Panart 1514. 1953. Lamento guajiro de Otilio Portal. Después de contar los portentos, siguen las protestas.

¡Oh Cuba!, perla de Las Antillas,
Isla de maravillas
Que bañan tus playas, y tu sol.
Tu clima, tus lindas mujeres
Que brindan placeres,
Amor, vida y pasión
Tu esbelta palma real
Tus lindos valles,
Tu música y tu ron
Hacen ¡Oh Cuba!
Que te dé mi inspiración
Y que te tenga que cantar
Larolara…

Oh patria querido
Como pasa el tiempo
Que nos da la vida   (bis)

Cuna de patriotas
que dieron su sangre
Y sus vidas por tu libertad
Pero alguien
Que no te comprende
Quiere destrozar la fé
Del Apóstol, señor,
Tanta vanidad, tanta injustica,
Tanta falta de razón,
Van destrozando del cubano
El corazón,
Que en su bregar
Siempre brindó sinceridad
¡Oh! patria, etc   (bis) 2

Amnistía. Daniel Santos y de su inspiración, con la Sonora Matancera. Seeco 7284. 4/21/1953. Quiso mucho a Cuba este puertorriqueño que como hemos visto pudo cantar por la independencia de su tierra en Cuba, y como bien dice al principio de esta canción, conoce la prisión porque estuvo en ella, precisamente en Cuba, pero fue amnistiado, y eso es lo que pide para sus hermanos cubanos que ya empiezan a sufrir prisión por oponerse al batistato.

>Hay que haber estado preso un solo día
>Para saber lo que vale la libertad.
>Es por eso que yo ruego una amnistía
>Para esos pobres, ¡Oh! Virgen de la Caridad.
>
>Ni la suerte ni la desgracia
>Son perennes en este mundo,
>Todo tiene que cambiar
>La amnistía es la bendición solemne
>Para las madres, para los hijos,
>Para el hogar.   bis todo

Navidad con bandera. Trío Oriental. Titán 901 ca. 1953. Esta composición es del puertorriqueño Marcial Soto, y se refiere a la bandera puertorriqueña, al establecerse su uso oficial, como parte del status de Estado Libre Asociado concedido a Puerto Rico, por los Estados Unidos. Pero el intérprete es cubano, Bimbi y su Trío Oriental.

>Que linda navidad con bandera,
>Que felicidad.
>Se ve ya un rayo de aurora
>En el Borinquen querido
>Y por doquiera la fiesta
>De navidad dando vida,
>Dando vida a la bandera,
>En navidad dando vida.
>Que linda, etc.
>Una perla del Caribe
>Tu conocerás triunfal,
>Tu sueño será completo
>Un despertar de cristal
>Cuando por siempre tú tengas
>La completa libertad.

Que, etc.
El lamento borincano
Se acabará para siempre
Vendrán días venturosos
Como Borinquen lo anhela
Viendo flotar soberana
En alto ya su bandera
Que, etc.

Triste nota. Joseíto Fernández con la orq. Cosmopolita Panart 1814, ca, 1955.Una llamada a la cordura en los momentos que ya se vivían de oposición al régimen batistiano.Se usa el lenguaje conciliatorio, lo mismo que se hacía en los diarios y revistas a través de editoriales y artículos.

c) Si todos somos hermanos
y amamos nuestra nación,
entonces por qué peleamos
y damos nota
¿de pelea por ambición?   (bis)
Olviden ya los rencores
Hagamos paz y unión
Hermanos, no más dolores
Para las madres de nuestra nación.
s) Es triste ver la reacción
ciegamente entre humanos
más triste si es un hermano
que los enfrenta
la desmedida ambición.

Si todos,etc (bis)

Hermanos, es el valor
Probado en mucha ocasión
Es triste y es bochornoso
Porque entre hermanos
Lo más triste es el desamor.

Si todos, etc. (bis)

El cantar del carretero. Luisito Plá y su trío. Panart 1691, 1955. Una guajira, aparentemente del mismo Plá. Aquí la protesta parece más bien de sentido económico.

> Voy por el camino, Voy por el camino
> cruzando la verde campiña
> pensando en el pobre destino
> que tiene el guajiro en la patria mía   (bis)
> El pobre guajiro labrador
> Suda pá ganarse el pan
> Y luego por su cosecha
> Le quieren pagar un real.
> Pero qué barbaridad, Dios mío.
> La ciudad se va llenando
> Cada día de guajiros
> Porque el campo van dejando
> Las palmeras y el bohío
> ¡Pero qué barbaridad, Dios mío!
> Voy, etc. (bis)
> Arando se pasa todo el año
> Sembrando para comer,
> Luego tiene un desengaño
> De ver a su familia padecer
> ¡Pero qué barbaridad Dios mío!
> Voy, etc.
> En la soledad del campo
> Espera el guajiro cubano
> A que se apiaden de él
> Si un día meten la mano
> ¡Pero qué barbaridad, Dios mío!
> Voy, etc.

El cuento de la grullita. Luisito Plá y su trío. La otra cara del disco anterior, contiene esta guaracha cuyo posible sentido no acabamos de comprender. Parece que Batista tenía en su finca Kuquine una grulla que efectivamente, se le fracturó una pata, pero a la que lograron salvarla. Evidentemente esta grullita debe tener que ver con ella, pero no vemos la moraleja de lo que cuentan. Quizás alguno de nuestros lectores, sí.

> Yo tenía unas grullitas

Que un día
Un amigo muy sincero
Me regaló.
Pero un día una grullita
Que estaba muy enfermita
Se me murió.
La otra que me quedaba
Un día salió a pasear
Y no vió una máquina que venía
Y a la pobre la arrolló
Le partió una patica
La grulla andaba corriendo
Se moría de dolor
Ya verán, ya verán,
Lo que a la grulla le pasó.
Se buscó un carpintero
Para que una pata de palo
A la grulla le pusiera
Y la grulla se salvó.
Pero entonces la grullita
Como estaba agradecida
Conmigo se encariñó.
Yo me tuve que ausentar
Un tiempito de mi casa,
Conseguí a un amigo
Y la grulla le entregué,
Al cabo de poco tiempo
Recibí una cartica
Diciendo que la grullita
De abandono se murió.
Por eso ahora que tengo otra grullita
No morirá, no morirá,
La cuidaré como si fuera mi hija
Como si fuera mi amor
Porque no quiero que a esta grullita
Se le parta la patica
O le falte mi calor.

No me importa que tu tenga tu pollito
Ay mira que yo tengo otra grullita.   (bis) 4

Caña quemá. Dúo Los Compadres. Aunque debe ser de mucho antes este son de Lorenzo Hierrezuelo, es en 1955 que lo graba para Sonoro, 135. Cuando el precio del azúcar bajaba, se quemaban los cañaverales remedio heroico para ver su así subía el precio de la ya procesada como tal azúcar. Hábilmente, Hierrezuelo comienza el son como si estuvieran hablando en patois dos haitianos, para recordarnos que entre otros males, el obrero del campo tenía que soportar la presencia de braceros haitianos y jamaiquinos, infelices que trabajaban por salarios de miseria, quitándole el trabajo a los cubanos. Empiezan entonces los versos, que como en una letanía, se van intercalando con el nombre de los centrales que tienen caña quemada. El efecto es bien dramático y eficaz.

¡Miranda!
c) Tiene caña quemá
Marcané,
c) Tiene,etc
Palo Alto,
c) Tiene,etc
San Antonio,
c) Tiene, etc
¡Ay Toledo!
c) Tiene,etc

¿Qué es lo que pasa en mi Cuba (Como no)
Que ya no se vende caña?
Sí señor
Yo me valdré de mis mañas
Para que su precio suba
Sí señor.
San Antonio
c) Tiene, etc.
Palo Alto,
c) Tiene, etc.
Palma Soriano,
c) Tiene, etc.

Qué le pasa al buen vecino (1)
Sí señor,
Que me compra poca caña?
Cómo no
Pobre el guajiro Quiron,
Sí señor,
Si ese amigo nos engaña

Como no.
San Antonio,
c) Tiene, etc.
La Carreta,
c) Tiene, etc.
Merceditas,
c) Tiene, etc.

Qué le pasa al buen vecino
Sí señor
¿Me está tratan e'gozar?
Como no
Por un precio muy mezquino
Sí señor,
Quiere comer mucha caña
Como no.
San Antonio,
c) Tiene, etc.
Algodón,
c) Tiene, etc.
Marcané,
c) Tiene, etc.

Y como yo soy tan fino
Sí señor
Mira la sangre se me alborota
Como no
Y le grito al buen vecino
Sí señor,
Tiene que aumentar la cuota (2)
Como no.
Palo Alto,
c) Tiene, etc.
Merceditas,
c) Tiene, etc.
Santa Lucía, etc.
(Siguen otros nombres de centrales)

(1) Como el presidente Roosevelt estableció la llamada Política del Buen Vecino en relación con los países latinoamericanos, a veces se aludía a los Estados Unidos como el "Buen vecino". En ocasiones como en este caso, con sentido irónico.
(2) Para evitar estos problemas de sobreproducción, muchas veces se establecía el sistema

de cuotas, o sea, Estados Unidos le fijaba de antemano anualmente a cada país latinoamericano las toneladas de azúcar que iba a comprarles.

Ese es mi orgullo. Celina y Reutilio. Lp Kristal KS-1159. 1956. Reeditado en CD Bongo Latino 015.

Tu cielo azul es ensueño
Tus frutas miel de panal
Y el verde de tu campiña
Es de un verde sin igual.
Tu brisa es beso y caricia
Lindas tus mujeres son
Y en tu luna y tus estrellas
Se hace la noche canción

Cubano soy,
Ese es mi orgullo
Por eso voy,
Siempre cantando
Y en alegría
Fe y esperanza,
Yo voy cantando.

Bordó tu gloria en la historia
La entrega plena de amor
De unos hombres que soñaron
Por una Cuba mejor.
Por eso por tu hermosura
Y por tu gloria sin par,
Oh Cuba, que menos darte,
Que mi orgullo hecho cantar.

Cubano soy, etc.

Tristeza guajira. Celina y Reutilio Lp. Ansonia 1392 reeditado en CD-1392. 1957. Guajira de Eduardo Saborit.

El cansado campesino
Vuelve triste del trabajo
Va animando sus dolores

En una triste canción.
Lleva el sol en las pupilas
Y tierra en el corazón.
Y en la senda polvorienta
Va dejando la carreta
Dos lomos de tierra prieta
Que le llaman cangilón.

En lo triste del paisaje
Se perfila su silueta
Con la vara en la mano
Saliendo del callejón.
Va chirriando la carreta
Como queriendo cantar
Y en la quietud de la tarde
El tin tan de los cencerros
Se confunden con el perro
Que lejos se oye ladrar.

Trabajo con experiencia
Desde la madrugá (bis)
Pero los que no hacen ná
Hoy me explotan sin conciencia.

Cuan triste es su canto
Cuanto lamento en su voz
Cuanto dolor en su alma
Cuando canta esta canción.

(Hab) Arre, arre, Guachinango
Arre, Perla fina, buey
Oh…ven acá, Grano de oro.

La rebelión de Mayo. Los Compadres. Lp Seeco 9162 12/6/1958. Reeditado en TCD-706. La hemos mencionado antes como una desvaída mención a la llamada Guerrita de 1912. Lo grabaron también, después de 1959, la Orquesta Sublime, y Monguito con la orquesta de Pacheco.

Lalalararalara,
Cuando la Rebelión de Mayo (bis)

Cecilio la puya me díó
Y arrancó a correr,
Esa es la verdad, lo digo yo
En la sabana del Pinto
La guerrilla me encontró. (bis)
No le digan ná,
No le digan ná, No le digan ná,
Que en la sabana lo pelo.   (bis) 5

Baraguá. Los Compadres. Lp Teca US-632. Son. 195_ La protesta de los Mangos de Baraguá, de la que veremos más adelante la versión de Chappottin.

Baraguá, los mangos de Oriente
Que al mambí sirvió de escenario
Para la libertad.   (bis)
Baraguá,
Tienes en la historia
Páginas de gloria,
Allí nació la invasión

Los cubanos te tenemos presente
Desde oriente hasta occidente
Nadie te olvidará   (bis)

Celina canta a Puerto Rico. Celina y Reutilio. Lp Suaritos S-115. 195_. No entran en la situación política del país.

Puerto Rico para ti
Cantan Celina y Reutilio
La tonada campesina
De la tierra de Martí.
Mira Puerto Rico,
de la tierra de Martí.
Se desprende desde aquí
Nuestro mensaje de amor
Al jibarito cantor.
Que a tu belleza le canta
Porque tiene en su garganta

La bendición del Señor.
Mira Puerto Rico,
La bendición del Señor.
Virgen del Carmen piadosa
Puerto Rico te venera
Y en nombre de su bandera
Te va esta oración hermosa,
Virgen santa y milagrosa
En mi criolla canción
Te pido de corazón
Que tu alejes los pesares
Y en la perla de los mares
Derrames tu bendición
Quiero entre versos y flores
Puerto Rico, pueblo hermano
Al son del punto cubano
Cantarte y rendirte honores.   (bis)
Te van las notas mejores
De esta criolla canción
Llevándote la expresión
De nuestra típica sierra,
Quiero dejar en tu tierra
La vida y el corazón   (bis)
Oye Borinquen, oye Borinquen,
Te saludamos   (bis)
Y en nombre de Cuba entera
Esta canción te brindamos.

Canto a la era de Trujillo. Celina y Reutilio. Guarachita 532, caras A y B. 195_ Sin comentarios.

La tierra dominicana
Tiene mujeres hermosas
Y en sus palmeras preciosas
Hay una canción cubana
Es una patria soberana
Cuna de libertadores
Reciba un ramo de flores
De nuestro criollo arte
Por Mella, Sánchez y Duarte

Muestran inmensos valores.
Guacanayará, ay Palmarito,
A la era de Trujillo
Cantando la felicidad (bis)
San Cristóbal, pueblo hermoso,
Donde Trujillo nació
He de regalarte yo
Este saludo glorioso
En tu suelo cariñoso
nuestro mensaje se eleva
y con respeto te lleva
un himno puro de amor.
Cuna del benefactor
Padre de la patria nueva
Guacanayará,etc
Desde mi tierra cubana
Altagracia te traemos
Un canto que te ofrecemos
Con la devoción cristiana
Virgen soberana,
Antes tus plantas suplico
En este canto sencillo
Que tu alumbres el camino
De Doña Julia y Trujillo.
A sus hijas que son flores
Del jardín de su ilusión
Guacanayará,etc
La naturaleza hizo
Las aves para volar
Los peces para nadar
Y para Adán el paraíso
La naturaleza quiso
Darle la belleza a Eva
No dio el pecado de prueba
Y al oro le dio su brillo
Y trajo al mundo a Trujillo,
Padre de la patria nueva.
Guacanayará,etc
Bandera dominicana
Hoy te sientes orgullosa

Porque en tu tierra reposa
Una obra digna y sana
Las mercedes soberana
Le dio su gracia divina
Y hoy en mi voz campesina
A Trujillo una ovación
Que es la felicitación
De Reutilio y de Celina.
Guacanayará, etc.

Marcha del 26 de julio-Sierra Maestra. Grabación CD Tumbao CD-1, que va intercalando partes de ambas canciones. Para fines de los cincuentas del siglo pasado, la lucha contra Batista se había recrudecido, y Fidel y sus tropas tenían una posición firme desde la Sierra Maestra, y a través de la radio clandestina se escuchaba en toda Cuba la Emisora Radio Rebelde, que transmitía el himno o **Marcha del 26 de julio**, del maestro Cartaya, y **Sierra Maestra**, un bolero de Daniel Santos que grabó ambas obras fuera de Cuba, y se convirtieron, el primero en el tercer himno más importante y efectivo en la historia de Cuba, después del Nacional y el Invasor; y Sierra Maestra, una de las canciones protesta más importantes de nuestra historia, posiblemente la segunda, después del Lamento cubano de Grenet. Mientras los diarios publicaban los partes oficiales del gobierno, y además había censura casi todo el tiempo, una gran parte del pueblo cubano podía a escuchar a escondidas cada noche, las trasmisiones de Radio rebelde, que desmentían la versión oficial del gobierno sobre la situación real del país. Sierra Maestra que fue el que más se escuchó ,mantuvo en firme la esperanza de los cubanos, y coadyuvó a las prestaciones en dinero que se donaron para la Revolución dentro y fuera de Cuba.

(Comienza con la Marcha)
Adelante cubanos,
Que Cuba premiará
Nuestro heroísmo
Que somos soldados,
que vamos a la Patria liberar
limpiando con fuego
que arrase con esa plaga infernal
de gobernantes indeseables
de tiranos insaciables,
que a Cuba, han hundido en el mar!
(Se intercala aquí "Sierra Maestra")
Sierra Maestra,

Monte glorioso de Cuba
Donde luchan los cubanos
Que la quieren defender
De un capricho miliciano
Que no ha de retroceder
Porque tiene allí a la mano
la fuerza para vencer.
Pero si un venezolano
Como yo lo pude ver
Pudo romper sus cadenas
Pudo su yugo romper,
También lo puede un cubano,
La unión no puede perder.

(Vuelve la marcha)

El pueblo de Cuba
Sumido en su dolor,
Se siente herido
Y se ha decidido
Hallar sin tregua una solución
Que sirva de ejemplo
A esos que no tienen compasión
Que arriesgaremos decidido
Por esa causa dan la vida
A triunfar la revolución
(Vuelve Sierra Maestra para cerrar)
Sierra Maestra, etc.

Mi son oriental. Dúo Los compadres. Sonoro 144 1956. Reeditado en TCD-91. De Lorenzo Hierrezuelo y J. Munás. Un son aparentemente inocente, mantiene vivo el recuerdo de las luchas libertadoras de los cubanos.

Se usaron muchas claves
En la Guerra de Independencia
Que servían de confidencia
Y que enseñan tus modales
Si llegaba una guajiro
A bailar a un guateque
Y si colgaba el machete,

Sabía bien del enemigo;
Y entonces le preguntaban:
El caimán, ¿donde está el caimán?

El caimán está en el paso
y no me deja pasar.

Caimán aé, aé, caimán
¿Donde está el caimán?

El caimán está en el paso negra,
Y no me deja pasar.
En solares y casinos,
Bateyes y los juncales
En todos esos lugares
Se usaron siempre estos signos.
Caimán, ae, etc.
Es un baile oriental
Nacido en lucha bravía
Que libró la patria mía
Con hombres como el Titán
Caimán, etc.

Oigan mi son, mi son oriental
Oigan mi son hoy universal   (bis) 4
Caimán, etc.

El pobre y el dinero. Cheo Marquetti. Panart 1855. 1957. Reeditado en TCD107. Guajira son. Dentro de las preocupaciones políticas, ésta casi perenne de índole social.

Hay melancolía en mi existir,
Cansancio de tanto laborar
No hay una razón para vivir,
Así, tan mal.
El sabio que es pobre, nada sabe
Porque nada tiene, y nada vale.
c) Qué humanidad
s) Yo no sé por qué el dinero
Ciega tanto al ser humano

Que por él tu propio hermano,
A veces no te es sincero.
Ese refrán traicionero
Llena al mundo de verdad
Siendo negra realidad
Que es culpable del quebranto
Por lo cual se sufre tanto
En esta falsa sociedad
Que dura es la vida para el pobre
Hay quien lo destroza en su ambición
Rezándote tal vez, Virgen del Cobre
Buscándote tu perdón.
c)Que falsedad
es la vida del pobre
y el codiciando dinero.
Tanto tienes tanto vales,
Es el refrán verdadero.

La protesta de Baraguá. Conjunto Chappottin. Lp Puchito 594 ca. 1957. Canta Miguel Cuní. Este son de Luis Martínez Griñán, rememora un momento importante en la historia de Cuba, cuando al final de la Guerra de los Diez Años Maceo se reúne con el general español Martínez Campos, pues no quiere aceptar la paz negociada con España y desea seguir peleando; era también una manera de señalar simbólicamente la situación existente frente al régimen batistiano; era una forma de protestar.

Hab: Muchachos, ¡el 22 se rompe el corojo! (1)
c) Baraguá, Baraguá, Baraguá.
c) En las tinieblas,
 de aquella guerra de independencia
cuando perdidas
las esperanzas de libertad
como una estrella,
que iluminara nuestra conciencia
surgió gallarda la gran protesta de Baraguá.
Mientras Maceo y Martínez Campos
 se entrevistaban
Dejó escapar el Titán de Bronce
Su repulsión;
Cómo pensar que con el Zanjón

todo terminase
Eso jamás, porque años después
Lanzó la invasión
Y los cubanos tan sojuzgados
Se rebelaron
Bajo unos mangos que al remenearse
Quieren decir
Que como un coro aquellos héroes
Se lo gritaban:
Seremos libres, y lucharemos hasta morir.
Baraguá, Baraguá, Baraguá

(1) Al terminar la reunión en Los Mangos de Baraguá, se acordó reiniciar las hostilidades un día determinado, y Maceo se lo comunicó a su tropa con una frase usual en aquellos tiempos. El corojo era una palma que producía un fruto pequeño dentro del cual había una semilla muy dura, comestible. ¡Ese era el corojo que había que romper!

Se te cayó el tabaco. Benny Moré y su orq. Lpd Discuba 531. 1958. Guaracha de Moré. Una de estas canciones a las que el pueblo le cambia el significado. Además de su obvia referencia sexual al tabaco caído, aparentemente Benny la escribió también aludiendo al General Francisco Tabernilla, Jefe del Ejército de Batista, que comentando sobre la campaña contra Fidel en la Sierra, había dicho: "Vamos a darle candela al jarro hasta que suelte el fondo", significando que era una guerra sin cuartel. Pero ya para el 1958, se veía que esa campaña no iba a triunfar. Por eso es la referencia al jarrito en la letra, que verán. Pero, hay otra versión que no necesariamente es excluyente de la primera: La canción siguió escuchándose después de 1960, y nos dicen que ya en esta década, cuando comenzó el descontento de parte de la población con la política de Castro, y éstos se la aplicaban a Castro, por aquello de la caída del tabaco, del que era para aquellos tiempos intenso usuario Fidel.

c) Se te cayó el tabaco
Mi hermano, se te cayó   (bis)
Tú me dijiste,
Que tú eras bueno,
Que las mujeres
Todo te daban.
Se te olvidó decirme a mí
Que tu tabaco se te cayó.
c) Se, etc.
Tú me dijiste que tu jarrito

Que era muy bueno
Se te olvidó decirme a mí
Que la candela te lo quemó.
c) Se, etc. (bis)
Se te acabó el tabaco, se te acabó
c) Se, etc. (bis)
Que tanta candela le diste
Que el jarro el fondo soltó..
c) Se, etc. (bis)
Y eso pregunto yo,
Que no era tan bueno el jarro
Cuando el fondo soltó
c) Se, etc. (bis)
Que lindo, que lindo tabaco,
Pero el cabo se apagó,
c) Se, etc. (bis)
Que se te calló el tabaco,
Se te apagó.
c)Se, etc. (bis)
Si no le das candela
El tabaco enciendo yo
c) Se, etc. (bis)

Eso que tiene Fidel. Quinteto Rebelde. Canta Rubén de la O. 1958. Bolero. Esta y las tres que le siguen, fueron reeditadas en el CD 50 Aniversario del triunfo de la Revolución del CD Tumbao de 2009, pero no tenemos la información de la fuente original. Suponemos que se escucharan el año 1958, a través de la Radio Rebelde

Hoy ya Batista se pregunta
Que es lo que tiene Fidel
Que no le encuentra la punta,
Que es lo que puede tener.
Y ahora hay muchos dicharachos
Hablando de la ofensiva
Fidel no conoce el miedo
Pues Batista es un ratón
Se está corriendo la bola
Que Batista quiere hacer
que alguien le pegue con cola

eso que tiene Fidel
Y ahora sueña el dictador
Con lo que tiene Fidel
Pero eso no se conquista
Con eso hay que nacer   (bis)

Soy fidelista. Quinteto Rebelde, canta Rubén de la O. 1958. Guaracha. Ver explicación anterior.

Soy fidelista
Y estaba en la Sierra adentro.
Oye Batista,
Cuando yo vaya pá afuera
Voy a agarrar los chivatos (1)
Le voy arrancar la cabeza
Como se le arranca a un gato

Soy, etc.
Batista se ha engurruñao
Porque se parece a un sapo (bis)
Y es porque ahora los rebeldes
Se han puesto un poco guapos

Soy, etc.
Cuando tu veas a Batista
Gritando como un muchacho (bis)
Es porque ahora Fidel
Lo tienen un poco gallo

Yo soy fidelista y no lo niego
Yo no anhelo la riqueza
Yo no anhelo más riqueza
Que anhelo de la bandera.

Respeto a Che Guevara. Quinteto Rebelde canta Rubén de la O. 1958. Ver referencia canción anterior.
La música parece ser la de "Carmelina", un son que grabó el Cuarteto Caney en los 30's

Procura respetar a Che Guevara
Evita un problema con Fidel

La cosa de Raúl hay que pensarla
los rebeldes son difíciles de coger.
Procura no encontrarte con Almeida,
Con Camilo, con Guillermo y otros más
Hay que verle la cara a los soldados
Cuando los rebeldes le hacen una emboscá.
Ahora Batista presidente
Y más tarde Tabernilla General
El que vote en elecciones de Batista
Los frijoles más tarde ha de guindar.

Que se vaya el mono. Quinteto rebelde. Canta Rubén de la O. 1958. Ver información anterior. Usa la música de Veneración (Y si vas al Cobre).

Si vas a la Sierra y ves a Fidel
Dile que en La Habana
Todos están con él,

Que se vaya el mono
No lo quieren ver
Porque todos en Cuba
Estamos con Fidel   (bis)
Y a Raúl le dices
Que en Boca de Lantrillo
Para que termine
Todo lo amarillo
Que se, etc.
Y a la virgencita de la Caridad
Nos dará muy pronto
nuestra libertad
Que se, etc.

CAPÍTULO 23
1925-1958: Ambiente guajiro

Como hemos visto, el punto cubano tuvo un papel muy importante en nuestra cancionística en el siglo XIX, y en el XX, hasta aproximadamente 1925 ampliamente representado en su discografía; de ahí en adelante, con el auge de la radio, parece que el punto abandona los estudios de grabación pero se inserta en los estudios radiales, sobre todo en emisoras no situadas en La Habana; es habitual que en toda la isla, las emisoras tengan sobre todo en horas tempranas de la mañana, programas en vivo de música guajira, dirigidos a su público local, con muy directa comunicación con el mismo. Esta costumbre persistió hasta el final del período que estamos analizando, 1958.

La producción disquera de punto cubano sí mermó considerablemente. Pero surgió un fenómeno muy interesante: Se mantuvo durante todo este período de 1925 hasta 1959, una producción considerable de canciones, que sin ser punto cubano, trataban el tema, el ambiente guajiro. A veces usaban géneros muy afines al punto, como era la guajira o la criolla, pero en otras ocasiones, podía ser un bolero, una guaracha, etc. Y toda esta producción tuvo amplia representación disquera, como veremos.

Era algo curioso porque Cuba, como casi todo el mundo durante el siglo XX, tuvo un alto grado de emigración de la población rural hacia las ciudades: pero parece quedaba la nostalgia de lo que se dejó, y muchas veces también, la nostalgia de lo desconocido, como sucedería muchos años después con el fenómeno musical del Buenavista Social Club, en que se hizo universal el recuerdo de la música cubana de los años veintes, para gentes que no habían nacido en aquella época, que no eran cubanos, y en la mayoría de los casos, ni sabían el español. Una prueba más de lo impactante que puede ser la canción popular, no importa de donde sea, si realmente es reflejo de la vida de unos seres humanos y su contorno.

Canciones hechas casi todas, por compositores citadinos, que residieron en la ruralía poco o ningún tiempo, pero a los que les llegó de todas formas, el encanto de nuestro campo y su gente. Veamos lo que hicieron. Ya en el capítulo anterior incluímos algunas que además tratan el problema político de Cuba.

El arroyo que murmura. Esther Borja, con la orquesta de Cámara de Madrid y coro. Lp Montilla FM-21, grabado en Madrid, 1953, reeditado en CD-Montilla-21. Ha sido grabada por las Hermanas Martí, Guillermo Portabales, Dúo Cabrisas-Farach, Pedro Gómez, la española Conchita Villar, y otros muchos. Es la decana de las canciones de este tipo. Fue escrita la música por Jorge Anckermann con letra de los hermanos Gustavo y Francisco Robreño, en el año 1899 para uno obra que se estrenó en el Teatro Lara. Con ella creaba un nuevo género musical, la guajira, que fuera muy popular en aquellos años. (Cristóbal Díaz Ayala, folleto anexo al Box-set "Cien canciones cubanas del milenio", Ed. Alma Latina, 1999). El género es tan cercano al punto cubano, que como veremos en el texto, lo menciona.

El arroyo que murmura
y que la luna retrata
cuando sus rayos de plata
Atraviesan la espesura.
El sinsonte de voz pura
que alegra el monte y el llano,
la palma de verde guano
que al son del viento se mece
y que suspirar parece,
ese es el punto cubano.

Escarba la codorniz
al pie de los altos güines
y cantan los tomeguines
en las gavias del maís.
Se agazapa la perdiz
bajo el verdoso macío,
el vigilante judío
por todo el potrero vuela.
Cantan las gallinuelas
en las márgenes del río,
ese es el punto cubano.

Mi bohío. Mariano Meléndez, tenor con orq. Capricho cubano de Narciso Sucarichi, nacido en La Habana igual que el cantante. Debo mencionar que

Sucarichi por lo menos, vivió un tiempo en Santiago de las Vegas. V-80093 5/31/1927 New York. (Diccionario de compositores cubanos, Zenovio Hernández).

Preciosa niña, linda cubana,
Rosa galana, rayo de luz,
Bello lucero de la mañana
Linda cubana, esa eres tú.
Allá en el monte de guano y yagua
Tengo un bohío donde en verano
Las golondrinas pasan y van
Donde murmuran las cristalinas
Aguas de un río bajo la sombra
De un majestuoso y bello palmar
Ahí se escucha el suave arrullo
De la tojosa, de los sinsontes,
Y tomeguines dulce trinar,
Y entre las flores alegres cantan
Las mariposas. La suave brisa
Mece las ramas de un cafetal
Por las mañanas
 se escucha el canto
del carretero,
las voces de mando
 que entre la caña
dá el mayoral;
y por las tardes,
frente a la casa,
pasa un jilguero
que con su lira
a su guajira
le va a versar.
Es mi bohío,
Edén precioso
Lleno de flores,
Pleno de encanto,
Pleno de vida,
Pleno de luz ;
Solo allí falta
La hermosa dueña

De mis amores
Oh, la que adoro,
Linda cubana,
Y esa eres tú.

La finquita. Mariano Meléndez con orq.V- 80287-6/10/1927. New York. Un bolero de Sucarichi, con el mismo escenario edénico.

Una mañana muy tempranito
Me fui a pasear por la finquita
De Caridad.
Y al poco rato de haber andado
pude apreciar
Como la brisa moviendo iba
El cañaveral.
Ví las gallinas y las palomas
Que cruzando van
Muy contentas volaban todas
Sin descansar.
Y un sinsonte al verme alegre
Empezó a cantar
Porque sabía que yo sus trinos
Quería escuchar.
Más adelante, veo un carretero
Que empuja un buey
Un mandadero que viene en mulo
Y va hacia el batey;
Y una *guajira* alta, trigueña
De un lindo pie,
Que era la diosa, que era la diosa
Con quien soñé.
Yo placentero, muy lisonjero,
Le saludé.
Y ella contenta, volvió la mano,
Me la extendió,
Y de sus labios linda sonrisa
Me ofreció;
Y yo enseguida le dije *prieta*
Te quiero amar
Ella al punto se puso triste,

Rompió a llorar,
Yo entre mis brazos
la estreché al punto
Sin vacilar;
Monté en mi jaca,
Y me dijo alegre: no puedo amar,
Una mañana, muy tempranito,
Que fui a pasear.

Tengo una guajirita. Cuarteto de Guty Cárdenas, donde estaban los cubanos Nilo Menéndez, pianista, y Adolfo Utrera, voz.C0 3364x 12/1928 New York. Es un fox trot de Ernesto Lecuona. Como vemos, la atracción no era tan solo al campo, sino también las campesinas. Las guajiritas competían con las mulatas en eso que llamamos "sex appeal".

Tengo una *guajirita* muy linda
Y con ella me voy a casar
(bis por el coro)
s) Le voy a enseñar a hablar inglés,
c) Y la natación.
s) Le quiero comprar un fotingo
De ocasión.
También le compraré una casita
Al ladito de un lindo palmar
Y con ella al lado
Muy solos los dos
Ya yo seré feliz.
¿No es verdad?¡ Sí señor, Cómo no!
c) Para mí no hay
Como la *guajira* de mi corazón.
s) Me casé con mi linda *guajira*,
y la cosa me salió muy mal
(bis por el coro)
s) Después que aprendió
a hablar inglés,
Se fue a Nueva York,
c) Y ahora en vez de un fotingo,
tiene un Rolls Royce
s) Ya no es la linda *guajirita*
que al ladito encontré en el palmar.

Junto al río. Sexteto Habanero. V-46829 2/14/1930. Reeditado en TCD-304. Tambíen los chicos del Habanero sintieron el embrujo de la campiña, en este son de Gerardo Martínez, del que se nos escapan algunas palabras.

> En la llanura cubana
> Junto a un rumoroso río
> En los campos de mi Cuba
> Donde se siembra la caña
> El *guajiro* con su maña
> Cultiva el fruto de Cuba
> Hay en la extensa campiña
> Donde nacen marañones
> Se cosechan ricos melones
> y ....
> en la llanura cubana.
> Junto a un rumoroso río
> Se empina la caña brava
> Para .... el amor mío
> En su amorosa pasión
>
> Ven aquí a gozar
> Los cantares de mi Cuba   (bis)

La sitiera. Cuarteto Antonio Machín. V-30884 2/20/1933, New York. Reeditado en HQCD-32. Es una guajira son de Rafael López, nacido en Bahía Honda. (Radamés Giro, Dic. Enciclopédico de la Música Cubana, 2007). Ha sido una canción muy grabada: Lecuona Cuban Boys, Guillermo Portabales, Conjunto Casino, Conjunto Caney, Septeto Favorito, Cuarteto de Felipe Dulzaides, Luisito Pla, Pepé Delgado, Everardo Ordaz, Orq. de Arturo Núñez, Violines de Pego, Duo Cabrisas-Farach, el trío Nodarse, Miguelito Valdés y Olga Guillot a dúo, Barbarito Diez con orq. de Romeu, Peruchín, Carlos Barbería y la orq. Kubavana, Lobo y Melo'n, mexicanos, Los Guaracheros de Oriente, Rico's Creole Band, y después de 1959, el trío Cuba, Celia Cruz, Laba Sosseh, africano, Los Muñequitos de Matanzas, Orq. Broadway, Abelardo Barroso con la Gloria Matancera, Los Armónicos, Orq. América, Roberto Torres, Sexteto La playa, Omara Portuondo, Alfredo Valdés, Chucho Valdés y fuera de Cuba, el Sexteto Borinquen, Nieves Quintero, Marco Antonio Muñiz, Oscar D'León, Carmela y Rafael, etc.

Sitiera mía, dime que has hecho
De nuestro dulce hogar
Cuna que un día fue la alegría
De todo aquel sitial.
Lágrimas vierte la sitiería
Que tiende a desolar
Y es por no verte reina que un día
Fuiste de aquel lugar.

Ya el jilguero se alejó
De aquel frondoso algarrobo
Y hasta la mata de jobo
Nos da muestra de dolor,
Pues la sitiera ha marchado
Y yo enamorado lloro por su amor
Y es para la sitiería
Cual si fuera un día
Que le falta el sol   (bis)

Lamento guajiro. Orq. de Oscar de la Rosa. Canta Ramiro Gómez Kemp. V-82503 10/17/1938. New York. De la Rosa fue un músico cubano que tuvo su orquesta exitosa en Nueva York a fines de los 30's, pero parece no olvidaba su campo, y le escribió este lamento. (Ver Discografía, CDA, etc)

Quiero oir el sinsonte
Entonar su cántico
Quiero volver al monte
Y mirar y nadar en el río.
Quiero oir la *guitarra*
La *bandurria y el güiro*,
Oir cantar al guajiro
Y el silbar de la chicharra.

Cuba, yo extraño tus palmar
Tu cielo azul
Y tu sol tropical
Cuba, yo añoro la calma
La placidez de tu manigual.
Oye mi cantar,

Tierra sin igual.
Cuba, (bis)

Amanecer. Guillermo Portabales . V-82739 6/7/1939. Puerto Rico. Una guajira de David Acosta.

> Tiene mi Cuba adorada
> Lindos montes y praderas
> Y qué bella es la palmera
> Cuando asoma la alborada (bis)
>
> Van cargadas las carretas
> Por los campestres caminos
> Y con dolor el guajiro
> Va entonando una cuarteta
> Todo es bello y esplendente
> Bajo nuestro sol ardiente   (bis)
> En mi finca he cosechado
> Tabaco, café y maíz
> Y tengo también sembrados
> Otros frutos del país   (bis)
> Una preciosa mañana
> Unos labios no mintieron
> Es el lugar más hermoso (1)
> Que ojos humanos vieron
> Todo es bello y esplendente
> Bajo nuestro sol ardiente   (bis)

(1) La frase es de Cristóbal Colón, en su Diario, cuando llega a Cuba.

Guajira Guantanamera. Guillermo Portabales V-82073 7/29/1937.(Letra Garcí Gatell). Además de las grabadas por Joseíto, esta es una de las pocas versiones anteriores a 1959, hasta que entre Martí, Orbón y Peter Seeger resucitan La Guantanamera y se producen decenas de versiones. Los cuatro versos en cursiva son los primeros del poema "El amante despreciado", poema de Juan José Nápoles Fajardo, "El Cucalambé" (Enciclopedia de Cuba, V-1, p. 369).

> Guantanamera, guajira guantanamera   (bis)
> *Por la orilla floreciente*
> *Que el Cauto baña en su giro*
> *Iba montado un guajiro*
> *Sobre una yegua rosilla.*

Guantanamera, etc. (bis)
Si la noche me atropella
Yo espero que venga el día (bis)
Porque esa prenda fue mía
Y tengo esperanza en ella.
Guantanamera, etc. (bis)
Eres la rosa más bella
Y del más bello botón
En los jardines de amor
Tengo mi sitio arrendado,
Soy mayoral encargado
Dueño y administrador (ya ve)
Guantanamera, etc (bis)

Dos amores. Guillermo Portabales con el trío Habana. V-83740 12/1/1941. Reeditado en TCD-84. Bolero de Guillermo Rodríguez Fiffe.

En mi vida hay dos cositas
Que recuerdo con pasión,
Es mi querida región
Y el amor de mi viejita
Que al calor de esta casita
Alegre y feliz vivía
Por amor no conocía
donde la maldad habita
Allá en la verde pradera
Donde todo era emoción
Entonaba mi canción
Debajo de las palmeras
Me contestaba el arriero(1)
Perdido en la lejanía
Para así alegrarme el día
Con su canto placentero.
Ahora quisiera volver
A mi modesta casita
Pero falta la viejita
Que era todo mi querer
En mi vida hay dos cositas

Que recuerdo con pasión,
Es mi querida región
Y el amor de mi viejita.

(1) En este caso el arriero no es el que pastorea el ganado, sino un pájaro de ese nombre.

Bajo un palmar. Guillermo Portabales. V-83740 12/1/1941. Reeditado en TCD-84. Bolero de José Obelleiro Carvajal.

Bajo una palmera
Junto a un arroyuelo
Rodeado de flores
Colmado de luz
Está tu bohío
Cual si Dios quisiera
Unir a tu encanto
La esbelta palmera,
El canto del ave
La flor y la luz   (bis)
En tu alegre bohío
Encontré la dicha
Que tanto soñé.
En tus ojazos negros
La dulce ternura
Que tanto esperé
En tu alegre bohío
Mi linda *guajira*
Yo quiero vivir.

Flor de amor. Guillermo Portabales. V-83892 5/13/1942 Reeditado en TCD 84. Guajira de Rosendo Ruiz padre.

El corazón me palpita
Me rebosa la alegría,
Cuando recuerdo aquel día
Que por una linda flor
Yo le conquisté el amor
A mi linda *guajirita*.

Le dí a mi *guajira* una flor
La flor, le dí en prueba de amor

Amor, que yo nunca olvidaré
Amor que nació de una flor   (bis)

Tengo una choza de guano
A las márgenes de un río
Allí vivo a mi albedrío
Muy feliz y placentero
Con la *guajira* más linda
La que en el mundo más quiero
Le dí, etc. (bis)

Muy cerca tengo un pantano
Para cría de cochinos
Tengo un gallito muy fino,
Y un taburete de cuero
Y a la *guajira* más linda
La que en el mundo más quiero
Le dí, etc.

Postales de mi tierra. Trío Servando Díaz. V-83763 1/2/1942. Reeditado en TCD-81. Es curioso que Miguel Matamoros nunca grabase este punto guajiro de su inspiración.

Que lindos son los palmares
De mi Cuba idolatrada   (bis)
Que bonita la enramada
Que lindos rayos solares   (bis)
No hay tristezas ni pesares
En el alma del cubano   (bis)
Porque en su techo de guano
Reina y viven sus cantares (bis)
Sobre la verde campiña
Que a lo lejos se destaca   (bis)
Una alambrada, una vaca
Y una gran siembra de piña (bis)
Entre las frutas menores
Reina la yuca, el maíz   (bis)
La malanga que es guaguí (1)
Caimito de dos colores   (bis)
Es una alfombra la siembra

Cuando en el llano se mira (bis)
Linda caña florecida
Olvido de la molienda   (bis)
Y en las lomas cafetaleras
Vive el cacao delicioso (bis)
Y para faiscas hermosas,
Mi zona tabacalera (bis)
Quiero que tengan mis hermanos
Las postales de mi Cuba (bis)
Y cantando al cielo suba
Este es mi punto cubano. (bis)

(1) Miguel, como buen oriental, quiere dejar sentado que el tubérculo conocido como malanga en occidente, se llama guaguí en Oriente.

Verde pradera. Orq. Hermanos Palau, canta El Morito. V-23-0067 10/1/1943. Un son montuno de Ricardo Ferrera.

Verde pradera
Canto de pollitos
Por las praderas
Verde esmeralda
De nuestra Cuba tan ideal
Cantan a coro
Divinas aves
A los arrullos del manantial
En los potreros
Muge el ganado
En la arboleda se oye el rumor
De árboles mangos
Que al son del viento
También nos bridan una canción.

Allá a lo lejos se escucha el eco
Por la sabana
De una bandurria
Que en un guateque
Suele sonar
Es el *guajiro* que también canta
Coplas de amor para olvidar   (bis)
c) Todo es una canción de amor

s) Pero te canto *guajira*
con todo mi amor
c) Todo, etc.
s) Esta linda, esta linda canción.
c) Todo, etc.
s) Eh, entre breñales y abrojos
del extenso manigual (bis)
cantan endechas de amores
el judío y el zorzal.
c) Todo, etc.
s) Te dedico *chinita* esta canción
c) Todo, etc.
s) Para que bailes, y te dé inspiración
c) Todo, etc.
s) Canta el carrillo en el pozo
cuando empieza a funcionar (bis)
y canta también el cuco
con las piedras del rosal
c) Todo, etc.   (bis) 2

Romance guajiro. Guillermo Portabales. V-83892 5/13/1942 Reeditado en TCD84. Son guajiro de Celia Romero.

Aquí desde mi bohío
Miro el verdor de los montes
Oigo trinos de sinsontes
Voy a cantarte amor mío
Oye esta alegre canción
De *un guajiro* laborioso,
Róbate un rato de ocio
Para ti es mi inspiración.

c) Tú verás como quieren
los *guajiros*, tu verás (bis) 3

s) Elevados cocoteros
forman plácido rumor,
florecidos limoneros
saturados por el sol
lucen primorosas flores

que brillan por el rocío
de los primeros albores
oye el canto amor mío.
c) Tú verás,etc

s) Aquí desde mi bohío
siempre admiro la belleza
que puso naturaleza
en la orillita del río
hay belleza en los palmares
belleza en la arboleda
belleza en los platanales
y belleza en la pradera
c) Tú verás, etc

Guajira desde el bohío
Estoy cantando para ti
Hoy te espero en el bajío
Donde tú me diste el sí
Yo no encuentro en la colmena
La miel que encuentro en tus labios
Se me acabaron las penas
Y de ti no tengo agravio
c) Tú verás, etc.

Lo que pretendo. Orq. Chepín Choven. V-230085 12/13/1943 Reeditado en TCD-51. Bolero-son de Electo Rosell

Te diré lo que pretendo
Si llegamos a casarnos
Viviremos en la campiña
Bajo el cielo tropical
Una casita de guano
Y bien cerca un manso río
Un arado y dos bueyes
Y una crianza de cochinos,
Tendremos una hortaliza,
También un colmenar
Y también una niñita
Para alegría del hogar

Todo eso yo pretendo
Cuando ya tú seas mía
Y seremos muy felices
En la campiña cubana.
Tendremos frutos menores
Plátano, ñame y malanga
Qué feliz vida en la campiña
También criaremos gallinas
Y otras clases de animales.
Qué feliz, etc
Y por la noche en la choza
Yo cantaré para ti, vida mía
Qué feliz, etc

Guajira lirio de la sabana. Guillermo Portabales con la orq. de Noro Morales. Seeco 2001 6/25/1945. Una guajira de René Touzet. Aunque no hay elogio del paisaje, si lo hay de la guajira, para que vean que también tenían su público.

Guajira, lirio de la sabana
Guajira que haces sentir amor
A todo el que te admira en la mañana
Brindándole al paisaje tu esplendor
Quisiera en tu ardiente mirada.
Que encierra tesoros de pasión,
Mi imagen contemplar reflejada
Al contar los latidos de tu corazón.

Guajira ven a mis brazos
Quiero cantar tu belleza de rosa
Quiero besar tu boca primorosa
Guajira ven a mis brazos   (bis).

Rincón Tropical. Orq. Chepin-Chovén. V-23-0393. 8/29/1945. Reeditado en TCD-51 Son guajiro de Electo Rosell.

En mi rincón tropical
Donde brilla más el sol
Tengo mi nido de amor
Una preciosidad, ¡ay que felicidad!
Tengo una linda casita

Cubierta toda de flores
Y una linda mujercita
Con tres muchachitas,
Que felicidad.
Rincón tropical,
No te puedo olvidar
Allí Dios echó toda su bendición ¡ah ah ah!
Por la mañana temprano
Voy con mi perro Trabuco
A la faena del día
Labrando la tierra, qué felicidad.
Rincón tropical, no te puedo olvidar
Cuando pienso en mi rincón
Y en mi linda *guajirita*
Todo el pesar se me quita
Y se me alegra el corazón.
Cuando estoy en mi rincón
Y me embarga la nostalgia
Echo mano a la *guitarra*
Y viene la inspiración
Inspiración *campesina*
Que ese es mi *punto cubano*.
Que desde una choza de guano
Hasta la verde campiña
Mi ranchito tropical
Está lleno de riqueza
Allí la naturaleza
Hace un lindo despertar
Pero rincón tropical,
No te puedo olvidar.

A mi chocita. Joseíto Fernández y su orq. V-23-0718 11/11/1946. Bolero de Tony Fajardo.

A pesar de no ser tan festivo
Yo tengo formada mi idea   (bis)
Para cuando me falte el amor,
Recogerme a un ambiente tranquilo (bis)
Formaré mi chocita de guano
En el centro de alguna sabana

Puercos, chivos, gallos y gallinas
Tendrá el patio de mi terrenito
El cual tendré sembradito
Y con gusto cuidaré.

Y me consagraré
A mi chocita lejana   (bis)
Salgo el Domingo,
Paseo un rato
Y con la misma
A mi choza otra vez.
Sembraré viandas,
Sembraré caña
Sembraré mucho cacao y café
Aquel que vaya,
Que me visite
Le brindo jugo,
Tabaco y café.

Noche guajira. O **Mi guitarra guajira.** Dúo Cabrisas Farach. LpPanart 3065 1960. Fue Primer premio de la Canción Cubana, en 1948. También la grabó Pedro Vargas. Una guajira de Olga de Blanck.

En esas noches guajiras
Noches tropicales,
Me gusta salir al campo
Ir por los palmares
Como mi amor ya dormido
En el bohío me espera,
Y le canto a las estrellas
sueño con mi amado
y le canto a las estrellas.

Llevo mi guitarra
Como sola compañera (bis)
Cruzo los cañaverales
Y voy hasta la cañada
Donde hay rumor de zorzales
Y cañas bravas
Tengo allí un rinconcito
Coronado de palmeras

Para embriagarme de luna
Y cantarle a las estrellas (bis)
En esas noches guajiras
Noches tropicales
Me gusta pasar las horas
Bajo los palmares.
Con mi guitarra de almohada
Me recuesto contra ella,
Sueño con mi amada
Y le canto a las estrellas.
Junto a mi cara morena
Brillan los hilos de plata
Como seis rayos de luna
En mi guitarra
Sin que yo toque sus cuerdas
Cuando le canto a mi amada
Siento vibrar mi guitarra.

Labrando la tierra. Cheo Marquetti y su conjunto. Panart 1820, 1956. Guajira-son de Wilfredo Guevara.

Van mis cantares mejores
Para siempre mis delirios
Como pétalos de lirios
Guajira de mis amores
c) *Guajira*
s) Hoy he querido brindarte
porque sí lo has merecido
 estos versos que han nacido
en lo profundo de mi alma
c) *Guajira,*
Ay *guajirita* de mis amores
Labrando la tierra, me inspiro en ti
Es tanto lo que te quiero
Con ansia y frenesí
Que si no me das el sí, caramba
Guajirita yo me muero
c) Ay *Guajira*
Te tengo hecho un ranchito
Allí detrás del palmar

si me das tu cariñito, caramba
Te llevaré hasta el altar.
c) Ay, etc.
Me inspiro linda *guajira*
mira labrando la tierra
pienso en ti.
c) Ay, etc.

Guajira ven a gozar. Trío Matamoros. Lp Ansonia 1251. 1050. Un son de Siro Rodríguez, que támbien sintió la llamada campirana. La grabó en 1974 Héctor Lavoe con Willie Colón.

c) *Guajira* ven a gozar,
guajirita ven a gozar

s) Tengo un conuco rodeado
de bellas palmas en el monte
en donde cantan lo sinsontes
lindos trinos modulados
Allé natura ha formado
él más bonito vergel
Y las flores dan la miel
Más dulce que se ha probado
c) *Guajira,* etc.
Nunca se nota la tristeza
Allá en mi verde campiña
Donde la caña y la piña
A la tierra dan riqueza.
Allí la naturaleza
Regó toda su hermosura
Y todo el que lo ve jura
Que allí el paraíso empieza.
c) *Guajira*, etc
Crecen los árboles hasta el cielo
En el centro del batey
Una mata de mamey
Que es orgullo de mi pueblo
A su sombra yo consuelo
Por la tarde a descansar
Y me detengo a esperar

Que la noche tienda el velo.
c) *Guajira*, etc
Después que la tarde muere
Me acuesto en la choza mía
Y así espero el nuevo día
Que feliz y alegre llegue
Y mientras duermo prefiere
Mi fiel perrito Trabuco
Cuidarme todo el conuco
por que ser feliz me tiene.
c) *Guajira*, etc.

Guajira. Benny Moré y Hnas. Gaona con la orquesta de Pérez Prado. V-23-5194 7/19/1950 México. Reeditado en TCD-10.Mambo-guajira de Moré y Pérez Prado.

c)Ah, ah, ah *Guajiro*
Ah, ah, ah,cubano.
s)Así se oye por el llano
El canto del *guajiro* cubano
Tengo un conuco sembrado
Que es todita mi alegría
Mi gallo canta en las mañanas
Anunciando el nuevo día
c) Ah, etc.
s) Tengo allí mi querer
también tengo mi perrito
y para poder pasear
tengo mi caballo pinto
y mi vaca colorada
Así se oye por el llano
El canto del *guajiro* cubano.

Guajira cubana, Orq. Orestes Santos. Seeco 7180 1/15/1952. Guajira de F. Armenteros.

En la pradera florida
En lo profundo del monte
En donde canta el sinsonte
También canta mi *guajira*

Cuando canto con mi lira
A mi Cuba tan hermosa
Pienso que no hay otra cosa
Más linda que mi *guajira*

c) Ven *guajira* mía, te quiero
como nadie te puede querer
Desde muy lejos yo vine
Para que cantes conmigo (bis)
Cuando la zafra termine
Me voy a casar contigo.
Ven *guajira* mía, te quiero
Como nadie te puede querer.
Guajira…

Alborada. Orlando Vallejo con Los guaracheros de Oriente. V-23-5274 10/23/1950.Reeditado en TCD-94. Guajira de Celia Romero, Vallejo la grabó también con Conj. Luis Santí, en 1954, reeditado en ALCD-37. Y también lo grabó Ramón Veloz, Lp Kubaney 131.

Nuestras hermosas campiñas
Cuando el alba las ilumina
Y resplandecen los montes
Alumbrados por el sol
Que dulce trina el sinsonte,
Que alegre canta el zorzal
Por follajes de esmeralda
Allá por el manigual.
c)Qué linda la alborada que primor,
cuando asoma en las montañas
s)y qué lindas se ven las montañas
con los rayitos de sol.

Y en estos campos tan bellos
Y en medio de las montañas
Veo las verdes sabanas
Veo floreciendo el monte
El alma queda extasiada
A la vuelta de la alborada
Mientras que el sol ilumina

A los bellos horizontes
c) Qué, etc.
s) y quélinda,etc

Cuando el rayo matutino
Despierta todo el ganado
El brillante sol alumbra
Y el campo luce dorado
Desde la montaña verde
Qué bello se admira el río
Y bello el monte sombrío
Que en la arboleda se pierde
c) Qué, etc.
s) y qué linda, etc.

Noches serenas. Orlando Vallejo 195_ .Autor: José Ramón Sánchez

Madre mía
Me gusta en noches serenas
Bajo la luna de plata (bien)   (bis)
Cantarle una serenata
A mi *montunita* buena
Cuando el tranquilo arroyuelo
Su alegre rumor nos brinda
Cuba es la tierra más linda
Cobijada bajo el cielo.
Para mí no hay más anhelo
En Cuba donde nací
Que poder cantar así
Mis tonadas campesinas
Abrazado a las doctrinas
De Maceo y Martí
Para mí no hay más dulzura
Que ver en mis patrios lares
los bellísimos palmares
Arrullando la llanura.
Ver mi bandera en la altura
Al son del viento flotar,
Que linda es Cuba
En cada verso expresar
Lo que en mi consciencia vibre

Y sobre todo ser libre
Como los cielos y el mar.

Venga guano caballeros. Los Compadres Sonoro 147, 1957. Reeditado en TCD-61. Son de Reynaldo Hierrezuelo.

En los montes de mi Cuba
Hacen junta de vecinos
Cuando van a preparar
Un campo para sembrar
También para cobijar
El bohío del montuno
Matan machos y guanajos
Y se dan su trago de ron
Así trabajan contentos
Sin mucha sofocación
Una vez en la cobija
Del bohío de mi tío
Mataron varios jutíos
Y empezaron a cantar (como)

Venga guano caballeros,
Venga guano

Que estamos en el caballete
Y hay que acabar temprano
Allí se encontraba Dinde,
Yalee, Nanito y Ramón.
Y otros, que si no vecinos,
eran buenos trabajadores
Venga, etc.
Cocinando estaba Julia
Y Nicolás con Villendo
Y repartiendo el buen ron
Venga, etc.
Apúrense caballero
Parece que va a llover,
si no acabamos temprano
Que tú verá, que tú va a ver
Venga, etc.

El Madrugador. Orlando Vallejo con la orquesta de Fajardo. Panart 2156. 1958. Son montuno de José Ramón Sánchez. Ha sido grabado entre otros, por Orq. de Enrique Jorrín, Elena Burke, Violines de Pego, La India de Oriente, Orlando Contreras, y Malena Burke.

Qué lindo es el suelo mío
Bajo el azulado cielo   (bis)
Qué rústico el arroyuelo
Que murmura junto al río
Ilumina el veguerío
El sol con su claridad
Y rompe la soledad
Habitual de la pradera
Una tonada sitiera
Que es símbolo de libertad.

Yo siempre me acordaré
De los versos de aquel bardo (bis)

Juan Nápoles Fajardo,
Llamado el Cucalambé.

A mí la canción me inspira
Por su romántico sello   (bis)
Pero sé admirar lo bello
de una tonada *guajira*
brillando va de un bardo la lira
mas la doctrina,
la doctrina martiana
hondamente se demuestra
cantando música nuestra
que es mas linda y es cubana.

CAPÍTULO 24
Géneros musicales, instrumentos

Hemos analizado antes cómo a comienzos del siglo pasado surgió la necesidad de dar a conocer los géneros musicales creados, los instrumentos usados y hasta los nombres de los grupos y los integrantes de los mismos, y la ausencia de medios de comunicación a su alcance para poder hacerlo, tales como diarios o revistas. Escasos en la época y además no se acostumbraba anunciar los eventos concernientes a la música popular; si se escribía algo sobre música, era preferentemente sobre la ópera y la zarzuela, sobre todo las noticias relativas a las compañías usualmente españolas o italianas, que periódicamente visitaban la isla desde el siglo XIX. Estaba comenzando la industria disquera, y tampoco ésta acostumbraba anunciar las nuevas grabaciones; en pocas ocasiones lo hacían y era más bien acompañando al anuncio de los equipos reproductores o victrolas, que era lo que realmente les interesaba vender; el disco era algo secundario, un mal necesario.

Además, lo que se vendía en discos eran las voces operáticas, porque para los medios reproductores hasta 1925, simplemente acústicos, el sonido que reproducía mejor era la voz humana, sobre todo si tenían entrenamiento vocal, como usualmente poseen los cantantes operáticos.

De manera que la canción popular y sus cultivadores, en Cuba y en todas partes del mundo, lo tenían bien difícil. Ya vimos en el capítulo del Sexteto Habanero cómo este grupo se las ingenió para mencionar consistentemente el nombre del grupo en las mismas grabaciones, a veces los nombres de sus integrantes, y como un slogan comercial, el género musical que tocaban: el son.

Aparentemente estas tácticas le dieron resultado pues por años fue el grupo musical más buscado por el público. Y consecuentemente, también hemos visto que en mayor o menor grado, usaron esas prácticas otros grupos.

Ahora haremos un examen más detenido de ese proceso desde la segunda década del siglo XX, hasta 1958.

Oye mi clave. Luz Gil y Blanca Vázquez. Co2763 Ca. 1918. Clave de Jorge Anckermann. Este género no duró mucho en el favor popular.

>Oye mi *clave* sonora
>Oye mi *clave*, oye mi clave,
>Que el encanto que atesora
>Es dulce y suave, es dulce y suave.
>Es canto divino que llega al alma
>Que llega al alma.
>Con rítmicos sones del tierno *laúd*,
>De tierno *laúd*.
>Que en las gratas noches
>De paz y de calma
>Alejan la vida de la senectud
>Tal es mi *clave* señores
>Tal es mi *clave*, mi *clave*
>Mi *clave* es clave.

El güiro. En 1919 se estrena en el Teatro Martí, una revista titulada "Domingo de Piñata" con libreto de Mario Vitoria y música de Ernesto Lecuona, donde se interpretaba esta pieza, cuya letra nos consiguió José Ruiz Elcoro. Curiosamente, en el transcurso de la misma no se menciona el instrumento, pero si se simula su sonido.

>Tengo un novio gracioso y rumbero
>Que es gallardo, buen mozo y gentil
>Chiquichí, chiquichí, chiquichí
>Y es feliz porque sabe le quiero
>Lo mismito que él me quiere a mi.
>Chiquichí, chiquichí,chiquichí
>Me tiene chiflá, me tiene matá
>Y al verlo tan solo, no sé que me da.
>No son prendas, ¡quiá!,¡ dinero que va!
>Caricias, halagos, cariño y más ná'.
>Ven, mi *negro*, que verte yo quiero
>Cariñoso y cerquita de mí
>Si no tienes tabaco y dinero
>Yo lo robo, mi lindo, pá ti.

Y volviendo al capítulo de la Negritud, es una de las pocas ocasiones en nuestra canción que el negro sale bien parado: es gallardo, buen mozo y hasta lindo. Suponemos que la tiple que cantaba este número tenía bien embadurnada la cara como negra o mulata, pues de otra forma, hubieran quemado el teatro.

Suena suena la guitarra. V-77738 9/22/1924. Juan Cruz, Bienvenido León y Alberto Villalón. Reeditado en CD Alma Criolla 803. Es un bolero de Alberto Villalón. Es raro el trovador importante que no le hiciera una canción a la guitarra, su instrumento básico y casi único. En este caso la mención es breve: casi al final, después que ha dedicado varias estrofas a su amada, dice:

>Suena suena *la guitarra* y a cantar
>Que ya viene que ya viene
>El mangual (1)

(1) No hemos encontrado significado para esta palabra.

Mis lamentos a mi guitarra. María Teresa Vera y Zequeira. V-77848, 4/2/1924. Un bambuco de Manuel Corona.

>Yo quiero *guitarra* mía
>Hacerte una confesión:
>Quiero que sepas que un día
>Por una mujer impía
>Sintió mi alma pasión
>Y que de tanto sufrir,
>De tanto padecer,
>Llegué en el alma sentir
>Odio por esa mujer.   (bis)

>Después de decir adiós
>Que todo ha terminado
>Relegar quiero al olvido
>Mi dolor y mi pasado
>Por eso *guitarra* mía
>Al hacerte mi confesión
>Te pido tanta alegría
>Para olvidar de la impía
>Que marchitó mi pasión   (bis)

Mi guitarra. También de Manuel Corona, aparece en el libro de Margarita Mateo antes citado. Aquí toda la canción es dedicada a la guitarra.

> Todo lo dices, *guitarra* mía
> Risas, bullicios, canto, alegría,
> Suspiros, quejas, melancolías,
> Sollozos tristes del corazón
>
> Cuando te inspiras, cuando te exaltas,
> Todo lo expresas con notas altas,
> Todo lo dices con gran pasión.
> Eres profunda, *guitarra* hermosa.
>
> Qué dulce suenas, qué melodiosa.
> Todo en tus cuerdas amor rebosa,
> Todo lo vibras con frenesí.
>
> Porque eres hembra, porque eres diosa,
> Porque resumes todas las cosas,
> Porque la vida se encierra en ti.

Guitarra mía. Repetimos que este trabajo no pretende contener exhaustivamente el inagotable manantial del cancionero cubano: pero queremos incluir otro tributo a la guitarra que no pasó por los estudios de grabación, ni quizás fue conocida más allá de Trinidad, donde dice Zenovio Hernández Pavón, en su excelente obra inédita "Diccionario Biográfico de Compositores Cubanos", era una especie de himno". Y su autor, trinitario, Rafael Saroza.

> Suena, *guitarra* mía,
> Lindo tesoro de inspiración.
> Suena, que tú eres vida,
> Eres arpegio de mi canción.
>
> Canta, *guitarra* mía,
> Que yo sienta con emoción,
> Mira que estoy muy triste
> Y estoy enfermo del corazón.
>
> Ve donde está mi amada,
> Cuéntale todo, hazlo por mí.

Dile que tú me has visto
Llorando a solas cerca de ti.

Róbale un dulce beso,
Guitarra mía, con frenesí,
De esos que guarda presos
En esos labios como un rubí.
De esos que guarda presos
En esos labios como rubí.

El portfolio del amor. Es una rumbita de Ernesto Lecuona, que aparecía en la revista homónima con libreto de Joaquín González estrenada en el Martí el 2 de febrero de 1920. Como ven, el maestro Lecuona no vacilaba en usar la rumba en sus obras. Debemos esta información a Jose Ruiz Elcoro.

Baila, mi bien, corazón
Que la *rumbita* es
el remedio del amor, etc.

Otra revista de Lecuona, "La tierra de Venus", estrenada en el teatro Regina de La Habana el 27 de septiembre de 1927, contenía varias canciones que se hicieron populares, como ésta: **Aquí está**. Tenemos su letra gracias a JRE. No fue grabada.

Aquí está la niña
Aquí está
Con su melena garzón
Va a bailar
Como ustedes verán
La *rumba* sabrosa
Y el *anaquillé* (1)
Aquí está la niña
Aquí está
Ya llegó de Nueva York
Donde fue
Para aprender el *fox*
El *guanstep y el charleston* (2)

(1) Es un baile de origen africano.
(2) El one step, escrito como se pronuncia, y el charleston, sonaban en Cuba, entre los turistas y las clases ricas.

La comparsa. Este famoso número creado mucho antes por Lecuona, formó parte también de la revista "Aquí está" pero con letra, no instrumental. Fue grabado por María Fantoli, Co-2722C, en 1927, con Lecuona al piano.

> Escucha el rumor
> Escucha el sonar
> Del seco *tambor*
> De las *maracas y el timbal*
> El triste cantar
> De intensa emoción
> Que invita a soñar
> Al amoroso corazón
>
> Brillante y triunfal
> Ritmo armonioso y sensual
> Que invade todo mi ser
> haciéndome estremecer.
> Sus mágicos sones
> Inspiran las contorsiones
> Que marca así el bailador
> Con lúbrico fervor
> Brillante y triunfal
> Y ensoñador
> Rítmico y sensual
> Como el amor.

También es de la misma revista, **Mi clave**, que a nuestro efectos, solo menciona una vez el nombre de este género musical : "Oye mi negra, el dulce canto de la **clave**".

La Conga. Dora O'Siel con Ernesto Lecuona al piano, Co-2722x, 1927. Interesante, porque para aquella época estaba bastante restringido el desfile de comparsas con su ritmo de conga, y aunque esto es en realidad una danza de Lecuona a la que se le puso letra como a "La comparsa", se habla en ella de la conga, etc. Figura entre las 80 canciones que Emilio Grenet incluyó en su libro que ya hemos mencionado.

> La *conga* se va
> Y yo me voy tras ella
> Porque a su compás
> Se enciende mi corazón.

Suena, *negro*, las *maracas*
Que quiero bailar
Hasta que el día despunte
Con su claridad
Locamente con ardor
Bailaremos, oh mi amor.
Pues yo sé que quieres bailar
Con tu amor ardiente
Que en sus labios te ha de brindar
La pasión vehemente
La *conga* se va
Y yo me voy tras ella
Porque a su compás
Se enciende mi corazón. (bis) todo

Mariano Meléndez y Adolfo Utrera son los dos cantantes cubanos que grabaron toda, en el caso de Utrera, y casi toda, en el caso de Meléndez, sus producción disquera en los Estados Unidos, y lógicamente gran parte de esa producción estaba dirigida al mercado latinoamericano, conversiones en español de melodías norteamericanas, u otras, como ésta, tratando de interesar a los latinos en la música norteña. No creo que tuvieran mucho éxito en Cuba.

Monterito Jazz Jazz. Mariano Meléndez con orquesta. New York .V-80093 1927. Es de Narciso Sucarichi.

En todita Cuba se baila el *jazz*,
Jazz, jazz, jazz
Por ser éste un baile de actualidad
Jazz, jazz, jazz
Tiene el melodioso *saxofón*
Que le acompaña el *violín*
Y el *trombón* contesta:
Jazz, jazz, jazz

Ay que *jazz*, ay que *jazz*
Que mi cuerpo balancea así
Ay *que jazz*, ay que *jazz*
Ese baile juguetón sin fin
Ay que *jazz*, ay que *jazz*
Que mi mente hace resurgir

De la vida goces y placeres
Bailando *el jazz, jazz, jazz.*

La linda *cuban*a bailando el *jazz*
Jazz, jazz, jazz
Dicen que es azúcar, canela y sal
Jazz, jazz, jazz
Rozan en sus ojos fuego tal
Imposible de existir
Y en..........
Ay que *jazz,* etc.

Rumba guajira. También conocida como "Priquitín pon". Rita Montaner Co 3325x 8/1928 New York. Su autor Moisés Simons la catalogó así mismo, como una rumba guajira…Van en cursiva todos los géneros e instrumentos musicales que menciona:

Soy *guajira* pura occidental
Y vine aquí a la capital
Para aprender el *son,*
La rumba y el danzón.
Quiero aprender a bailar
Mas que a todos mortifique
De los pies quiero soltar
La cabulla y el arique (1)
Que lo sepan explicar
Pá que nadie me critique.
Y que no haiga ná que hablar
ni empiecen con el pique
Oyeme, suéname *el bongó*
Que yo bailando el *son,*
Parto el corazón
Y lo voy a bailar
Con el *timbal*
Y el bongó
Priquitín pin,
Priquitín pon. (bis)
Aunque vine ayer desde el Pinar(2)
Desde la tierra colorá
Porque yo quiero ser

Bailando Lucifer
Y lo hago como lo digo
Ma que ahora tengo pena
El tiempo será testigo
De que mi maruga suena
y no faltará un amigo
que me diga: ven mi nena
con quien baila mi *puchunguita,*
conmigo o sinmigo? (3)
Oyeme, (bis)

(1) Ya habíamos dicho que cuando los guajiros llegaban a la ciudad, se burlaban de ellos diciendo, por la forma de caminar, que tenían los pies amarrados con cabuya (soga fina) o ariques (soga hecha con las hojas de la palma real).
(2) Pinar del Río, la provincia más occidental de Cuba.
(3) Ya hablamos del gobernador de La Habana, Ruiz, a quien se le atribuye esta frase.

Qué es el danzón. Rita Montaner. Co3236x 8/1928. Reeditado en ALCD-04. Danzón-capricho de Moisés Simons. También lo grabó Carmen Burguete con la orquesta de Simons, V-46072, 12/13/1928. Para estos tiempos el danzón se batía con la fuerte competencia del son, y parece que Simons galantemente, quiso prestarle alguna ayuda: otro caso interesante, esta defensa de un género.

¿Quisieran saber ustedes
Lo que es el *danzón?*
Escuchen atentamente
Su descripción.
El *danzón*, el *danzón*
Es un baile muy dulzón
Sabrosón, sabrosón
Sabrosón es el baile del *danzón.*
Su vaivén tropical
Nos produce
Una grata sensación
Que placer al bailar
Cuando se oye tocar un buen *danzón.*
Se estrecha suavemente a la mujer
Por la cintura
Marcando bien la entrada al empezar,
Con sabrosura.
Se encuentran las miradas con ardor

De enamorados.
Y empieza el balanceo del amor
Acompasado.
Ah, un pasito así,
Otro para acá
Ay que gusto da bailar
Y con dulce voz
Hay que murmurar
Bellas frases de pasión.
Mi vida, mi cielo,
Cariño, te quiero
Que gusto mi *negro*,
De dicha yo muero.
El danzon, etc. (bis).

Suena guarachita suena. Carmen Burgette y Mercedes Menéndez con la orq. de Simons. V-46072 12/13/1928. Otro género a cuya defensa y divulgación se lanza Simons con esta guaracha, y además haciendo un inventario de instrumentos. Letra cortesía de JRE.

Es la canción cubana
Raudal de inspiración y alegría
No sé que diablo tiene la *guaracha*
Que al sonar un buen *timba*l
Ya los pies quieren bailar
Por qué será
Que hay que bailar con el *timbal*.
Yo no quiero comer
Ni tampoco bailar
No me gusta beber
Ni tampoco jugar
Lo que ansío es que me canten
Una *guarachita* de verdad
Eso es gozar, oir tocar y oir cantar.
Llega *timbalero*, llega,
Tu sabroso palpitar
De mi Cuba bella,
no hay nada más sensual

que al son de un buen *timbal*
y que me dicen del *güiro*
cuando hace así:
chiquichí, chiquichí, chiquichí.
Suena *guarachita* suena
Que en tus notas va el alma
Y la alegría de Cuba entera.
Sigamos la canción
Cantemos sin cesar
Que se oiga el *cornetín*
Brillante modular
Taratatá, taratatá,taratatá,
Y eso es gozar
Cuando el *tiple* que desgranando
Su alegre son
Acompaña cortando el aire;
La clave así,
Se me ensancha el corazón
Y no sé que pasa en mí
Cuando me tocan la *rumb*a soberana
Por eso los cubanos hacen gala
De que su música, nadie la iguala.
Pá bailar la *rumb*a así
La cintura hay que soltar
Suavemente poco a poco
Teniendo mucho cuidado
De marcar bien el compás.

Notas de mi son. María Cervantes, acompañándose al piano. Co 3985X 5/1929. Son de Jorge Anckermann. Tiene razón de ser este número. Eran tiempos en que Eduardo Sánchez de Fuentes defendía la tesis de que la presencia africana en la música cubana era mínima, frente a Moisés Simons y otros como Anckermann, que sostenían la presencia abrumadora de lo africano en la nuestra.

Aquí cae en el extremo, negar la presencia española –más bien europea- en lo nuestro. Por otra parte, es un tema que pudiera estar en el capítulo de la Esclavitud de este libro, porque alude a ella también.

Y presenta lo africano perennemente triste, lo que no es cierto, ni tampoco que el bongó sea africano.

Nació de la africana
La música cubana
Llenando de tristeza
Mi pobre corazón
Bebieron en sus fuentes
Con notas quejumbrosas
Los músicos cubanos
La dulce inspiración.
Por eso en su cadencia
Hay quejas y lamentos
De un pueblo que ha vivido
Sumido en la opresión.

Por eso es africana
La música cubana
Por eso son muy tristes
Las notas de mi *son*.
Canta cubano mi *son*,
Que es africano el *bongó*.
Canta cubano mi *son*,
Que es africano el *bongó*.

Las cuerdas de mi lira
Vibraron doloridas
Sabiendo que estabas
Oyendo mi canción
Puede que no me quieras
Y ya tus ojos dicen
Que has entregado a otra
Tu ingrato corazón.

Por eso cuando canto
Al son de las *maracas*
Repiten mis canciones
Tu pérfida traición
Por eso sufro y lloro
Por eso me lamento
Por eso son muy tristes
Las notas de mi son.

Canta cubano mi son
Que es africano el *bongó*   (bis) 3

Arrollá. Rita Montaner, con Rafael Betancourt y Nilo Menéndez al piano. Co3657 7/1929 New York.

Reeditado en TCD-46. Rita además de excelente pianista e intérprete, compuso algunas cosas, entre ellas esta pieza que identificó como comparsa. Además de la mención a la conga, el uso del verbo arrollar, que ya va a ser una constante cada vez que se hable de conga o comparsa, es una profesión de fe a la negritud, y el conjunto de canciones de tema negro que grabó Rita en la década de los veintes del siglo pasado, dieron gran impulso a esta música: era en definitiva, quizás la mejor soprano cubana de aquel momento, que prefería cantar las cosas de su país.

Vamo a *arrollá*,
Y a *cumbanchá*
Muévete así *negra*
Que yo mirándote así
También gozo con el compás
Quiero bailar, mamá
Arrollá mi *negra*,
Arrollá Mercé
Vamo a *arrollá* (Oye)
Y a *cumbanchá* (Oye)
 Muévete así mi *negra*
Vamo ya, vamo ya,
Que la *conga* está
Viene p'acá
Camina, camina,
Porque yo me encuentro loco
Por *arrollá*, aé.   (bis)

Baila mi santa,
Muévete aquí
Marca el compá
Arrolla mi *negra*
Arrolla criolla
Vamo a *arrollá*   (bis)

La rumba. Trío Moya. Brunswick 41035 9/13/1929 Reeditado en CD Alma Criolla 803. Es un son de Eutimio Constantín, parecido a los diálogos del teatro alhambresco, y lanzado a a los principios de lo que fuera una época de oro para la "rumba" que en realidad como vemos en este número era un son rápido. Hay también un anuncio para el ron Bacardí.

Me han convidado, sí
Para una *rumba*,
Pero qué *rumba* caballeros
Vamos allá.
Dos mil gallinas,
Quinientos machos (1)
Y una pipa de rico *Bacardí*.
El que tenga ropa puede ir.

Hab) ¡Que va viejo, a esa *rumba* voy yo!
Pero compadre, ¿con esa ropa va ir a la rumba?
Déjalo que vaya así, que en la puerta lo botan.
Oiga compadre, usted no puede entrar así
Está bien, me retiro.
¿Yo no te lo decía?

c) Mamá, oye mi canto
No tengo zapatos
c) Mamá, etc.
Me falta el sombrero
c) Mamá, etc
las medias están rotas
c) Mamá, etc.
yo no tengo ropa
c) Mamá, etc.

En la década de los 30's del siglo pasado, la música cubana invade Europa, tema que tratamos en nuestro libro "Cuando salí de La Habana-1898-1997: Cien años de música cubana por el mundo" (Edit. Fundación Musicalia, 1998) Un grupo de músicos y cantantes que actúan en Madrid, pero sobre todo en París, llenarán esa década de música cubana a la Ciudad Luz. Una de las más importantes es la de Don Barreto y su orquesta "cubain", que hizo además, muchas grabaciones, entre ellas esta titulada **Melody's Bar**, CoDF941, 5/3/1932, Paris, reeditado en HQCD-62, de la inspiración de J.

Riestra, integrante de la orquesta. Lo interesante del número, es que está dedicado a anunciar el sitio donde están actuando; algunas orquestas cubanas se han identificado en su título con el sitio, como la Casino de la Playa y la Havana Casino de Don Azpiazu. Y el mismo Barreto, por cierto tiempo se identificaba en sus grabaciones como "su orquesta del Melody's Bar"; esto es muy usual también en orquestas norteamericanas; pero en este caso, es que la letra de la canción, habla del sitio:

>
> Nena, si tú quieres *cumbanchar*
> Si te quieres divertir
> Pásate por *Melody's Bar*
> Y allí tu podrás gozar   (bis)
> Vamos a *Melody's*
> A gozar y bailar
> Allí se baila *rumba*
> Y un momento se puede pasar,
> A oir lo que canta *Barreto*
> Que a ustedes mucho le va a gustar.
> Y a ver las mujeres lindas
> Que allí siempre, vienen a gozar.

Flauta y saxofón. Orquesta de Matamoros. V-32347, 7/30/1934. New York. Los músicos cubanos estaban teniendo presencia también en esa ciudad, desde el éxito de Azpiazu con su orquesta en 1930. (Ver el libro citado en la canción anterior). Uno de esos músicos presentes en la Babel de Hierro, era Alberto Socarrás, cuya orquesta en formación es en realidad la que toca en este número, que es de su inspiración y en que no por casualidad se habla de estos instrumentos, que son los que tocaba Socarrás. Ya al año siguiente tenía su orquesta y grababa, bajo el nombre de "Alberto Socarrás y su orquesta del Cubanacán" (Un cabaret de New York).

>
> Suena mi *flauta* suena
> Y no te canses de tocar
> Porque así se van las penas
> Que me matan de pesar   (bis)
> (seguía solo de flauta)
> Canta, suena saxofón,
> Que tu sonar tan profundo
> Al más triste moribundo
> Le despierta el corazón   (bis)

No tan solo grabaron rumbas las orquestas cubanas en París. También congas. Grenet y la suya, grabaron dos:

La Conga. Pathe 1379, 1934, reeditada en HQCD-109; y **La comparsa de los congos**, Pathe 1379, 1934, reeditado en HQCD-109, ambas de la autoría de Grenet, y esta última también grabada por la Lecuona Cuban Boys, que grabó varias otras congas. Esta tiene la particularidad, además de mencionar un instrumento, mezclar varias etnias africanas distintas, cosa frecuente como vimos en el capítulo de la negritud.

> Alegre, cumbancheros,
> Van los *congos* por ahí
> Y llevan cual alborada
> La locura *lucumí*
> Y dicen en su canto
> Que yo soy *carabalí*
> *Lucumí*, escucha el *bongó*
> Su sonar triunfal
> Por amores y ensueños
> Que nos embriagan
> Con la ilusión mejor
> *Lucumí* de mi corazón.

Vengo por la conga. Orq. Don Barreto PDK-414, 3/1936. Paris. Una de las congas que grabó esta orquesta, y tiene la particularidad de mencionar un instrumento de la percusión cubana, usado en todas las orquestas de aquella época, pero al parecer, esta es la primera vez que se le nombra: el cencerro.

> … pero oye los *cencerros*
> No me puedo aguantar…

Las rumbas de Armando Oréfiche. En 1934 comienza su temporada en España la orquesta de Ernesto Lecuona, que poco después, y ya bajo la dirección de Armando Oréfiche, cambiará su nombre a "Lecuona Cuban Boys" que estará en el viejo continente hasta fines de 1938, actuando además en puntos de Asia y África; llevarán la música cubana a esos lugares y quedará esa huella para siempre. ¿Qué géneros llevaron de la música cubana? Arias de zarzuelas, boleros, guarachas, rumbas, congas, pero sobre todo, sones, lo único que no les llamaban así: parece que lo de "son" recordaba mucho la palabra inglesa "song", y al parecer decidieron llamarles "rumba" que era bastante fácil de pronunciar por los europeos. Los compositores más usados fueron Lecuona, Simons, Grenet y sobre todo, el propio Oréfiche, que además de otras cosas, compuso la mayoría de las no menos de nueve "rumbas" que grabó la orquesta: **Rumba tambah o Rumba negra**, de Rafael Hernández, CoDeF6059, 1935, reeditada en HQCD-11; **Rumbas cubanas (varias)**, Co5427x, 10/20/1935, reeditada en HQCD-26 de Lecuona y otros autores; **Rumba musulmana**, CoDF1969, 4/9/1936, reeditada en HQCD-21. De Lecuona, arreglo de Oréfiche; **Rumba azul**, Co4521, 4/20/1936, reeditada en HQCD-17. De Oréfiche; **Rumba blanca**, Co353M,4/15/1937, reeditada en HQCD-35, de Oréfiche; **La rumbita**, Co 4664x, 11.23.1937, reeditada en HQCD-35 de Oréfiche; **Rumba internacional**, CoFB2062, 10/15/1938, reeditada en HQCD-35, de Oréfiche; todas las anteriores grabadas en París pero ésta y la siguientes, en Londres. **Rumba colorá**, 10/15/1938, reeditada en HQCD-35, de Oréfiche; y **Rumbantona**, CDDW 4614. Reeditada en HQCD-11.De Oréfiche y Vázquez.

El prisionero. Cuarteto Caney. Co5514x, 12/21/1936 Reeditado en HQCD-75. New York. Siguiendo la costumbre iniciada por el Sexteto Habanero, el cantante, señala que: "Aquí están Fernando y Tilde, también, Elio y Johnny".

El maraquero. Orq. Eliseo Grenet. Co5577x 3/16/1937. New York. De la inspiración de Grenet, este pregón en que el maraquero resulta ser no el que toca las maracas, sino también el que las vende. Lo grabaron también la orquesta de Antobal cantando Johnny Rodríguez, Miguelito Valdés, Orq. de Xavier Cugat y el boricua Pepito López.

> Pregonando por esas calles
> Entre el bullicio de la ciudad
> El *maraquero* va, el *maraquero* va.
> Alegrando con sus *maracas*
> Y el dulce acento de su cantar
> El *maraquero* va, el *maraquero* va
> Allí en mi Habana encantadora
> Llena de ensueños y de emoción
> Entre la brisa murmuradora
> Se siente el eco de mi *pregón*.
> El *maraquero* mamá, el *maraquero* mamá.
> El *maraquero* cantando todo el día
> Etc.

El marimbulero. Orq. Eliseo Grenet Co5577x 3/16/1937. New York. También de la inspiración de Grenet, este canto a un intérprete e instrumento, ya en desuso en 1937. No lo hemos escuchado.

Los conquistadores. Trío de Justa García, V-82107 3/25/1937. Una conga de Electo Rosell. Recuerden que ese fue el año de reinicio de los desfiles de comparsas en La Habana, y se grabaron muchas congas. Rescata del olvido cuatro instrumentos típicos de la percusión cubana, todos salvo el cencerro, específicos de la conga. Y reivindica para Oriente la conga.

> *Arrollando, guarachando*
> Va la *conga oriental*
> *Arrollando, cumbanchando,*
> Conquistando en este alegre carnaval.
> Cuando suena la *tambora*,
> *Los cencerros, los sartenes y el bocú*,
> Mi alma entera se estremece
> arrollando con la *conga* oriental
> aé, son los conquistadores, aé, ea…

Dame un trago tabernero. Cuarteto Hatuey. V-82118 6/14/1937 No todo es rumba y conga. Este capricho-son de Rafael Ortiz, retoma la costumbre de nombrar a los miembros del grupo, en este caso Francisco Repilado, el después famoso Compay Segundo; Armando Dulfo, guitarra, Oscar Velasco O'Farrill, "Florecita", trompeta y el director del grupo y primera voz, Evelio Machín, primo del famoso Antonio que por modestia no se menciona. La primera parte es una descarga contra la mujer, que sigue en la segunda:

> *Repilado*, dime:
> ¿Qué le pasa a *Armando*
> Que lo veo triste, casi llorando?
> La mujer es mala,
> Pero a mi entender
> Hay tragos amigos
> Que saben a hiel
> Si supieras tabernero lo que
> Sufro desde que hube de perder
> Esta mujer, si supieras el dolor
> Que en mi alma llevo, de seguro
> Me darías de beber. Porque tengo
> El corazón hecho pedazos, *Florecita*,
> No me puedo contener, si de nuevo…

La conga del Pilar. Septeto Matamoros. Canta Siro solamente. V-82392 7/14/1937. Reeditado en TCD-44. Es una conga de Juan Castro, de la orquesta los Hermanos Castro, es raro no la grabara su banda. También la pudiéramos haber incluido en el Capítulo 15, donde hablamos de los barrios, porque El Pilar lo es. Pero aquí se mencionan varios instrumentos. Es curioso, que como en otras canciones, los que van en la comparsa aparentemente, son sólo los negros; no era así, había mulatos, y sobre todo ya en la siguiente década, una presencia de blancos (y blancas) cada vez mayor.

La conga del Pilar ahí viene
Escucha su sonar sin igual
Que sabroso toca el *bongó,*
Con su tumbar gozamos   (bis)

Suénalo, suénalo,
Que tó los *negros* quieren bailar.
La gente *cumbanchera* baila
Y mueve la cintura así;
Y mientras que el *timbal*
Repica con furor,
Los *negros* ya se van   (bis)

La *conga* del Pilar termina,
Su ritmo sabrosón se aleja
Pero el *congo* reclinao
Y su *bongó* repica
Suénalo, suénalo...

Los componedores. Miguelito Valdés con la Casino de la Playa. V-82404 4/14/1938 Reeditado en TCD-54.

Con el renacer de las comparsas, se revivieron los cantos que cada comparsa tenía, pero también se crearon nuevos cantos, como éste de Miguelito Valdés para la comparsa de Los Componedores, que reunía al gremio de los que se dedicaban a reparar las bateas de lavar, las componían.

Nos vamos sin decir adiós,
Llegaremos hasta la cumbre
Donde la *farola* alumbre (1)
Lo que hacemos tu y yo.
Ese *tambor* que resuena

Y el *cencerro* que tu oyes
Es que van los componedores
Componiendo su batea   (bis)

Los componedores ya van,
Componiendo sus *tambores*
Pa go'za, pa gozá,   (bis)

(1) Las comparsas llevaban grandes farolas decoradas y con lámparas de velas

Oh mi tambó. Casino de la Playa y Miguelito Valdés V-82390. 4/12/1938 Reeditado en HQCD-81. Una guaracha de Miguelito Valdés. Aquí hay un poco de todo: la obsesión con el tambor, la rumba, la alusión a Sacasas, el pianista de la orquesta, y la exclamación de Oh lari oh, tomada prestada del cantante afronorteamericano Cab Calloway, que la había usado en uno de sus números. Y Cachita puede ser la famosa de la rumba de Rafael Hernández.

A la negrita *Cachita*
Yo no sé lo que le dá
Ella sola se invita
Cuando salgo a bailar
Esta *rumba* es una cosa
Mira *malle* (1)
Que me arranca el corazón
Hay que llevarlo en la sangre
Como lo llevo muy adentro
Ya mi cuerpo está que arde
Cuando suenan los tambores
Tambor!
Que contenta está madrecita
Porque suena el *bongó*
c) ¡Oh mi *tambó*, Oh mi *tambó*!
 s)Oh alegre *rumbita*
al compás del *bongó*
c) Oh, etc
s) Como no engaña *Cachita*
cuando ya suena el *tambor*
etc.
Lari oh, lari oh
Que contento está *Sacasas*
Porque ya suena el *tambó*

c) Oh etc.
s) *Changó, Changó*
No me engañes *malle* santa
Suena duro el *tambor*
Oh lari oh, lari oh. (2)

(1) Según DAE en Panamá significa muchacha. Recordé entonces que Miguelito estuvo en Panamá unos años a principios de la década de 1930, y de ahí pudo traer la palabra.
(2) Esta frase la había usado varias veces el cantante norteamericano en una de sus grabaciones.

La conga de Colón. Orq. Havana Casino, canta Oscar López. V-82939 2/27/1939. Conga de Leonardo Timor. Otro barrio con la suya. O sea, antes de que los barrios tuvieran guaguancós, tuvieron congas...

Esta *conga* sabrosona
Es la *conga* de Colón
Muy contenta y retozona
Nos alegra el corazón
Siempre alegre y juguetona
Es la *conga* de Colón... etc.

José Isabel. Casino de la Playa y canta Miguelito Valdés. V-82694 3/3/1939. Conga de Electo Rosell. La incluimos por dos cosas: Es una conga en que no se menciona la palabra conga, y segundo, porque ese relacionista público maravilloso que es Miguelito Valdés dice en una de sus inspiraciones: "Pablito y Lilón ahora van a arrollar" siendo esta pareja de afrocubanos los mejores intérpretes de rumba de aquella época.

Los timbales. Otra vez Miguelito y la Casino de la Playa. V-82699 4/3/1939 reeditado en HQCD-51. Una rumba de Julio Blanco Leonard. La letra sigue un compás muy ritmático y rápido, como para acomodarse al sonido del timbal.

Repica el *timbal*,
Que quiero gozar,
Oyendo el sonido
La *rumba* no es ná
Sin poder sonar
Cencerro y güiro.
Tocame el *timbal*
Que quiero gozar
Tirándome en el suelo

Repica el *timba*l
Que su repicar
Es tierno consuelo.
Cadencia sensual
dulce murmurar
De mi tierra, cielo.
Repica el *timbal*
Porque si te vas
De pena me muero
Suave palpitar
Abre el corazón
Al sonar tu cuero
Musa tropical
llevando el compás
Con todo tu fuego   (bis) todo

Sin *timbal*
Yo no puedo bailar
Sin timbal,
La *rumba* no sirve pa ná (bis)

La conga se fue. Orq. Chepín Choven V-82786 7/10/1939. Reeditado en TCD-51. Conga de Julio Gutiérrez.

Se aleja la *conga* señores
Sintiendo lejano compás
Subiendo la loma se prende
La luz que alumbraba el farol.
La *conga* se fue.
La *conga* se fue, la *conga* se fue
Y yo sigo arrollando
Al suave compás
De un *tumbado*r, un *tumbado*r.
Eñao popu, Eñao pupo, Eñao pupo
Y yo sigo arrollando
Al suave compás de un tumbador
La, *conga* etc, (bis).

Paso Franco. Orq. Chepin Choven V-82756 7/10/1939. Reeditado en TCD-51 Conga de Electo Rosell. Se repite la palabra conga 18 veces.

Abran paso caballeros
Que mi *conga* ya llegó
Saludamos a Los Chinos Buenos
Y al Imperio del Edén (1)

Es mi *conga* alma y vida
De este alegre carnaval
Abran paso caballeros
Que mi *conga* ya llegó.
Imperiales, Modernistas, (1)
Aquí estoy con mi *tambo*r
Abran, etc.
Por Los Hoyos, Santa Rita (2)
Y El Tivolí
Ya mi *conga* va llegando
Con su toque arrollador
Paso firme caballeros,
Que mi *conga* ya llegó.
Pero la *conga* con zapatos claros
Cabballeros
Pero la *conga* ya llegó
Paso firme caballeros,
Que mi *conga* ya llegó.
El de la *conga* sabrosa
Paso franco Paso franco (3)
Ya llegó, etc.

(1), (2), (3): Son nombres de barrios o comparsas santiagueras

Rumba alegre. Guillermo Portabales V-82808 8/29/1939 Reeditado en TTCD-84. No tan solo las orquestas, también los trovadores propagan la rumba.

Cuando suena el *bongó*
Cencerro, clave y maracas,
Empiezo a sacar la pata
Terminando en el changó. (¿)
Con la *negra* Dorotea
Yo bailo hasta desmayar
Ella el cuerpo lo menea
Y no quiere terminar.

Yo le digo Dorotea,
tu *negro* ya no pué má,
mira *negra* tu batea
Ya lo tiene derrengá
Esa *negra* caballero
Es la reina del solar
Esa *negra* Dorotea
Baila y no quiere parar
Ey, como baila mi *negra*
c) Cuando oye el *bongó*
s) como mueve la cadera
c) Cuando, etc.
s) Qué tembladera, qué tembladera
c) Cuando etc.
s) Como echa un pie
c) Cuando, etc.

s) Ese ritmo señores
que el mundo ya admira
es propio de Cuba
mi patria querida
Ay, como baila mi *negra*
c) Cuando, etc.
s) Como mueve la cadera
c) Cuando, etc.
s) Bailen, pero bailen *rumba*
de mi Cuba tropical
es la *rumba* que le zumba
la que no tiene rival.
Ey, como baila mi *china*
c) Cuando, etc.
s) Como suena esa *guitarra*
c) Cuando, etc.

La rumba y la guerra. Orq. Havana Casino, canta Oscar López V-82932 12/27/1939. Rumba de Obdulio Morales. No estuvo muy políticamente correcta esta canción al principio de lo que se convertiría en la Segunda Guerra Mundial.

Cuando suena el *tambó*
No sé que pasa
que todo el mundo
Quiere bailar
Este repiquetear
Mueve los huesos
Y hasta la sangre
Circula más.

Aquí esta Cachita para bailar, (1)
También está Mama Inés
seguro la encuentra usted
dispuesta a rumbear.
Alex Tovar no faltará
El Mago no puede ser
Dejar de rumbear.   (bis)

Dicen que por la paz,
 en conferencia
nueve potencias
iban a estar
Cuando sonó el *tambó*
Todas acordaron
Un paso bueno para rumbear
Aquí está, etc
Es un gran notición,
Dicen que en Europa
Unos y otros quieren pelear
Porque la gran legión
De los cubanos traen
La rumba para pelear.

(1) Cachita y Mama Inés son alusiones a figuras musicales, Alex Tovar era un gran bailarín de Colombia, y suponemos que El Mago, igual, sería un bailarín latino.

Nuestro son. Miguelito Valdés y la Casino de la Playa. V-82948 1/15/1940 Reeditado en TVD-54. Este son de Ramiro Gómez Kemp le rinde homenaje al son, en tiempos ya de rumbas y congas. Y es que hay que preservar el pasado. Le vendrían nuevos días de gloria al son en esta década de los cuarentas, y sobre todo en la siguiente, como son montuno. El compositor recuerda el cornetín, el primer instrumento de metal que tuvo el Sexteto, antes de pasar muy pronto a la trompeta, una forma mas moderna. Y nos regala una linda imagen: "mientras lloran en cruz las claves".

> Una *guitarra* que se derrite de sabrosura
> Un *son* caliente que le contesta
> Ronco al *bongó*,
> Mientras las *claves* y las *maracas*
> Marcan el ritmo dulce y sabroso
> De nuestro *son*.
>
> Se oye el quejido tierno y doliente
> Del *cornetín*
> Mientras las cuerdas de la *guitarra* suenan así:
> c) la, la la, la, la, la, la, la, la.
> Y mientras lloran en cruz *las claves*
> Se va perdiendo el eco sabroso
> De nuestro *son*.   (bis)
>
> Este es mi *son*,
> Mi *son* cubano,
>
> ¿Por qué tu lloras mi china
> Si no me abiñaste el guano? (1)
>
> Este, etc.
> Allá en Cubita linda
> Tengo mi choza de guano
>
> Este, etc.
> Yo te canto a ti mi prieta
> Porque soy muy cubano.

(1) Abiñar no aparece en los diccionarios, pero la recuerdo de la época de los chucheros, precisamente en los 40's: significa dar.

Rumbambá. Trío Antillano V-83048 3/18/1940. Reeditado en HQCD-62. Un son de A. Martínez. Lo incluimos mayormente por usar una nueva palabra relativa a la rumba, "Rumbambá" que parece decirnos subliminalmente, que la rumba vá. Y para que no se nos olvide, lo repite 34 veces. Se trata al negro despectivamente en dos de los versos.

Cuando siento la *rumba*
No puedo trabajar
Porque en mi alma retumba
El deseo de bailar
Ahí ya viene la gente
Con la buena *tambora*
Porque llegó la hora
De la *rumbit*a caliente   (bis)

Rumbambá, rumbambá
Ese *negro* con argollas (1)
c) *Rumbambá, rumbambá*
y la *negra* Caridad
c) *Rumbambá,* etc.
dicen que en la *conga* arrolla
c) *Rumbambá,* etc.
Mentira no *arrolla* ná
c) *Rumbambá,* etc.
El *negrito* Camaleón
c) *Rumbambá,* etc.
se me parece a Vitilla
c) *Rumbambá,* etc.
le dan a comer melón
c) *Rumbambá,* etc.
Y se traga la semilla
c) *Rumbambá*
Ese *negro* Rafael
c) *Rumbambá,* etc.
Es un *negro* muy sencillo
c) *Rumbambá,* etc.
Dicen que se va a bailar
c) *Rumbambá,* etc.
Al pueblo de Manzanillo
c) *Rumbambá*
Yo quiero bailar la *rumba*
c) *Rumbambá,* etc.
Con ardor y sabrosura
c) *Rumbambá,* etc

Como lo baila Corula
c) *Rumbambá*, etc.
Con la mano en la cintura
(Repite desde "Ese negro Rafael")

Camina pa'lante. Lecuona Cuban Boys, canta Bruguera. V-83036 4/1/1940 Reeditada en HQCD-07 Fue popular esta conga de Eliseo Grenet, que también grabaron la Orq. de los Hermanos Castro, el conjunto vocal Los Rivero, y hasta la española Lola Flores. Parece que desde entonces el compositor la tenía cogida con los negros, los apremia.

El *negro* no quiere
Zarandear la *farola*
El *negro* no quiere
Ni escuchar la *tambora*
Pero que tiene ese *negro*
Que no quiere *bachata*
Será que se olvida
A su *negra* Tomasa.

Camina pa'lante, camina pa'lante
Camina pa'lante *negro,*
Que ahí viene la *comparsa*
Camina pa'lante, camina pa'lante
Porque si no te *arrolla.*

Ya viene sonando
La *conga* sonora
Por qué no te arrima *negro*
Al golpe de la *tambora*

Camina, etc
Ya viene, etc
Camina, etc

La conga de Cayo Hueso. Orq. Havana Casino. Canta Oscar López. V-83359 4/16/1940. Otro barrio que tuvo su conga, esta de Rafael Ortiz. No la hemos escuchado.
Quinto mayor. Orq. Havana Casino. Instrumental. V-83107 4/16/1940. Conga de Rafael Ortiz dedicada a un instrumento especial, el tambor llamado quinto mayor, de sonido más agudo.

Conga de La Habana. Orquesta Osvaldo Estivil, cantando Tito Gómez. V-83187 4/24/1940 reeditada en HQCD-63. No dice mucho la letra, pera ya La Habana tenía su conga.

>Ya se escucha la *conga* de La Habana
>Y su *cencerro* ya hacer resonar
>Y a su paso La Habana se engalana
>Y se llena de gozo y placer
>Yo quisiera que conmigo estuvieras
>Y allí muy juntos siempre *arrollar*
>En la *conga* que viene alegre
>Dejando mi alma llenar de amor
>Y sentir que eres mía, *negra*,
>En La Habana llena de amor

Ritmo tropical. Orq. Havana Riverside con Miguelito Valdés. V-83227 5/1/1940 Reeditado en HQCD-63.

Una conga tropical de M. Soroa. No podía quedarse la Havana Riverside sin una conga en estos años. Y es verdad la imagen de que las maracas parecen bailar cuando el maraquero las mueve.

>Oye como suenan los *bongoses*
>Ritmo de mi tierra tropical
>Miran como bailan las *maracas*
>Al compás de este dulce *son*
>Escucha las *claves*, traen en su seno
>Caricias de flores, ecos del palmar
>El eco del *piano* envuelve en la brisa
>Todas las montañas, alegra el rosal
>Sueñan los *violines*, riman las palmeras
>Contraste divino, paisaje tropical.

Hay también una **Rumba cubana**, instrumental, de J. Mendivil, po la Orq. Havana Casino, V-83166 5/24/1940 reeditada en HQCD-63. La propia orquesta graba de Camacho y otros, **Conga Habanera**, nada especial en la letra, salvo el sentido apremiante, que muchas veces asume la rumba o la conga.

>Me voy a *rumbear*
>Que la sangre me hierve ya
>No puedo esperar
>Ya no puedo por más soportar

Ya verán, ya verán
Como suena el *bongó*
Las maracas, cencerro y tumbador,
No puedo esperar
Ya no puedo por más soportar
Oiga, mire vamo a *rumbeá.*

Cuando canta el cornetín. Orquesta de Mariano Mercerón, cantando Camilo y Duany. V-83365 1/28/1941 reeditado en TCD-64. Un sabroso tono nostálgico tiene este bolero son de Mercerón, dedicado al cornetín, antecedente de la trompeta.

Cuando canta el *cornetín*
El corazón me hace tilín
Yo no sé por qué será
Que a mi alma emociona
El cantar del *cornetín*
Yo no sé si al *cornetín*
igual que a mí, le hará sentir
unas ansias de sufrir,
de reir o de llorar,
Si lo sientes sonar.
Yo no quisiera morirme
Y tener que arrepentirme
Solo quisiera vivir
Y poderte decir
Que quisiera morir
Cerquita de ti.
Cuando canta el *cornetín,*
Y junto a mí, te encuentras tú
Yo no sé por qué será
Que a mi alma emoción da
 si canta el *cornetín*
(Montuno)
Oye el *cornetín*
Oyelo sonar y tu sentirás
Ansias de bailar (bis)

No quiero swing. Orq. M. Mercerón cantando Camilo y las Hermanas Márquez. V-838484. 3/25/1941/ Reeditado en TCD-50. No basta cantar lo del país, hay que atacar lo de afuera, como hace Mercerón en este son:

Yo men vá, yo men vá,
A otra casa a trabajá
Donde me dejen cantá
Donde yo pueda bailá
El dulce *son*, el suave *son*,
Mi rico *son*, tan sabrosón

Si señó, yo men vá
Porque aquí la manda más
Si uno se pone a cantar
Tan solo le pide *swing*,

c) *Swing, swing, swing,*
Swing, swing, swing

No me engañes Catalina de mi vida, no
Pero baila mi *son*.
c) *Swing*, etc
No me apurruñes no
c) *Swing*, etc
Oh Shori, Oh shori
c) *Swing*, etc
Okey, my darling
c) *Swing*, etc
Okey Baby
c) *Swing*, etc (bis) 4

Después de una corta estancia en Cuba, Armando Oréfiche reorganizó sus Lecuona Cuban Boys y comenzó su misión de catequesis de la música cubana por toda América Latina, en una jira que duraría años: graban en La Habana en 4/23/40, dos congas, **Petrol**, V-83085, de Vázquez y **Cocktail de congas**, V-83086 de Oréfiche, ambas reeditadas en HQCD-07; y así hasta 1947, seguirá produciendo rumbas y congas, grabando mayormente en Buenos Aires. Se destaca entre ellas, **Carnaval del Uruguay** V-83584, grabada en 11/18/1941 que sigue hasta ahora, como el tema oficial de los carnavales en Montevideo; En 1947 se separa de la orquesta y funda una nueva, Havana Cuban Boys, y retoma su jira que ahora cubrirá no tan sólo Latinoamérica, sino Europa y Japón, grabando muchas veces sus éxitos con la orquesta anterior, y otras nuevas, pero siempre dentro de los evangelios del son, la rumba y la conga.

La rumbantela. Machito y sus afrocubans. De 21209 6/27/1941 Otro derivado de la rumba, que descubre Obdulio Morales. No se aclara mucho en el texto, solo que la Rumbantela, con tela, sin tela, es para rumbear....

Como se baila el son. Orq. Hnos Palau canta El Morito. V-83991 11/24/42 Reeditado en HQCD-63. Pero entre rumbas y congas, el son reaparece de vez en cuando, como este de Guillermo Rodríguez Fiffe.

c) Ahora tú verás como se baila el *son*
ahora tu verás.
s) Para dar la explicación
de lo que es un *son* caliente
hay que aprenderlo en *Oriente*
porque de allí vino el *son*.
c) Ahora, etc.
Para baila bien el *son*
Hay que tener la cintura
Suave como raspadura(1)
Y caliente como el ron.
c) Ahora, etc.
s) Tener una bailadora
Que se mueva con soltura
Y que tenga la cintura
Igual que una batidora
c) Ahora, etc.
Que sepa sacar el pie
Y se ponga resbalosa
Bien sandunguera y sabrosa
Que se apriete como hé
c) Ahora, etc.

(1) La raspadura era un dulce hecho a base de la melaza o mieles sacadas de la caña de azúcar.

Bailando el botecito. Orq. Hnos Palau. Canta El Jabao. V-23-0036 V-23-0036 7/20/1943. Un son de E. Raymat. Esta forma simple de bailar, inclinándose sucesivamente a la derecha y a la izquierda, como hace un bote sometido a oleaje por sus costados, se puso de moda en los 40's. Para decirle a alguien que bailaba mal, se le decía tú no bailas, tú boteas...

Bailando el *botecito*
Así se llama este *son*

Un poco despacito
Para gozarlo mejor
De un lado para otro
Imitemos el vaivén
c) Así, que bien
ustedes ya lo ven
asi que bien
que rico es el vaivén.

S) Todo el mundo está bailando
El botecito sin cesar
c) Así, etc.

s) Marca bien el *botecito*
y sabrás lo que es gozar
c) Así, etc.

s) Es un paso sabrosito
como me gusta bailar
c) Así, etc (bis) 4

El montuno de Juan Polanco. Hnos Palau, canta El Morito. V-23-0054. 9/17/1943. Es un son montuno de Rosendo Ruiz padre. En esta década, en que el campesino había mejorado su situación económica, y resulta un posible comprador de música, sea viva o grabada, los compositores empiezan a buscar formas musicales que aúnen el gusto citadino y el campirano, cosas que puedan atraer al guajiro fuera del punto cubano. Esto se irá logrando y culminará sobre todo en la siguiente década, especialmente con los trabajos de Celina y Benny Moré. Pero aquí hay un buen principio, donde se meten además con los pepillitos, y se incluye una cuarteta de Ramón Campoamor, de sus Doloras y Humoradas.

Te voy a poner un tema,
Un tema de Juan Polanco
Yo quiero que tú me digas
Si el ganso camina en zancos
c) AY,oye, oye mi *son*,
que, qué sabrosón
que, qué retozón
montuno son,

son ideal
lo baila el guajiro
en camino real

s) Yo sé que tú versas bien
y que improvisas bonito,
¿por qué llaman *pepillito*
al joven que viste bien?

c) Ay, etc
s)*El amor y el interés*
se fueron al campo un día
y más pudo el interés
que el amor que le tenía.

c) Ay, etc.

A gozar con el bote. Hnos Palau, canta El Jabao. V-23-0123 2/24/1944. Parece que a los Palau le fue bien con el bote, y vienen con esta guaracha de Jesús Guerra con letra tan insulsa como la anterior, pero lo importante es innovar, traer algo nuevo.

¡A gozar con el *bote*!
A gozar eh, a bailar a gozar,
Vamos todo el mundo con mi *bote*
A gozar,
Todos al compás de este rico vaivén
De mi **bote** que yo traigo pá gozar.

Si no saben, muevan la cintura,
Mueve un pie,
Sacamo pie de locustá (?)
Y muy junto muevan las caderas
Y en el *bote* todos a gozar

A gozar, etc.
s) Vamos todos con el *bote* a cumbanchar
todos juntos con este rico compás

A gozar, etc.

Ya tá. Orq. de Julio Cueva con Cascarita. V-23-0141 2/24/1944 Una guaracha con minitítulo de Félix Cárdenas. La incluimos, porque menciona a otros dos instrumentos de los que se vale a veces el arsenal rítmico cubano.

>   Repica suave *negro*
>   En el *cajón*,
>   Que yo daré un golpe
>   En el *tablón*.
>   Tumba y vira pá *rumbea*r,
>   Ya se baila sin cesar,
>   Se ha formado ya el gran *rumbón*
>   Que sabroso está el *rumbón*
>   c) Ya tá, se formó
>   Un segundo, por favor
>   c) Ya tá, se formó.

>   Siguen improvisaciones.

La rumbantela. Toña La Negra con orq. Abasalón Pérez. Peerless 2404 1946. Esta Rumbantela, de Marga Llergo, letra, y Juan Bruno Tarraza, música, es distinta a la anterior y más completa.

>   Oyendo ya muy cerca sí
>   El repique del *timbal*
>   Se oyen ya los *negros*
>   Alegres cumbanchar
>   Se formó la *rumba*,
>   Rumbantela de la *rumba*
>   Se formó.
>   Viene José con su *conga*
>   Viene Isabel con su *cajón*
>   Llegan sonrisas de *maracas*
>   Con besos de las *claves*
>   Y ritmo de *bongó*.
>   Y un coro que va diciendo
>   Ae', ae, aé, aé, aé,
>   Que se formó la rumbantela
>   La rumbantela de la *rumba*
>   c) se formó
>   Ay mira ver si tú me zumba

c) Se formó
Porque el rum rum de la *rumba*
c) Se formó
Que a mí me gusta la *macumba*.
c) Se formó   (bis) todo.

El baile de la tijera. Orq. de Chepín Chovén, canta Isidro Correa. V-23-0539 8/6/1946. Luis Morlote y Rafael Inciarte son los compositores de este nuevo baile. La letra no tiene ningún sentido.

El baile de la tijera es un baile
Que le zumba la navaja   (bis)
No va, no, no va,
Vete pa'llá
Que te tumben la guataca,
Que te corte esa melena
Raspen ese coco, tápenlo
Pero qué lindo,
Que te dejen como bola de billar
Pero que dice
La cabeza te la tienen que raspar
Que te tumben la guataca
Que te corten la melena
c) Tú no vas pelú, tú no vas pelú
s) Tú no vas, porque estás pelú
c) Tú, etc.
s) Que te dejen la cabeza
como bola de billar
c) Tú, etc.
(La música cambia a jazz un momento)
Pero Chepín no va porque está pelú.

La rareza del siglo. Orq. Julio Cueva, canta Cascarita. V-23-0677 10/29/1946 Reeditado en TCD-32. Como hemos visto, la canción sirve para expresar muchas cosas, inclusive un vaticinio, como ocurre en este número que su autor, Bebo Valdés, identificó como "montuno-beguine" que en realidad es un proto-mambo, o sea, uno de esos números que van con formando un nuevo género, en este caso, el mambo. Todo lo que dice esta canción, sucedió después, y este disco se convierte en el exhibit número Uno, en la eterna discusión sobre el origen del mambo. Igual, las disquisiciones sobre cuando empezó el feeling, pueden tomar buena nota de lo que dice Cascarita en una de sus inspiraciones, muy posiblemente de su cosecha: "La juventud del feeling la podrá gozar y bailar". O sea, en Octubre de 1946, ya existía una juventud del feeling.

Hab) ¡Como sufro!
Rareza del siglo
Que vamos a escuchar
La que un día todos
 podrán comprender
La que algún día les agradará
La que algún día tendrá que cantar
La que algún día tendrán que apreciar,
Distinguir y bailar con gran placer (bis)

Pasarán años...
c) *La comprenderán,*
s) pero algún día la comprenderán
Dime Mimi, oye eso, no no no, mira a ver
Bailándola y oyéndola podrán decir
que una vez..................
c) *La comprenderán*
s) *La juventud del feeling*
 la podrá gozar y bailar
c) *La comprenderán.....*

El Rey del Mambo. José Curbelo y su orquesta, guaracha de Félix Cárdenas. V-23-0594, New York, noviembre 29, 1946. Machito y su orq. también lo graban, Continental 9000 ca. 1941. New York, como un mambo de Félix Cárdenas. Las monarquías y otros títulos nobiliarios se prodigan en la música popular; en este caso el compositor basicamente lo que dice en la letra es "Yo soy el rey del mambo" y como los que lo graban son Machín y Curbelo, automáticamente se convierten en "El rey del mambo". Que sufran Pérez Prado y Tito Puente, que por años se disputarían el título.

Mi son boogie. Jóvenes del Cayo. Coda 47-48 No tenemos el autor. Un nuevo género musical, que al parecer, disfrutó de vida efímera...

Un pasito adelante,
Un pasito atrás
Un apretoncito.

Para *guarachar* (bis) 4
Esto es *boogie woogie*
O no sé si es *son*
Esto es un disloque
Pero sabrosón
Un pasito, etc
Esto es un *sonsito*
Con sabor a ron
Por eso emborracha
Y no da calor
Un pasito, etc
Oye como suena
Este *boogie son*
Al que no le gusta
Lo castiga Dios.

Bachata Oriental. Conjunto Jóvenes del Cayo.Coda 5085 ca.1947. Como montuno denominó su autor Walfrido Guevara, este número. Bachata es fiesta con baile. Después la palabra se convertiría en Cuba como la denominadora de un género músical, mayormente desarrollado después de 1959, que cayó en desuso. Nuestros hermanos dominicanos usaron la palabra, para bautizar un género de características diferentes al cubano, que se ha convertio en una de las músicas más populares de ese país.
(La música abre con unos compases de Rhapsody in blue)
El coro dice: Después del ritornello de "Que no se quede nadie sin bailar", se va anunciando al grupo, y despues van nombrando a diferentes miembros del mismo Quintanita, Salinas, Catana, Facundo (Rivero), etc.

Rumba desaforá. Orq. Hermanos Palau, canta Mirta Silva. V-23-0814 9/16/1947.Una rumba de Orlando de la Rosa.

Yo no sé que tiene la *rumba*
Que todo aquel que siente su ritmo
Enseguida el cuerpo empieza a mover
Ay, yo no sé si tiene pimienta
O si tiene sal y picante.
Lo que sé es que no me puedo aguantar
Tiene un ritmo tan caliente
Que cuando siento los tambores
Yo también me pongo a mover los pies

Yo no sé que tiene la *rumba*
Que ninguno se le resiste.
Ya empezó la *rumba* desaforá,
Hasta la negra Crescencia
Que es una negra muy fina
Cuando siente la *tambora*
Llega al suelo y pide más.
La *rumba* está en su apogeo
El *tambor* está sonando,
Baila la negra Clotilde
Y el mundo se tambalea. (bis), hasta desaforá

s) Yo quiero *rumba*
c) Desaforá
s) Mira baila, baila *rumba*
c) Desaforá
s) Mirta Silva le canta una *rumba*
c) Desaforá
s) *Rumba, rumba, rumba*
c) Desaforá
siguen inspiraciones.

Guajeíto. Guillermo Portabales. Lp Sonoro 5000 ca.1948. Son montuno de Julio Brito, otro paso de acercamiento de lo guajiro al son cubano.

Guajeíto, bien sabrosito
Como se toca en los bohíos
Mi rico *son*
Con las *maracas y los palitos*
Y la *guitarra*,
Sientiendo a Cuba
En su *diapasón*.
Ven que yo quiero gozar
Con mi guajira cubana
Hasta que se oigan cantar
Los gallos por la mañana
Saboreando este ritmo
Que es tan sabrosón
c) Guajeíto, guajeíto,
s) Guajeíto, que quiero gozar

c) Guajeíto, etc
s) Mi guajira cubana
c) Guajeíto, etc.
(Siguen inspiraciones)

El golpecito. Orq. Julio Cueva, canta Cascarita. 23-0974 5/24/1948. Es una guaracha de Eduardo Verde de León, que se anuncia como un nuevo baile, es en realidad un proto mambo de los que venía grabando la orquesta de Julio Cuevas, con los arreglos de Bebo Valdés y René Hernández.

Pero el *golpecito* en un *baile* que se baila
Que se baila así,
De aquí p'allí,
De allí, p'aquí,
De acá p'allá,
De allá p'acá
El *golpecito* es muy popular
Y todo el mundo lo quiere bailar
El *golpecito* tiene un pasito
Que a todos gusta poderlo dar. (bis)

Baila la rumba. Orq. Julio Cueva, canta Puntillita V-23-0994 5/24/1948. Reeditado en TCD-32. Una guaracha de René Marqués.

Se llama **Baila la rumba**, pero el autor la denomina guaracha ¿En qué quedamos? Lo mismo nos pasó con las "rumbitas" del teatro Alhambra, muchas veces sones en realidad; y en Europa, se le llamó rumba a lo que en realidad eran sones, y en New York, "rhumba" a lo que eran sones. En la música cubana, hágale más caso a su oído que a su vista.

Ven mi *morena* a bailar *rumba*
Baila como la bailo
Y cuando suena la *tumba (1)*
Su ritmo es arrollador.
Hay que verla en la *comparsa*
Como llama la atención
Hay que verla como marca
Al compás del *tumbador*
Hay que ver a la *morena (2)*
Nadie la puede igualar
Cuando mueve las caderas

El coro empieza a entonar.
Mi *morena* baila *rumba*
Baila *conga*, baila el *son*,
Y cuando suena la *tumba*
Su ritmo es arrollador
Hay que verla en la *comparsa*
Como llama la atención
Hay que verla como marca
Al compás del *tumbador*
Hay que ver a la *morena*,
Nadie la puede igualar
Cuando mueve sus caderas
El coro empieza a entonar
Baila, que baila p'allá
c) Como baila la *morena*
s) Oye cosita buena pá gozá
c) Como, etc.
s) En el *cabaret*, báilala (3)
c) Como, etc.
s) En *Belén*, gózala
c) Como, etc.
s) En *Cayo Hueso*, báilala
(Siguen inspiraciones).

(1) Creo que en esta y otras canciones en que se menciona la tumba, es la forma apocopada de referirse a "la tumbadora", tambor creado en Cuba pero de origen africano, cuyo uso empezó a generalizarse en la década de los 40's del siglo pasado en orquestas y conjuntos. DAE acierta al considerarlo cubano en la forma tumba, y yerra, al considerar tumbadora una expresión puertorriqueña. De hecho, fuera de Cuba la tumbadora se conoce como "conga" lo que ayuda más a la confusión, al usar la misma palabra, para un género y un instrumento musical. Lo mismo pasa con tumbador, que lógicamente es el que toca la tumbadora, pero no lo trae DAE.
(2) En esta década se empieza a usar más "morena" en vez de negra. Posiblemente se consideraba una forma más políticamente correcta...
(3) Fíjense que trata de expresar los distintos ambientes en que se desenvuelve la rumba; empieza por nombrar el cabaret, pero más adelante va a señalar dos barrios donde también está presente.

Qué te pasa José. Benny Moré con la orq. de Pérez Prado. V-70-8166 10/11/1949 Reeditado en TCD-10. Es un mambo de Justi Barreto, en que después de hablar de José, que es un alter ego de Benny, comienza a enumerar algunos de los géneros que domina José, en realidad, Benny:

> Bailé la *rumba* y la *guaracha*
> Y ahora viene el *mambo* y el *be-bop*
> Que me gusta la *conga*,
> Viene la *guaracha*
> Y luego viene el *be-bop*

Guasabeo. Conjunto Lira Matancera. V-32-1512 1/18/1950. Es un son-mambo de Félix Cárdenas, pero de su texto se desprende que es una forma nueva de baile. Guasabeo, como señala Sánchez Boudy, debe venir de guasa, broma así lo reconoce el RAE y guasabear, un cubanismo por intercambiar bromas, burlas o chistes. Pero el DAE dice otra cosa: dice que es un cubanismo por diversión intensa, jolgorio. Como se decía en Cuba en un refrán muy usado, "Allá ellos que son blancos, que se pongan de acuerdo".

> Si baila el *guasabeo*
> Verás que sabroso es
> Moviendo suave los pies
> Aprovecha el *bamboleo* (bis)
> Todo el mundo bailará
> Este nuevo pasillito
> Que le gusta a los pollitos
> Bailarlo así, p'allá y p'acá
> Si, etc (bis)
> c) *Guasabe*o pá bailar
> **Guasabeo** pá gozar.

A la United Café. Orq. de Bebo Valdés, canta Puntillita. V-23-1559 2/14/1950 reeditado en TCD-32. Creo fue una explotación cafetalera grande en la provincia de Oriente, de propiedad norteamericana. Es una guaracha de Angel Duarte, donde después de la relación de instrumentos cubanos, Puntillita empieza a cantar en scat, forma propia del jazz.

> Que yo me vuelvo a la United
> Pues te lo vengo a decir
> Y me llevo mis *maracas*
> y me llevo mi *bongó*
> el *quinto* y el *tumbador*
> Que yo me vuelvo a la United
> (Scat singing) (bis)

Pero yo me voy a la United,
Para bailar mi *swing*,
Mi *mambo y guaracha* como es
Que to, etc. (bis)

El be-bop no tiene swing. Sonora Matancera, canta Bienvenido Granda. Seeco 866 5/8/1950 Reeditado en Seeco 9364. Es un mambo de Duarte, pero si en el número anterior, mostraba aceptación y uso de la música norteamericana, en éste rechaza el be-bop, porque no tiene swing. Cosas de los compositores…

El *be-bop* no tiene *swing*,
No tiene *boogie*, no tiene *rumbón*,
No se parece a la *columbia*
De una nación, que tiene un ritmo
Muy sabrosón

Vamos a ver María
Si es que tú sabes
Bailar *Be-bop*.

Que tú no sabes bailar *be-bop*
Que solo sabes *boogie, y el son*
Vamos, etc.
Que tú sabes *rumba y rumbón*
Vamos, etc.
Siguen inspiraciones.

Locas por el mambo. Benny Moré con la orq. de Pérez Prado. V-70-8294 6/3/1950. Reeditado en TCD-10.

Un mambo de Benny cuyo mérito mayor es ser el documento no. 1 cada vez que se discute la paternidad del mambo.

¿Quién inventó el *mambo* que me sofoca? (bis)
Que a las mujeres las vuelve locas (bis)
¿Quién dice que la *conga y la guaracha*
Ya pueden ser como el *mambo*
Que es tan sabroso?   (bis)
(Siguen inspiraciones, hasta la famosa:)

¿Quién inventó esa cosa loca? (bis)
¡Un chaparrito con cara de foca!

Rumba en Fa. Orq. Orestes Santos V-23-5255 10/3/1950. Rumba de G. Timor.

Yo soy *negro* de solá
Pero soy intelectual (1)
Y aquí vengo a preguntá
Señores que gusta más
Si la música de *disco*
O la *rumba* en fa.
Dicen en la sociedad
Que la *rumba* es de *solar*
Y cuando suena un *bongó*
La *tumba* con el *batá*,
Todo el mundo se alborota
Y quieren bailar
Y se olvidan del *ebbó* (2)
Y de gozar.
caballero no critiquen
 a la *rumba*,
que la música en la *rumba*
es lo primero,
yo no sé si cometo un delito
a bailarlo, y a gozar allá en el cielo
Óyela sonar, óyela sonar,
Sí señores, diganme
Si se acuerdan, válgame
Porque el resonar
De los cueros da vida,
Que saben llorar
Y saben cantar
Esta *rumba* en Fa,
No tiene rival
Sí señores díganme a mí
Si se acuerdan de
Que el resonar de los cueros
Da vida,
Que saben llorar

Que saben cantar
Esa *rumba* en Fa
No tiene rival.

(1) Son versos de la composición de Oréfiche, "Mesié Julián".
(2) No sé que tiene que ver el ebbó o trabajo de santería, con todo esto.

Esas no son guajiras. Trío La Rosa. Panart 1423. 1951. Son montuno de Ñico Saquito. La cosa se complica, ahora las guajiras quieren pasar del son al mambo, según el autor.

Tan sabroso que es el *son*
Que todo el mundo lo admira
Y por qué ahora las *guajiras*
No quieren bailar el *son* (bien)

Ay, pero qué es esto,
¿Qué le pasa a las *guajiras*
que en vez de bailar lo suyo
Se ponen a bailar *mambo*?

Yo con mi *tiple* en la mano
Cuando voy al veguerío
Se alborota allí el gentío
Porque yo soy muy cubano (bien)
Ay, etc.
Ya lo dijo nuestro Apóstol
Y lo dijo con tino
Que nuestro vino era agrio,
Pero era nuestro vino (bien)
Ay, etc
Que te parece guajiro
Y a esto si le zumba el mango
Las *guajiras* bailan *mambo*
Con un *tiple* y con *un güiro* (bien)

El baile del pingüino. Conjunto Casino, canta Faz. Panart 1354 1/1951. Una guaracha de Ernesto Duarte que pegó mucho, con la coreografía que el tumbador del grupo, Patato Valdés, le inventó a la pieza, bailando con los pies juntos, pasos cortos levantando los zapatos, y los brazos pegados al cuerpo, moviendo sólo las manos, como un pingüino. Y la gente lo imitaba…

c) Baila, baila como el pingüino
Bailalo (mamita)　　　(bis)
s) Vengan todos a bailar
es algo sensacional　　(bis)
Baile elegante y fino,
Es el baile del pingüino
c) Se baila así
c) Baila, etc.
s) Lo bailaba Don Simón
con muleta y con bastón　(bis)
Ya lo baila hasta Aquilino
Es el baile del pingüino
c) Baila, etc.

Mamboletas. Benny Moré con la orq. de Pérez Prado. V-23-5338 1/9/1951 en TCD-10. Los nuevos géneros musicales generan palabras, y este es el caso de mamboleta, bailarina que practica el mambo.

No sé si este mambo de Benny creó la palabra, o viceversa. El DAE no lo reconoce. No es extraño, porque tampoco reconoce el mambo como baile, que hasta el RAE lo trae: "Música y bailes populares de origen cubano".

Ay qué bonitas, Ay qué bonitas
Dicen que todas están locas
Ay que bonitas las *mamboletas*
Que están locas por el *mambo*
Sus cuerpecitos
Son tan bonitos
Cuando están gozando el *mambo*
Que sus caritas
Sus cinturitas
Conmigo están acabando.
Yo les pregunto hasta cuando
Llegaremos a la meta.

Ellas locas por el *mambo*
Y yo por las *mamboletas* (bis)
(siguen inspiraciones)

El disgusto de la rumba. Celia Cruz con la Sonora Matancera. Seeco 7117 7/17/1951 Reeditado en Seeco SCCD9364. Guaracha de A. Carrazana.

Como en muchos otros casos, es un alegato a favor de la rumba, pero es una guaracha.

La *rumba* se ha disgustado
Desde que el *mambo* salió
Y aquí viene a demostrarlo
Que de moda no pasó
Ya ves, con *maracas*
Claves, cencerro y bongó,
Al sonar la *tumbadora,*
El *quinto* ya se pasó
Decir rumba es decir Cuba
Por eso la quiero yo
Y como buena cubana
Yo prefiero mi *rumbón*
Mi *rumba* sabe a palmera
Sabe a caña y sabe a ron
Mi *rumba* no sé que tiene
Que me llega al corazón
c) Ay quiero a mi *rumba* cubana
que sabe mucho mejor
c) Quiero *rumba, mambo* no
mi *rumba* sabe a palmeras
sabe a caña y sabe a ron
s) Mi *rumba* no sé que tiene
que me llega al corazón
c) Quiero etc
s) Ay que no, no, no, no, no, no
rumba sí, *mambo* no
(siguen inspiraciones)

Rumba rica. Bienvenido Granda con Sonora Matancera. TR-0060. Reeditada en SCCD-9364 3/25/1952. Guaracha rumba de Pablo Cairo.

Rumba rica de mi tierra criolla
Rumba rica de sol tropical
Tus *tambores* me saben a piña
Y tu ritmo es arrullo de mar
Rumba rica en las noches de farra
Que alborota tu dulce compás

Con tus *cueros* que viven la rumba
Rumba sabrosa, para gozar

Rumba de mi tierra
Es la que yo quiero
De mi Cuba linda
Y no del extranjero
c)*Rumb*a sabrosa, para gozar
Para que tú goces,
Chino con los cueros
c) *Rumba*,etc.
Suena duro el *quinto*,
Anda *bongosero*
c) *Rumba*,etc.
Para que tú bailes,
Con Papá Montero (1)
c) *Rumba*.etc
Esta rumba rica
La baila hasta el perro.

(1) La referencia a un famoso rumbero, con varios números musicales y poemas dedicados a él.

El mambo es nuestro. Letra publicada en Revista Guión de septiembre 1952. Mambo de Bobby Collazo y D. Rivero. Al parecer, no se grabó.

Paseando por el Broadway de Nueva York
Tremenda discusión yo ví formar
Se hablaba que si el *Mambo* era extranjero
Y dije yo: El *Mambo* es nuestro,
Nuestro *Mambo* nació en Cuba
Y hasta México llegó,
Hoy se baila en la Argentina,
Puerto Rico y Nueva York.
No *es jota, polka o samba*
Ni en la China se inventó,
nuestro *Mambo* es tan cubano
que sabe a tabaco y ron.
Inspiración:
El *mambo* es nuestro
Un nuevo ritmo

Que enloquece al mundo
Es nuestro y eso no tiene
Discusión.
Nuestro *Mambo* es…
Sabe a *rumba* y sabe a *conga*
Y sabe a ron…
Tiene el ritmo de una *tumba*
Un *cencerro* y un *bongó*.

La quijá. Conjunto Casino cantando Faz. Panart 1591 10/1953. Una guaracha de Jorge Zamora. Un instrumento muy peculiar, consiste en el maxilar inferior generalmente de ganado equino, como caballo, mulo o asno, ya completamente desprovisto de carne, pero con los dientes en sus alveolos, de manera que al moverse por golpe con el puño, simple movimiento o raspado de los dientes con otro objeto, produce un ruido muy peculiar. Es instrumento procedente de África, donde cumplía funciones religiosas, pero en Cuba, además de éstas, se fue incorporando a la música popular, especialmente a la ejecución del son y la música guajira. Ver: Instrumentos de la Música Folklórico Popular de Cuba., CIDMUC, Edit. Ciencias Sociales, La Habana, 1997 Vol 1 p. 165 y sigs. Su uso es muy limitado, y sobre todo por el efecto estético y dramático que produce este instrumento, lo usaron orquestas como la Lecuona Cuban Boys. Estas quijadas se pintaban a veces de colores para hacerlas más llamativas. Y este número musical, las rescata del olvida.

Suena la quijada (bis)
El golpe que gusta más
Este es el golpe que gusta más
Muévete
Y dime si te diviertes
Está gritando la gente,
Para ritmo la quijá (bis)
(Siguen cortas inspiraciones, y el golpe de la quijá)

Oiga cantinero. Conjunto Casino V-23-7146 10/15/1956. Una guaracha de Alberto Ruiz, que solo traemos a colación por ser uno de los pocos casos en que ya para esta época, se usara el nombre del grupo en el texto de una canción, y aquí se hace al final, con estos versos:

El Casino está cantando
Oye bien su vacilón.

Yo soy el son cubano. Conjunto Casino, cantando Alberto Ruiz V-23-7086 9/7/1956. El son siempre se las arregla para mantenerse presente, como este de Parmenio Salazar, que también grabaron Rolando La Serie, Antonio Machín, la Sonora Matancera y otros grupos después de 1959, como el de Joe Quijano.

c) Yo soy el *son* cubano
Todos me bailan contentos
Se divierten como hermanos
Soy guajiro monte adentro

s) Si en el campo yo nací
y a la ciudad me trajeron
Allí fue donde me dieron
El ritmo que brindo aquí
c) Yo, etc

Si me bailan con cadencia
Enseguida notarán
Que como el *son* cubano
En el mundo no hay nada igual
c) Yo, etc

Mi madre me dijo a mí
Que cantara y no llorara
Que echara la pena al aire
Pero que no la olvidara
c) Yo, etc

El canto será mi muerte
Tal vez mi felicidad   (bis)
Y yo de conformidad
Espero cualquiera suerte
Así que mi cuerpo inerte
Lo lleven al camposanto
Allí yo no quiero llanto
Quiero para ventura
Que al darme la sepultura
Me toquen un son cubano.

La rumba del Yarey. Dúo Los Compadres. Sonoro 149, 1957. Rumba de Félix Rodríguez.

Allá en la *rumba* el Yarey se formó
Para la gente *sonera* un concurso
Y al pronunciar el primer discurso
Toda la gente del baile gritó:
(Hab ¿Cómo gritó? Así gritó:

A bailar,
La gente *rumbera*
A gozar,
La gente *sonera*

Tres meses cogí la cuna
Febrero, marzo y abril,
Yo venía a más de mil,
Pero como tú, ninguna
Guarachear,
La gente *rumbera*
Como mi *son,*
La gente *sonera*

Cuatro puntas tiene el mar,
Cuatro puntas la bahía,
Cuatro tiene el pañuelito
Que me dio la novia mía,

guarachear,
La gente *rumbera,*
Con Los Compadres,
La gente *sonera,*
La la la…
(Siguen las inspiraciones)

Manigua. Benny Moré y su orq. V-23-7185 1/8/1957 Son montuno de Ramón Cabrera.

Tresero de manigua,
Toca un *son,* que reviva;

Tresero de manigua,
Toca un *son*.

La fiesta de los guajiros
No tiene cuando acabarse
Empiezan tocando el *güiro*
Y acaban por desmayarse;
Con un solo *tumbaíto*
Se pasan la noche entera
Y echando su meneíto
Aprietan su compañera...

Sonero. Cheo Marquetti y su conjunto. 1958 ca. TCD-102. Son montuno de Agustín Ribot. Después de 1958 fue uno de los primeros éxitos de Pacheco cantando Pete El Conde Rodríguez.

c) *Sonero*, nunca olvides tu *son*,
s) Si ayer te cansó el *mambo*
y hoy te aburre el *chachachá*
si el *son* es lo más sublime(1)
que se ha hecho para bailar
c) *Sonero*, etc.

Su nombre no se ha borrado
En tu alma de *rumbero*
Y aunque te hayas olvidado
Tu sigues siendo *sonero*.
c) *Sonero*, etc.
A Abelardo Barroso,
A Piñeiro canto yo,
Esos son grandes *soneros*
Que Cuba siempre mentó.
c) *Sonero*, etc.

Oye que lindo mi *son*
c) *Sonero*, etc.
No quiero *mambo* ni *rock and roll*
c) *Sonero*, etc.
siguen inspiraciones.

(1) Repite el primer verso de la famosa frase de Piñeiro en **Suavecito**.

Que no muera el son. Cheo Marquetti y su conjunto. Panart P-2052. 1959. Reeditado en TCD-107. Son montuno de Cheo y Wilfredo Guevara.

c) No, no, no, que no muera el *son*
s) Monte adentro,
Oiga usted este refrán
Que le digo en buena cara
La bala que está pá uno,
Ella sola se dispara.
c) No, etc.
La mujer de Don Camilo
Se le apareció a las dos
Diciendo que fue a un Velorio
Y el pobre se lo creyó.
c) No, etc.
s) Que no muera mi *son* monte adentro
Mi lindo *son* es cubano
Mi lindo *son* es contento
No, etc.

BIBLIOGRAFÍA

ACOSTA, LEONARDO. *Otra visión de la música popular cubana.* Editorial Letras Cubanas, 2004.

ALÉN, OLAVO. *De lo Afrocubano a la Salsa: Géneros musicales de Cuba.* Ed.Cubanacán, Puerto Rico, 1992.

ANTOLITIA, GLORIA. Cuba. *Dos siglos de música.* Ed. Letras Cubanas, La Habana, 1984.

ARREDONDO, ENRIQUE. *La vida de un comediante.* Ed. Letras Cubanas, 1981.

ARRUFAT ANTÓN. (Editor). *Guarachas cubanas antiguas.1882.* Reedición por Empresa Consolidada de Artes Gráficas de La Habana, 1963.

BEARDSLEY, THEODORE. *Ernesto Lecuona: Discografía.* New York, 2008.

BOUDET, ROSA ILEANA. *Teatro cubano: Una relectura cómplice.* Ediciones de la flecha, 2010.

CABRERA, LYDIA. *La lengua sagrada de los ñáñigos.* Colección del Chichereukú, 1988.

CAIRO, ANA. *Bembé para cimarrones.* Centro Félix Varela, La Habana, 2005.

CALCAGNO, FRANCISCO. *Diccionario biográfico cubano.* Imprenta y Librería de N. Ponce de León, New York. 1878. Edición facsimilar por Editorial Cubana, Miami, 1996.

CAÑIZARES, DULCILA. *San Isidro 1910.Alberto Yarini y su época.* Ed. Letras Cubanas, 2000.

CARBAJO, ANTONIO. *El millón catorce de dicharachos cubanos.* Miami.

CASANELLA, LILIANA. *Intertectualidad en las letras de la timba cubana. Primeros apuntes.*Trans, No. 9. Dic de 2005 *(online).*

CASTELLANOS, GERARDO. *Panorama Histórico.* Úcar García y Compañía, La Habana, 1935.

CASTELLANOS, JORGE. *Invención poética de la nación cubana*. Ediciones Universal, Miami, 2002.

CCB- Ver Díaz Ayala, Cristóbal, *Cuba Canta y Baila*.

CIDMUC- Centro de Investigaciones de la Música Cubana. *Instrumentos de la música folklórico popular de Cuba*. Ed. Ciencias Sociales. La Habana, 1997.

DAE- Ver Diccionario de Americanismos.

DE HERRERA, ANTONIO. *Historia General de los hechos de los castellanos en las Iislas y tierrafirme del mar Oceano (1492-1531)*...... Editada originalmente en 1601 y reeditada por la Tipografía de Archivos de Madrid, 1943.

DE LEÓN, CARMELA. *Sindo Garay. Memorias de un trovador*. Ediciones Museo de la Música, La Habana, 2009.

DE LA OSA, ENRIQUE. *En Cuba: Segundo Tiempo 1948-1952*. Ed. Ciencias Sociales, La Habana, 2005.

DE LAS CASAS, BARTOLOMÉ. *Historia de las Indias*. Edición de Agustín de Millares Carlo. Fondo de Cultura Económica, México. 1965.

DEPRESTRE, CATONY, LEONARDO. *100 famosos en La Habana*. Ed. Ciencias Sociales, La Habana, 1999.

DESCHAMPS CHAPEAUX, PEDRO. *El negro en la economía habanera del siglo XIX*. Editorial de la UNEAC, La Habana, 1971.

DÍAZ AYALA, CRISTÓBAL. *Música cubana, del areyto al rap Cubano*. Fundación Musicalia, Puerto Rico, 2003.

_____*Cuba canta y baila, Discografía de la música cubana Vol 1: 1898-1925*. Fundación Musicalia, San Juan, Puerto Rico, 1994

_____*Cuando salí de La Habana: 1898-1997. Cien años de música cubana por el mundo*. Ed. Fundación Musicalia. 1998.

_____Folleto anexo al Box Set *Cien canciones cubanas del milenio*. Ed. Alma Latina, 1998.

_____*Los contrapuntos de la música cubana*. Ed. Callejón, Puerto Rico, 2006.

_____*San Juan-New York. Discografía de la música puertorriqueña: 1900-1942*. Ed. Gaviota, San Juan, Puerto Rico, 2009.

Diccionario de la Lengua Española. Real Academia española 22da. Edición, Madrid, España. 2001.

DOMÍNGUEZ GARCÍA, JULIO. *Noticias de la República*, Tomo 1, 1900-1929. Ed. Ciencias Sociales, 2003.

Encyclopedia Americana, International Edition, 1966.

Enciclopedia de Cuba, Editor Vicente Báez. San Juan y Madrid, 1975.

FANJUL, MIREYA R. *Celina González, Una historia de amor*. ED. Letras Cubanas, 2010.

FEIJÓO, SAMUEL. *Cuarteta y décima*. Ed. Letras Cubanas, 1980.

FEIJÓO, SAMUEL. *El son cubano*. Ed. Letras cubanas, 1986.

FERMOSELLE, RAÚL. *Política y color en Cuba-La guerrita de 1912*. Ed. Colibrí, Madrid, 1998.

FERNÁNDEZ DE OVIEDO Y VALDÉS. *Historia General y Natural de las Indias, etc*.Ed. Real Academia de la Historia, Madrid, 1851.

FERNÁNDEZ SANTALICES, MANUEL. *Las calles de La Habana intramuros*. Ed. Saeta, España, 1989.

FORNET, AMBROSIO. *Blanco y Negro*.La Habana, 1967.

GEMBERRO USTÁRROZ, MARÍA. *Aportaciones a la historia musical de Cuba, Santo Domingo y Puerto Rico a partir de fuentes españolas (siglos XVI-XIX)*. Boletín Musical de Casa Las Américas, Habana, No. 10-2002.

GIRO, RADAMÉS. *Diccionario enciclopédico de la música en Cuba*. Ed. Letras Cubanas, 2007.

GONZÁLEZ PORTO-BOMPIANI. *Diccionario de Autores*. Ed. Montaner y Simón, Barcelona, 1963.

GONZÁLEZ, REYNALDO. *Coordenadas del cine cubano*. Ed. Oriente, 2001.

____*El más humano de los autores*. Ed. Unión, 2009.

GOODMAN, WALTER. *The pearl of the Antilles or An artist in Cuba*. Henry S. King and Co. London, 1873.

GUANCHE, JOSÉ. *Procesos Etnoculturales de Cuba*. Editorial Letras Cubanas, La Habana, 1983.

HELY, ALINE. *Lo que nos corresponde.La lucha de los negros y mulatos por la igualdad en Cuba 1886-1912*. Ed. Imagen Contemporánea, La Habana, 2000.

Hernández Pavón, Zenovio. *Diccionario de compositores cubanos.* Obra inédita.

Jiménez, Guillermo. *Las empresas de Cuba de 1959.* Ed. Ciencias Sociales. La Habana, 2004.

Lapique Becali, Zoila. *Música colonial cubana (1812-1902) Tomo I.* Ed. Letras Cubanas, La Habana 1979.

_____*Cuba colonial: Música, compositores e intérpretes. 1570-1902.* Ediciones Boloña, La Habana, 2007.

Leal, Rine. *La selva oscura. De los bufos a la neocolonia.* Ed. Artes y Literatura. La Habana, 1982.

Lezama Lima, José. *Antología de la poesía cubana.* Ed. Del Consejo Nacional de Cultura, Cuba 1965.

Linares, María Teresa. *Album regio.* Sociedad General de Autores y Fundación Autor. Madrid, 1998.

Martínez Fernández, Luis &. *Encyclopedia of Cuba.* Greenwood Press, 2003.

Mateo Palmer, Margarita. *Del bardo que te canta.* Ed.Letras cubanas, 1988.

Méndez Martínez. Roberto. *Leyendas y tradiciones del Camagüey.* Ed. Acana. Camagüey, Cuba. 2006.

Miller, Ivor L. *Voice of the Leopard. African secret societies and Cuba.* University of Mississippi, 2009.

Moore, Robin D. *Música y mestizaje.*Editorial Colibrí. Madrid, 1997.

Orovio, Helio. *Diccionario de la Música Cubana.* Ed. Letras Cubanas, 2da. Ed. 1992.

Orta, Jesús. *Décima y folclor.* Ed. Letras Cubanas, La Habana.Ed. Unión. 1980.

Ortiz, Fernando. *Nuevo catauro de cubanismos.* Ed. Ciencias Sociales, La Habana, 1974.

_____*Glosario de afronegrismos.* Ed. Ciencias Sociales, 1990.

Padura, Leonardo. *La novela de mi vida.* Ed. Tusquets. España. 2002.

Paz Pérez, Carlos. *Diccionario cubano de habla popular y vulgar.* Agualarga Editores, S.L. Madrid, 1998.

Pichardo, Esteban. *Diccionario provincial, casi razonado de vozes y frases cubanas*. Cuarta edición, 1875, reeditada por Editorial Ciencias Sociales, La Habana, 1985.

Portuondo, Fernando. *Curso de Historia de Cuba*. Editorial Minerva, La Habana, 1941.

RAE. Ver *Diccionario de la Lengua Española*.

Río Prado, Enrique. *La venus de bronce. Hacia una historia de la zarzuela cubana*. 2da. edición, Ediciones Alarcos, La Habana, 2010

Robreño, Eduardo. *Teatro Alhambra. Antología*. Ed. Letras Cubanas, 1981.

Roig, Gonzalo. *La música. Vol 7, libro 8vo. De Historia de la nación cubana*. La Habana, 1952.

Sánchez Boudy, José. *Diccionario de Cubanismos*. Ed. Universal, 1999.

Santovenia, Emeterio S. *Huellas de gloria. Frases históricas cubanas*. Ed. Trópico, La Habana, 1944.

Sublette, Ned. *Cuba and its music*. Chicago Review Press, Chicago, 2004.

Thomas, Susan. *Cuban Zarzuela*. University of Illinois Press, 2009.

ESPACIO CIBÉRNETICO

Cox, Barry. http://esquinarumbera.blogspot.com/2011/05/filiberto-sanchez-first-to-record-rumba.html (última rev. 16 de julio de 2012).